카툰 논술과 교양

카툰 논술과 교양

발행일	2026년 4월 15일

지은이	전왕
그린이	임일환
펴낸이	손형국
펴낸곳	(주)북랩

출판등록	2004. 12. 1(제2012-000051호)
주소	서울특별시 금천구 가산디지털 1로 168, 우림라이온스밸리 B동 B111호, B113~115호
홈페이지	www.book.co.kr
전화번호	(02)2026-5777	팩스	(02)3159-9637

ISBN 979-11-7598-219-2 03100 (종이책)　　　979-11-7598-220-8 05100 (전자책)

작가 연락처 문의 ▶ ask.book.co.kr

전용 게시판에 문의를 남기시면 저자에게 직접 전달됩니다.

(주)북랩 성공출판의 파트너

북랩 홈페이지와 SNS에서 다양한 출판 솔루션을 만나 보세요!

홈페이지 book.co.kr　　•　**블로그** blog.naver.com/essaybook　　•　**출판문의** text@book.co.kr
카톡채널 북랩

카툰 논술과 교양

전왕 지음 / 임일환 그림

논술이 **막막**하고
생각이 **정리되지**
않는다면,
무엇이 맞는지
헷갈리고
읽어도 **남는 것이**
없다면

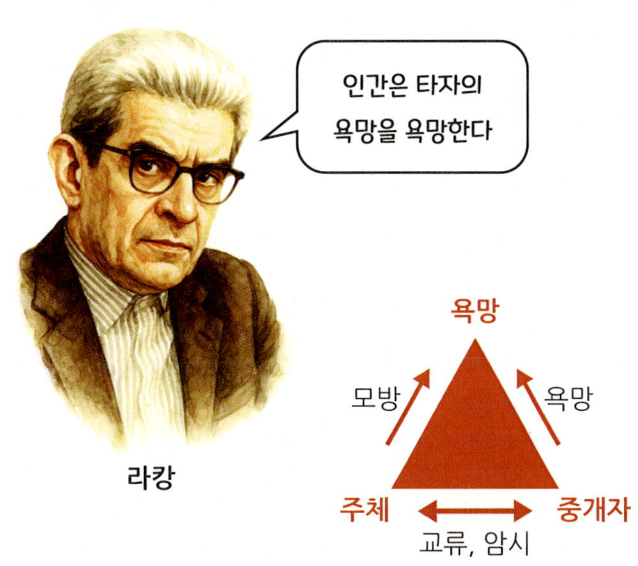

이해와 기억을
동시에 잡는
카툰식
사고 훈련을
시작하라!

서문

탈진실의 시대

현대 사회는 가상의 실재, 복제물, 모사된 이미지가 대량으로 만들어지고 있고 가짜가 더 진짜 같은 세계이다. 인공지능을 기반으로 한 딥페이크(Deep fake) 기술은 인간의 이미지를 합성하여 진짜같이 연출한다. 탈진실의 시대에는 거짓말, 조작된 이미지가 인간을 혼란에 빠뜨리고 진실을 무력화시킨다. 미디어를 장악한 권력은 진실을 은폐하고 가짜를 진실로 둔갑시켜 대중을 속인다. 나아가 권력이 사법부를 장악하여 가짜 진실을 법적 진실로 만들어 역사를 조작하기도 한다. 헌법기관이라는 선거관리위원회는 특정 후보자에게 이미 기표된 용지를 '유권자의 자작극'이라고 뻔뻔한 거짓 해명을 하고, 선거가 끝난 후 슬그머니 유권자의 자작극이 아니라고 발표한다. 탈진실의 시대에는 양심이 이익에 굴복하고 이익을 노리는 자들의 음모와 괴담이 지성과 논리를 압도하고 주술이 과학을 이긴다. 거짓 광우병 선동, 방사능 오염 물고기 괴담으로 막대한 사회적 비용을 발생시키고 막대한 손실을 초래하여도, 어느 누구도 책임진 사람이 없다(방사능 오염 물고기 괴담으로 인해 낭비한 검사 비용 등의 예산만 해도 1조 5,000억 정도이고, 국민 분열과 관련 업계 종사자의 경제적 피해까지 더하면 그 피해는 막대하다).

소셜 미디어는 viral effect로 감정 전염을 더 쉽게 하여 선동에 더 유리한 환경을 만들었다. 사람들은 남의 말과 행동에 감정적으로 대응하면서 무의식적으로 집단행동에 휩쓸리고, 조작에 능한 정치꾼들은 인간의 이러한 약점을 철저히 공략한다. 여기서 그치지 않고 사악한 정치꾼들은 옳고 그름이 명백한 사안에 대해서도 '내 편'이 한 것은 옳은 것이라고 강변하고, 선과 악의 구별 기준을 '내 편'인가, 아닌가의 문제로 치환시켜 버린다. 협잡꾼과 선동가들은 그들에게 유리한 신념 체계와 주술적 구호를 만들어 대중을 그들의 프레임(frame) 안에 가둔다. 거짓말, 선동, 협잡이 난무하는 시대에 사는 현대인들은 '무엇이 옳은 것인가', '좋은 삶이란 어떤 것인가'에 관한 올바른 가치관, 세계관을 형성하는 데 혼란을 느끼게 된다.

이 책의 집필 의도와 내용

인간은 남의 말과 행동에 감정적으로 대응하고 피상적으로 살아간다. 무의식적으로 남을 따라 하고, 남이 가진 것을 갖고 싶어 하고, 집단의 분위기에 휩쓸려 분노한다. 집단에 속한 사람은 그 집단이 가지고 있는 일방적 세계관과 신념을 공유하고 외부인을 악마로 몰아서 공격한다. 인간은 작은 일에 분노하지만, 거대한 악에 대해서는 무관심하거나 굴복하거나 동조한다. 우리는 쉽고 편한 이야기, 내가 원하는 이야기를 믿고 뉴스와 소문에 따라 선악을 판단하는 오류를 범한다. 정치적·경제적 이익을 노리는 자들은 인간 본성의 약점과 인지적 오류를 이용하여 대중을 선동하여 혼란에 빠뜨리고, 프레임에 가두어 큰 이득을 취한다.

인간과 사회에 대한 이해를 통해 사고력을 배양하면 우리를 좌지우지하는 부당한 힘들이 가하는 악영향으로부터 벗어나 자신을 지키고 올바른 판단을 함으로써 인생을 성공적으로 살아갈 수 있다. 이 책에서는 우리가 살고 있는 세계에 관하여 갖게 되는 근본적인 의문과 생각거리들, 논술과 토론의 주제, 사고력 향상을 기할 수 있는 배경 지식을 담고자 하였고, 그 범위에는 철학, 문학, 역사, 정치, 경제, 문화, 예술, 인류학 등 인문학의 다양한 분야의 관심사를 수록하고자 하였다. 이 책에서는 인간, 욕망, 행복, 이성(합리성), 언어, 문화, 시간, 소유 - 돈, 재산, 현대 문명에 관하여 다루고 있다.

이 책의 특징

- 어렵고 딱딱하게 느껴질 수 있는 논술의 여러 분야에 대한 주제를 카툰(왼쪽 페이지)과 텍스트(오른쪽 페이지) 양면 구조로 구성하여 이해와 기억의 효율성을 도모하였다.
- 내용의 개요와 키워드를 일목요연하게 그림과 도표로 구성하여 이해하기 쉽게, 기억하기 쉽게 구성하였다.

2026. 4.

저자 전왕

이 책의 공부 방법

- 왼쪽 페이지의 카툰과 요약문을 보고 내용의 개요를 파악한다.
- 왼쪽 페이지의 그림과 문장으로 이해가 불충분한 부분은 오른쪽 페이지 텍스트를 통해 세부 내용을 파악한다.
- 개략적 이해와 세부적 이해가 되었으면 왼쪽 페이지로 돌아가 생각을 정리하고, 전체 내용을 이미지와 함께 기억에 저장한다.
- 주제의 키워드를 생각할 때 이미지를 떠올려 쉽게 기억할 수 있도록 하고, 이미지와 내용이 이해와 기억에 상승 작용을 일으킬 수 있도록 반복적으로 읽고 생각을 떠올려 본다.
- 책에서 습득한 내용을 자신의 생각과 조합하여 자신의 것으로 체화시키고, 수록된 키워드와 명언을 논술, 토론에서 활용한다.

목차

제6장 [문화, 종교]

제9장 [현대 문명 - 속도 문명, 이미지 문명, 정보화 사회, 위험 사회]

인간

1. 인간은 열려 있는 존재다

유전자 gene
본능 instinct

동물은 유전자, 본능에 갇혀있다

자유의지
free will

인간은 자유의지에 의해 학습과
경험을 통해 무한히 발전할 수 있다

동물을 완성된 그릇이라고 한다면 인간은 진흙덩어리라고 할 수 있다

可塑性 (가소성)
plasticity

형태가 변할 수 있다

인간 뇌의 가소성
시냅스 연결이 복잡해 진다(두뇌 발달)

동물	卽自存在 (즉자존재) Being in-itself	동물은 자신에게 고정되어 있다. 닫혀있는 존재
인간	對自存在 (대자존재) Being for-itself	인간은 자신을 대상화하여 바라본다. 인간은 반성, 개선 가능성이 있다는 점에서 열려있는 존재다.

동물들은 생존에 어려움이 없도록 완전한 기능을 가지고 태어나지만, 자연이 구축해 놓은 프로그램(유전자, 본능)에 의존하여 살아가기 때문에 스스로 개선하고 발전할 능력이 없다. 인간은 미완성의 존재로 태어나지만 자연의 프로그램(유전자, 본능)에 고정되어 있지 않다. 인간은 자유의지에 의해 삶의 방식을 결정하고 교육, 학습에 의해 잠재력을 개발하고 더욱 성숙한 존재로 발전할 수 있다.

동물은 완성된 그릇, 인간은 진흙 덩어리에 비유할 수 있다. 인간은 미완성의 존재이지만 열려 있는 존재로서 가소성(可塑性, plasticity)이 있으며, 무한한 가능성을 가지고 있다. 인간의 삶은 미래를 향해 열려 있다는 점에서 인간은 열려 있는 존재이다. 인간의 자유는 본능보다 강하다.

가소성(可塑性, plasticity)은 외부의 힘에 의해 변형된 물질이 그 힘이 없어져도 본래의 모양으로 돌아가지 않는 성질(비복원성)을 의미한다(탄성, elasticity의 반대말). 뇌의 가소성 이론은 인간의 뇌가 고정되어 있지 않고, 자극, 학습에 의해 경험, 지식이 쌓이면서 변화할 수 있다는 뇌신경학적 이론이다. 이 이론에 의하면, 뇌는 신경망의 연결성을 강화하거나 재구성함으로써 변한다. 인간의 자아는 완성된 그 무엇이 아니라 시간 속에서 지속하는 연속적인 팽창이며, 나날이 새롭게 변모한다.

대자존재(對自存在, being for itself)

사물들은 자기 존재에 대한 의식이 없이 자신에게 고정되어 그 자리에 그 상태로 있는 즉자존재(即自存在, being in itself)인 데 반해 인간은 자기 자신을 대상화하여 스스로를 바라볼 수 있는 대자존재(對自存在, being for itself)이다(샤르트르). 인간은 반성적 자기의식을 가진 존재라는 점에서 본질이 고정되어 있지 않고, 스스로의 본질을 만들어 나갈 수 있다. 인간은 개선 가능성이 있다는 점에서 인간의 삶은 미래를 향해 열려 있다.

2. 인간의 운명이나 기호는 그 어떤 곳에도 기록되어 있지 않다 - 자크 모노

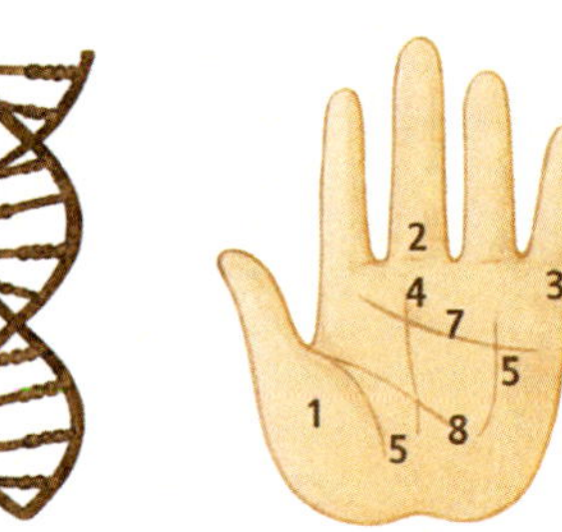

유전자

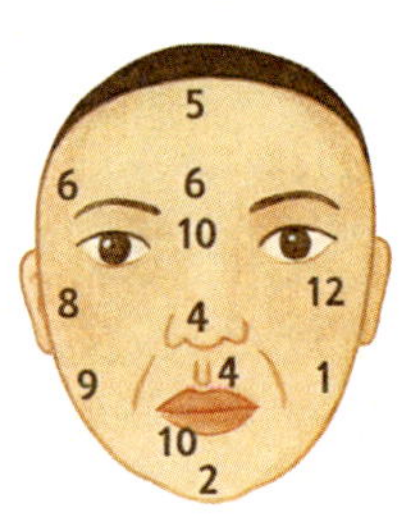

손금

관상

인간의 운명이나 기호는 그 어느것에도 정확히는 기록되어 있지 않다. 단백질의 결합방식이라는 우연적 요소, 인간의 자유의지가 작용하기 때문에 삶의 방향이나 운명은 미리 결정되어 있지 않다.

인간에게는 고정된 본질이 없다

몽테뉴

운명은 인간에게 기회, 재료, 씨앗을 제공할 뿐 기회를 살리고 재료를 가공하여 좋은 작품을 만들고 잘 기르는 것은 개인의 노력에 달려있다는 것

강의 힘을 막을 수는 없지만 미리 제방을 쌓고 저수지를 만들어 그 피해를 최대한 줄일 수는 있다. 운명도 이와 같은 것이다.

마키아벨리

인간은 자유의지로 인생을 이끌어 가고, 스스로를 결정할 기회를 가진다. 인간의 행동은 유전자에 의해 1:1로 결정되지 않는다. 또 유전자도 외부의 영향을 받으며 우리의 행동이 유전자에 영향을 미치기도 한다. 단백질의 결합 방식은 분자의 모양이라는 우연적 요소에 의해 결정되며, 자식은 부모를 닮지만, 부모와 완전히 똑같은 자식은 없다. 뉴턴의 법칙에 의하면 모든 것이 결정되어 있는 듯하나, 미시적 세계로 갈수록 우연성이 분명하게 드러나며, 과학 지식이 늘어날수록 알 수 없는 영역들이 늘어난다. 유전자, 사주, 관상, 손금 등에 인간의 운명이 기록되어 있는 것처럼 보이지만 인간의 운명은 생각과 행동이 만들어 내고, 그 바탕에는 자유의지가 있기 때문에 삶의 방향이나 운명은 미리 결정되어 있지 않다.

Q. 인간은 운명에 순응해야 하는가?

태어나면서부터 결정되는 출신 배경, 운명이 인간 삶의 많은 부분을 결정하는 것은 사실이다. 그러나 절대적 영향력을 행사하는 것은 아니다. 기회를 포착하고 살리는 것, 작품을 만들어 내는 것, 인생을 잘 가꾸는 것은 우리의 노력에 달려 있다.

- 마키아벨리는 운명의 여신을 위험한 강에 비유하였다. 홍수가 났을 때 평야를 덮치고 나무와 집을 파괴하는 강의 힘은 막을 수 없지만, 인간은 미리 제방을 쌓고 저수지를 만들어 대비함으로써 그 피해를 최대한 줄일 수 있다. 운명은 피할 수 없는 것이지만 인간의 노력에 의해 인생을 좀 더 나은 방향으로 변화시킬 수 있다는 것이다.

3. 변하지 않는 본질로서의 인간의 자아(自我)는 존재하는가?

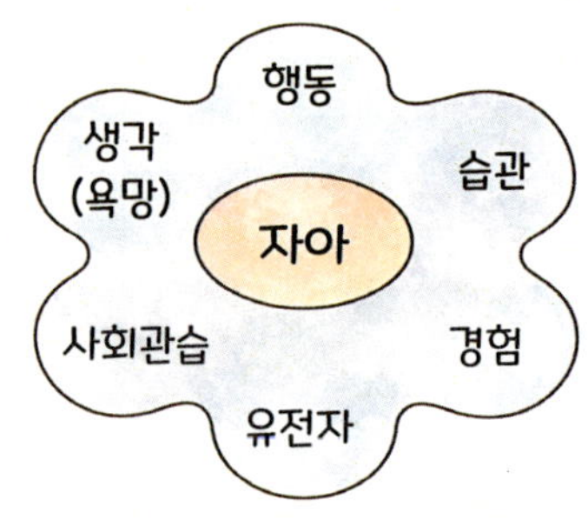

자아를 구성하는 요소

Epic 서사 敍事	Gilgamesh 
	홍길동전 
	ILIAS 일리아스 

자아는 끊임없이 쓰이고 고쳐지는
하나의 서사와 같다

현대 과학은 불멸의 영혼을 가진 인간의 자아를 부정한다. 현대 심리학에 의하면 자아라고 할 수 있는 의식은 개인적 경험의 누적(습관), 유전적 유산(유전자), 사회 관습이 어우러져 형성된 인간 정신의 복잡한 메커니즘으로 그것은 끊임없이 갱신(update)되고, 재작성되고, 재구성되는 '자신에 관한 신화 또는 역사'로서 인간의 기억 속에 남아 있는 것이다. 그렇다면 인간이 전적으로 자유의지에 따라 모든 것을 결정하고 행동한다는 것은 사실이 아니다. 인간의 자유의지처럼 보이는 것은 사실상 의식의 흐름 안에서 생겨났다가 사라지고, 항상 변하는 인간의 욕망, 개인의 습관, 본능(유전자), 사회 관습에 의해 생겨난 것이다. 또 인간의 자유의지는 환경 조건에 의해 제약을 받는다. 자유의지로 우리가 할 수 있는 것은 '오늘 점심때 무엇을 먹을 것인가' 하는 등의 사소한 일들뿐이다. 그렇다고 해서 자유의지가 중요하지 않은 것은 아니다. 자유의지에 의한 사소한 결정과 행동이 누적되어 그것이 습관이 되고, 습관이 성격이 되며, 성격이 운명을 바꾸기 때문이다.

현대 심리학에서는 인간의 자아는 유일무이한 것이 아니라 경험하는(느끼는) 자아, 기억하는(평가하는) 자아가 따로 있다고 한다. 기억하는(평가하는) 자아의 입장에서는 고통과 불행은 불쾌한 것이 아니다. 고통과 불행도 의미(가치)가 있었다면 장기적 안목으로 볼 때, 그것은 인생에서 만족감을 주는 것이다.

4. 인간은 정신적·윤리적 존재다

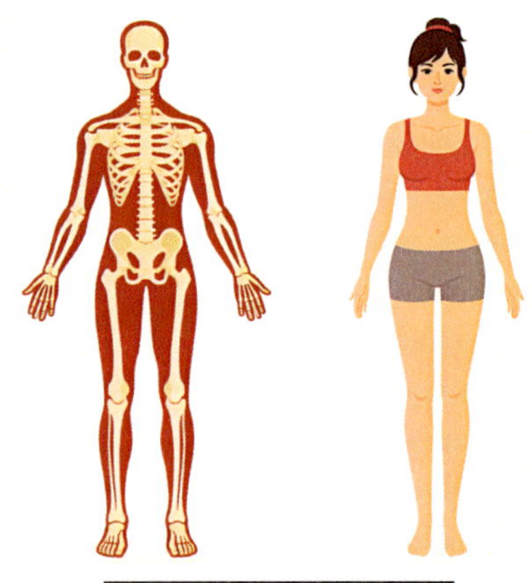

┌ 육체 : 생존, 육체적 쾌락을 추구한다
└ 정신 : 의미(가치), 정신적 쾌락을 추구한다

┌ 육체의 죽음 : 소멸
└ 정신의 죽음 : 도덕적 타락

倫理 윤리	사람 人(인) + 생각할 侖(륜)

* 윤리는 사람이 생각해야 하는 도리를 말한다

맹자

* 동물은 본능에 의해 행동하므로 윤리적 평가가 불가능하다.
* 인간은 정신적·윤리적 존재이므로 인간의 도리를 지키며 인간답게 사는 것이
  진정한 생명과 행복을 보장한다.

인간은 육체로서의 유한한 삶에 만족하지 않고, 삶의 의미와 가치를 추구하며 초월성(불멸)을 추구한다. 인간을 정신적·윤리적 존재로 보는 견해에서는 쾌락보다는 정신(영혼)을 돌보고 아름답게 가꾸는 것, 즉 육체적 쾌락보다 도덕적 만족에서 정신적 즐거움, 영원한 즐거움을 얻는 것이 인생의 주된 목표가 된다.

정신(영혼)을 깨끗하게 정화하고 아름답게 가꾸는 것은 인간의 진정한 생명을 지키는 행위로써 자신에게 이익이 되는 행위다. 윤리는 진정한 생명을 지키기 위해 고생할 만하고 희생을 감수할 만한 가치가 있는 것을 말한다.

인간을 육체적 존재로만 본다면 인격이나 윤리적(도덕적) 주체성을 부정하게 되어 책임 회피, 가치 붕괴의 상황을 맞이할 수도 있다.

Q. 손해를 감수하면서도 도덕을 지키는 사람들, 옳은 일을 위해 목숨까지 바치는 사람들은 자신의 이익을 고려하지 않는 것인가?

인간을 정신적·윤리적 존재로 보는 사람들은 육체로서의 유한한 삶에 만족하지 않고, 보다 본질적인 것, 삶의 의미와 가치, 불멸성을 추구한다. 옳은 일을 위해 손해를 감수하면서 때로는 목숨까지 바치는 사람들은 진정한 생명을 지키고자 하는 것이며, 작은 이익을 버리고 더 큰 이익을 얻고자 하는 사람들이다.

Q. 인간에 대해서만 윤리적 평가가 가능한가?

고양이는 먹잇감을 갈기갈기 찢고, 새의 날개를 부러뜨리고, 눈알을 파내고 갖고 논다. 그러나 동물의 이러한 행동은 본능에 의한 것이고 노력이나 의식적 계획에 따른 것이 아니므로 비난받지 않는다. 그러나 인간은 의식적으로 악을 계획하고 즐기기도 한다. 동물의 행동은 본능에 따른 것이기 때문에 동물에 대해서는 그 잔인성을 비난할 수 없다. 그러나 인간은 자유의지를 가지고 있기 때문에 선을 행할 수도 있고, 악을 행할 수도 있으며, 자유로운 의지에 따른 인간의 행동에는 윤리적 평가와 책임이 따르게 된다.

5. 사유는 인간의 능력이 아니라 의무다 - 한나 아렌트

유대인 학살의 주범으로 지목된 아이히만은
규칙을 잘 지키고 근면, 성실한 사람이었다.

악은 특별한 것이 아니라 평범함 속에 있다

한나 아렌트

무사유는 인간 속에 존재하는 모든 악을
합친 것보다 더 많은 파멸을 가져올 수 있다
사유는 인간의 능력이 아니라 의무이다

- 한나 아렌트

사유하지 않는 인간은 특별한 악의가 없이도 무비판적으로 관습, 집단의 의견에 동조함으로써 큰 악행을 저지르게 될 수 있다. 무사유는 인간 속에 존재하는 모든 악을 합친 것보다 더 큰 해악을 초래할 수 있다. 그러므로 무엇이 올바른 것인지 사유하는 것, 나아가 다른 사람의 무지를 시정하기 위해 교육하는 것은 인간의 의무다.

악의 평범성(banality of evil)

유대인 학살의 주범 아이히만은 인간의 탈을 쓴 악의적 괴물, 잔혹한 인물, 이상 인격자가 아니라 관료사회에서 규칙을 잘 지키고 승진을 꿈꾸는, 근면하고 성실한 평범한 사람이었다. 한나 아렌트에 의하면, 그가 끔찍한 학살을 저지르는 데 가담한 범죄자가 될 것은 어리석음이 아니라 무사유(생각 없음)이며, 이것이 악의 평범성이다.

> 악은 특별한 것이 아니라 평범함 속에 있다. 우리 안에도 아이히만이 살고 있다. 생각 없이 다수의 의견에 동조하는 것이 큰 범죄가 될 수 있다. 사유는 인간의 능력이 아니라 의무다.
> - 한나 아렌트

The typical murderer is extraordinarily ordinary.
전형적인 대량살해범은 유별나게 평범하다.

Q. 인간의 본성은 선한가? 악한가?

인간은 자신에게 이익이 되지 않더라도 위험에 빠진 사람을 돕고자 하는 마음이 있고 자기보존, 자기만족을 위해 남을 해치기도 한다.

인간의 본성은 선한 면도 있고, 악한 면도 있기 때문에, 인간의 자유의지는 선으로 향할 수도 있고, 악으로 흐를 수도 있다. 그러므로 교육과 정치는 인간의 선한 면이 잘 드러나도록 하고, 악한 면이 발전되지 않도록 해야 하며, 인간답게 살기 위해서는 끊임없이 심신을 수양해야 한다.

6. 인간은 사회적 동물이다- 아리스토텔레스

사람 人은 서로 기대고 있는 모습이다

사람은 사람 사이에서만 인간일 수 있다
- 인간의 사회성을 나타낸다

토마스 홉스

조화로운 삶

* 자기성찰과 사회활동이 조화를 이루는 삶이
바람직하다 (개인적 삶 + 사회적 삶)

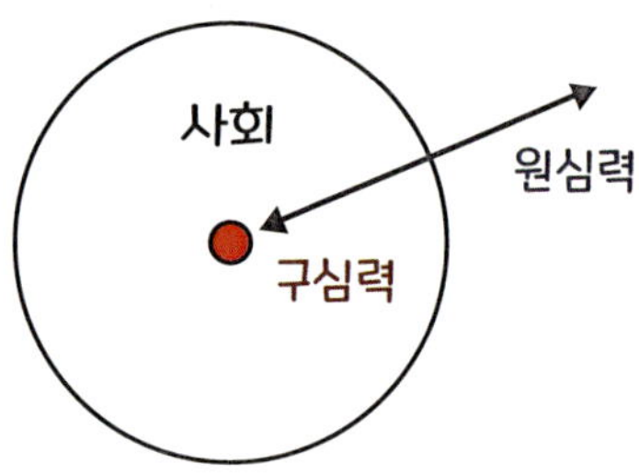

원심력과 구심력의 조화

구심력 (사회 속으로) : 질서와 규범 준수, 협력
원심력 (사회 밖으로) : 개성, 자아 정체성 유지

인간은 혼자서 수많은 욕망을 충족시켜 줄 다양한 수단을 확보할 수 없고, 자연 상태에서는 안전을 확보할 수 없기 때문에 사회를 이루어 살아간다. 인간은 사회를 떠나서 살수 없으며, 인간의 삶은 사회를 떠나서는 아무런 의미가 없다.

사람 인(人)은 막대기 두 개가 서로 의지하여 서 있는 모습이다. 사람은 집단과 사회 속에서 소통하고 서로 도우며 살아가야 인간다운 삶이 가능하다. 야수나 신이 아닌 이상 인간은 사회 속에서 살아가야 한다.

인간은 가장 약한 동물이라도 가장 강한 자를 죽이기에 충분한 힘을 가지고 있다(홉스). 인간은 사회성으로서 동맹을 구축하거나 협조자를 얻어 개인의 능력 차이를 극복할 수 있다.

페르소나(persona), 섀도우(shadow)

인간은 사회생활을 하기 때문에 타인의 시선에 의해 행동에 제약을 받는다. 인간은 사회에서 마음대로 감정을 드러내거나 행동할 수 없고 섀도우(shadow, 개인의 숨어 있는 어두운 본성, 하이드)를 숨기고 페르소나(persona, 겉으로 포장된 사회적 자아, 인간의 이성적 특성, 지킬 박사)로 살아간다.

개인성과 사회성의 조화

인간은 개인적 존재로서 개성과 자아 정체성을 유지하기 위해 홀로 있는 고독한 시간, 내면적 성찰의 시간이 필요하다. 그러나 인간은 사회적 동물로서 사회를 떠나서 살 수 없기 때문에 사회를 모르고서는 인간다운 삶이 불가능하다. 사람에게는 삶의 균형이 중요하다. 혼자된 조건에서의 내면적 성찰, 떠들썩한 사회 속에서 인간미를 나누고 미덕을 실천하는 것, 자기성찰과 사회활동이 조화를 이루는 삶이 바람직하다.

7. 인간에게는 낯선 것에 대한 본능적 두려움과 공격성이 있다 - 프로이트

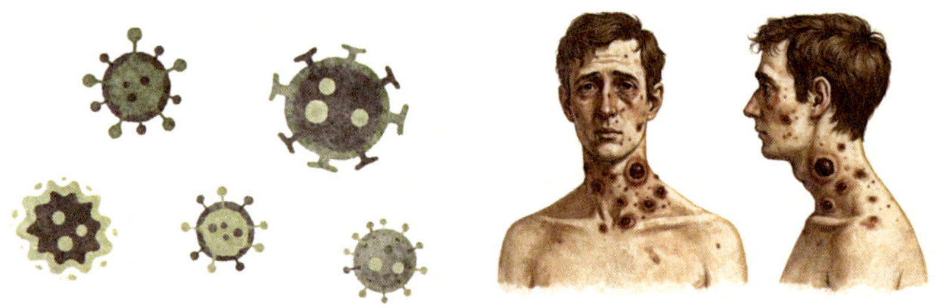

이방인은 전염병을 전파할 수도 있다

내가 알 수 없는 타자는 나에게 불안감을 준다

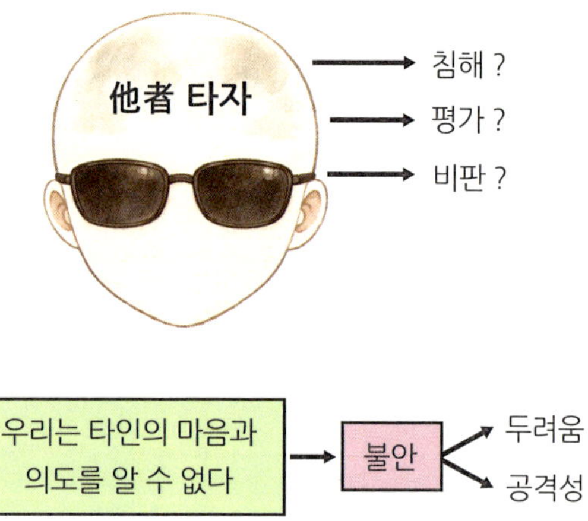

　어두운 밤길을 걸을 때 뒤에서 들리는 발소리는 공포감을 안겨 준다. 낯선 이방인이 나타나면서 그 지역에 전염병이 전파되어 전 주민이 몰살당하기도 한다. 인간이 타자에 대한 두려움, 적대감을 느끼는 이유는 타인이 나와 다르다는 것에서 그 원인을 찾을 수 있다. 알 수 없는 타인의 마음과 의도는 나에게 불안감을 준다. 타인은 나의 신체와 소유권을 침해할 수 있고, 내 생각과 행동을 평가하거나 비판할 수 있으며, 그것을 자신에 맞도록 강요할 수 있는 위협적인 존재이다. 낯선 것에 대한 본능적 두려움과 공격성은 폭행, 강도, 강간 등 보다 직접적인 방법으로 나타날 수도 있고, 사회적 성공이나 권력 추구 등 보다 문명화된 모습으로 나타나기도 한다. 나와 다른 문명권에 속하는 사람들을 야만인으로 부르고, 차이를 다름으로 인식하지 않고 모멸과 무시의 이유로 삼으려는 경향은 아직까지 지속되고 있다.

8. 타인의 시선에 비친 인간

세상은 많은 사람들이 나를 지켜보는
중인환시(衆人環視)의 감옥이다

타인의 시선에 비치는 사람들은
본래의 모습(shadow)을 숨기고
겉으로 잘 포장된 자아(persona)로
살아간다

샤르트르

미셸 푸코

* 即自的(즉자적) 상태 : 아무 생각 없이 무의식적,
본능적으로 존재하는 상태를 말한다

 타인의 시선에 관한 현대 철학의 사유는 대체로 부정적이다

인간은 사회적 동물로서 사회 안에서 다른 사람들과 다양한 관계를 맺으며 살아간다. 타인의 인정과 신뢰를 받는다는 것은 사회생활에서 매우 유리하게 작용하기 때문에 사람들은 집단의 규칙에 따르고, 자신을 좋게 보이게 하기 위해 애쓴다. 타인의 시선에 비치는 사람들은 대부분 본래의 모습(섀도우, shadow)를 숨기고, 겉으로 잘 포장된 사회적 자아(페르소나, persona)로 살아간다. 즉, 타인의 시선에 비친 인간은 대부분 위선자가 된다.

Q. 타인의 시선은 불편함을 주는가?

타인의 시선은 지옥이다. - 샤르트르
타인의 시선은 나를 즉자적 사물로 변형시킨다. - 샤르트르
시선의 권력은 인간을 통제하고 길들인다. - 미셸 푸코

타인의 시선에 관한 근대철학의 사유는 위와 같이 대체로 부정적이다. 타인의 시선은 나를 관찰하고, 나의 비밀을 캐내려고 하여 나를 긴장하게 만들고, 나를 사물의 위치에 놓고 관찰·분석·감시한다. 사람들은 타인의 시선을 두려워하기 때문에 타인의 시선으로 자신을 감시하며 불안 속에 살아간다. 그러나 타인의 시선이 항상 불편함을 초래하는 것은 아니다. 양심의 가책이 없다면 타인의 시선 속에서도 행복하고, 양심의 가책이 있을 때는 혼자 있어서 불안하다(세네카). 사회적 시선은 법 없이도 인간 사회를 통제하는 유용한 수단이 된다. 타인의 시선은 예의와 체면을 차리도록 유도한다. 타인의 시선은 강력한 통제(질서 유지) 메커니즘이 됨과 동시에 개인으로 하여금 선한 일을 하도록 유도하는 긍정적 측면이 있다. 특히 조롱, 쑥덕거림, 뒷담화는 위험한 사람을 피할 수 있게 하여 사람들이 피해를 입지 않도록 방지하는 효과가 있다.

현대 사회는 남들의 시선을 많이 받고 미디어에 노출되는 빈도가 높은 사람이나 물건이 인기를 얻고 힘을 얻기 때문에, 타인의 시선이 항상 불편한 것이라고 말할 수는 없다. 타인의 시선도 활용하기 나름이다(노이즈 마케팅은 타인의 시선을 역이용하여 성공을 거둔 anti-fragile의 사례이다).

9. 타자는 내가 알 수 없는 무한성이다 - 레비나스

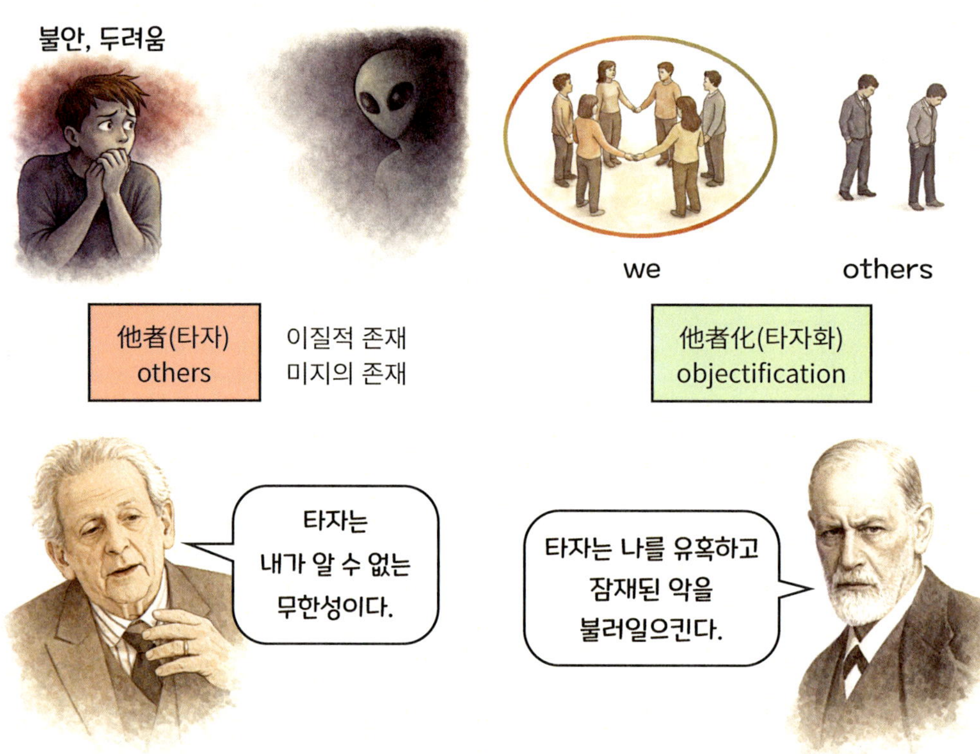

타자는 나와 다른 이질적 존재이고 그 진심과 의도를 알 수 없으므로 나에게 불안감을 불러일으킨다. 타자에 대한 불안심리가 공격성으로 표출되기도 한다.

인간은 다른 존재의 심리 상태를 알 수 있는가?

물고기가 된 입장에서 생각해 보면
물고기의 마음을 알 수 있다

카툰 논술과 교양

타자는 나와 다른 이질적 존재이며 낯선 존재로서 그 진심과 의도를 알 수 없는 사람이다. 사람들은 타인의 시선을 의식하여 가식과 위선으로 살아가기 때문에 언어와 외양으로는 타자를 이해할 수 없다. 사람들은 어떤 감각을 동원하더라도 숨겨진 타자의 모습(잠재의식, 무의식)을 파악할 수 없다. 그러므로 타자는 내가 알 수 없는 무한성이다.

타자(他者), 타자화(他者化)

타자(他者)는 나와 다른 이질적 존재, 미지의 존재로서 나에게 두려움과 불안감을 주는 존재이다. 타자화(他者化)는 어떤 요소를 대상화하고 물화(物化)하는 것을 말한다. 인간은 자신의 안전을 보호하고자 하는 심리가 있기 때문에 각자의 이익을 위해 언제 어디서나 누군가를 타자화시킬 수 있는 개연성을 가지고 있다.

Q. 인간은 다른 존재의 심리상태를 알 수 있는가?

- 인간은 의식적으로 기쁨을 가장하거나 슬픔을 억제할 수 있고, 너무 기뻐서 울거나 크게 절망하여 웃는 경우도 있으므로, 특정 행동에서 특정한 심리 상태를 추론하는 것(보편추론을 통해 이해하는 것)에는 한계가 있다.

- 인간은 박쥐의 마음을 알 수 없다(토마스 네이글).
  박쥐는 초음파를 보내서 대상에서 반사되는 것을 탐지(음파 반향 탐지)함으로써 외부 세계를 지각한다. 이것은 인간의 감각 기관으로는 경험하거나 상상할 수 없는 것이므로 인간은 박쥐의 느낌을 이해할 수 없다.

- 장자는 물고기의 마음을 알 수 있다(장자).
  장자는 호수의 물고기들이 즐겁게 놀고 있다고 하였는데, 물고기가 한가로이 헤엄치는 것은 물고기의 본성대로 자연스럽게 움직이는 것이기 때문에 장자는 물고기의 즐거움을 안다고 하였다. 이것은 '나'라는 마음을 버리고 그 사물의 입장에서 사물을 보는 경지(이물관물, 以物觀物의 경지)에 이른 것이다.

10. 인간은 타자와의 관계를 통해서만 삶의 의미를 찾을 수 있다

인간은 혼자 있을때는
아무 것도 아니다

인간은 타자와의 관계에서
어떤 존재가 된다

헤겔

레비나스

레비나스의 환대의 윤리, 섬김의 윤리

> 타자와의 차이를 인정하고
> 있는 그대로 받아들여라!
>
> 환대하고 섬기고 존중하라!

마르틴 부버 '나'와 '너'

마르틴 부버

'나 - 너' 의 관계
주체와 주체의 인격적 만남 상호 존중의 관계
'나 - 그것' 의 관계
주체와 객체의 만남 상대방을 나의 목적 달성을 위한 수단으로 생각하는 관계

인간은 홀로 있을 때는 아직 자기가 아니고, 타자와의 관계에서 자기를 찾을 수 있으며, 의미를 찾을 수 있다. 인간의 행복은 타자를 이해하고 올바른 관계를 구축하여 조화로운 삶을 살아가는 삶(공생과 배려의 삶)에 있다.

레비나스의 환대의 윤리, 섬김의 윤리

레비나스는 서양의 전통철학은 모든 것을 '자기' 또는 '자아'의 영역으로 환원시키는 철학이며, 이것은 자기를 중심으로 사유하고 타자를 사물화하는 '전쟁의 철학', '전체성의 철학'이라고 비판하였다. 인간은 이질적 존재인 타자에 대한 두려움을 극복하기 위하여 타자를 흡수하고 정복하고자 하였고 이 때문에 서로 싸움을 하고 전쟁을 벌였다는 것이다. 자신의 있음과 이해관계를 고집하면 타자와의 갈등이 불가피하다. 레비나스에 의하면 타인은 결코 '나'로 환원될 수 없는 사람이므로 인간은 타자와의 차이를 인정하고 있는 그대로 받아들여야 하며, 타인을 손님으로 환대하고, 섬기고, 존중해야 한다.

마르틴 부버- 나와 너

'나-너'의 관계는 주체와 주체의 인격적 만남, 상호 존중의 관계로서 온 존재를 기울여야 세워지는 관계이고, '나-그것'의 관계는 주체와 객체의 만남, 상대를 나의 목적 달성을 위한 수단으로 생각하는 관계이다. 마르틴 부버는 정보를 통해 소통하거나 배려가 전제되는 관계 맺기, 사생활 보호의 명분으로 관여하지 않는 것은 타자와의 소외된 공간을 만들기 때문에 매개를 통하지 않는 직접적인 만남을 통해 관계를 맺어야 하고, 삶 전체에 대한 전면적 소통이 이루어질 때 비로소 사랑한다고 말할 수 있다고 하였다.

11. 인간은 문화적 존재다

동물은 완전한 신체기능과 강한 본능을
가지고 있어서 생존에 유리하다.

리처드 도킨스

* meme : 문화의 전달방식(모방 등)

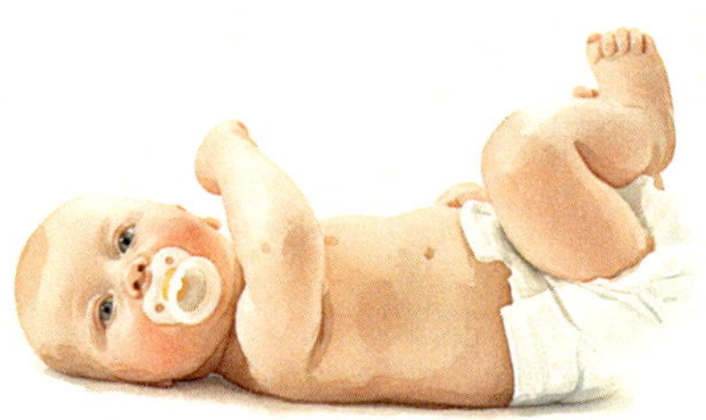

인간은 불완전한 신체기능과 약한 본능을
가지고 있어서 생존에 불리하다.

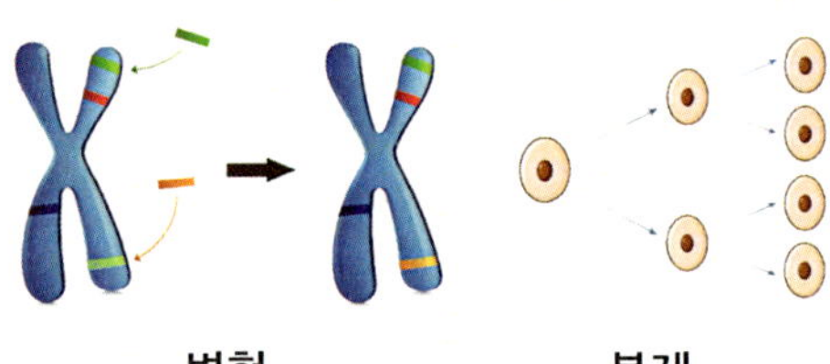

문화의 구조는 유전자의 특성과
닮아 있다(복제, 변이)

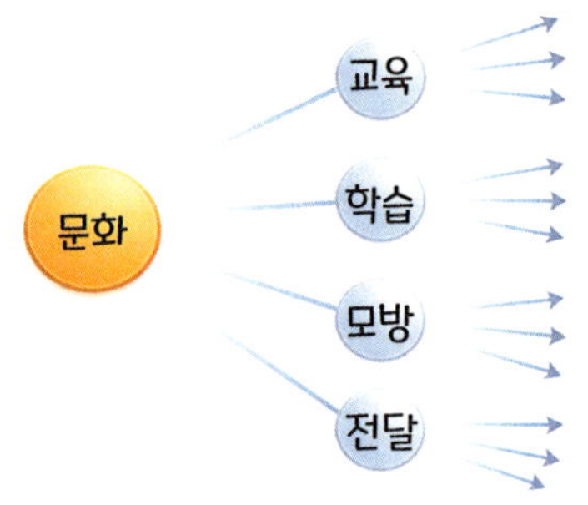

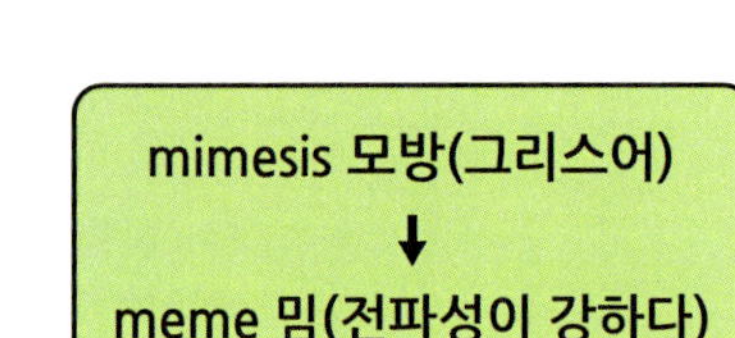

생물학적 진화는 느리게
좁은 영역에서 진행된다.

문화적 진화는 빠르게
광범위하게 진행된다.

동물은 처음부터 생존에 어려움이 없도록 완전한 기능을 가지고 태어난다. 그러나 인간은 동물에 비하여 약한 본능을 가지고 태어나고 육체의 기능이 고도화되어 있지 않기 때문에 생존을 위해서는 여러 가지 방도를 생각하지 않을 수 없었다. 그러다 보니 사유 능력과 지능이 발달하여 신체적 능력의 부족함을 해결해 왔다. 인간은 학습을 통하여 잠재력을 개발하고, 교육, 학습, 모방, 전달을 통하여 집단의 행동 양식과 지식을 공유하게 됨으로써 종족 차원에서 진화가 이루어졌고, 문화적 존재가 되었다. 또 인간은 자유의지를 가지고 있기 때문에 자연법칙을 거스를 수 있고, 자연과 대립하는 문화를 창조하였다. 자연의 법칙은 약육강식, 적자생존이지만 인간은 약자와 소수자를 보호하는 민주적 문화를 만들었다.

밈(meme)

밈은 문화 유전자라고 할 수 있다. 밈은 유전적으로 전달되는 것이 아니라 모방이라는 매개물을 통해 전파된다. 리처드 도킨스(Richard Dawkins)에 의하면 밈은 바이러스처럼 자기 복제를 통해 전파하고 진화한다. 유행, 문화의 전파 등 밈을 통한 문화 유전은 생물학전 유전에 비해 훨씬 빠른 속도로 광범위하게 진행된다. 이것은 인간만의 특징이며, 인간은 교육, 학습, 모방, 전달을 통해 집단의 행동 양식과 지식, 경험을 공유하게 됨으로써 종족 차원에서 진화한다.

- 생물학적 진화는 속도가 느리다. 인간은 바다를 건너고 하늘을 나는 데 있어 물고기, 새, 곤충처럼 수백만 년이 걸리지 않았다. 또 생물학적 진화를 하는 바이러스보다 더 빨리 백신을 만들어 대응하기 때문에 바이러스성 질병도 이겨 낼 수 있다.

Q. 인간 집단과 바이러스 집단은 어느 쪽이 강한가?

위의 밈(meme) 부분 참조.

12. 인간은 창조의 정점에 서 있는 것이 아니다 - 니체

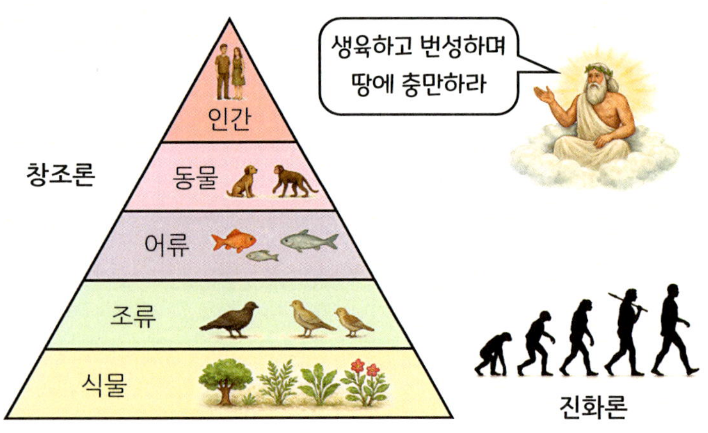

자연선택
natural selection

적자생존
survival of the fittest

자연선택에 유리한 조건
강인함, 아름다움, 기교, 교활함, 무자비함

인간 사회의 문명화
→ 전쟁, 생태계 파괴, 생물종 멸종

인간
진화에 성공한 오만한 영장류

인간의 번성은 지구의 재앙이다.
인간은 지구의 다른 존재에게 가장 위협이 되는 유해한 존재이다.

인간은 혼자 힘으로 먹이를 구할 수 없고, 집을 지을 수도 없다. 육체적 능력, 생존 능력의 면에서 본다면 인간은 상대적으로 가장 성공하지 못한 동물, 약한 동물이다. 인간은 창조의 정점에 있지 않다. 진화론에 의하면 수백만 년에 걸쳐 수십억의 유인원 가운데 경쟁자, 맹수, 곤충, 기생충, 어려움을 가장 잘 극복할 수 있는 개체가 자연 선택에 의해 살아남아 인간이 되었다. 자연은 쓸모없는 것을 무수히 만들어 내고, 의도적으로 창조하지 않는다. 자연은 현재의 시점에서 이로운 것을 정확하고 무자비하게 선택할 뿐이다. 강인함, 아름다움, 기교, 교활함, 무자비 등은 자연 선택에 유리한 조건이 된다. 검은 나방, 흰곰과 같이 우연한 변이가 일어난다 하더라도 그것이 생존에 유리하다면 자연의 선택을 받게 된다. 자연 선택에 따른 종(種)의 꾸준한 변화는 새로운 종(種)을 만들어 낸다. 진화론의 입장에서 본다면 인간은 진화에 성공한 오만한 영장류일 뿐 만물의 영장, 지구의 주인이라는 생각은 인간의 착각에 지나지 않는다. 인간은 이성을 활용하여 문명을 발달시켰으나 자연과 다른 인간을 정복하고자 하였고, 인간 사회의 문명화는 다른 생물종에게 지구의 재앙(전쟁, 생태계 파괴, 생물종 멸종 등의 재앙)이 되었다. 인간은 다른 존재에게 가장 위협이 되는 유해한 종(種)이다.

13. 인간은 놀이하는 동물이다

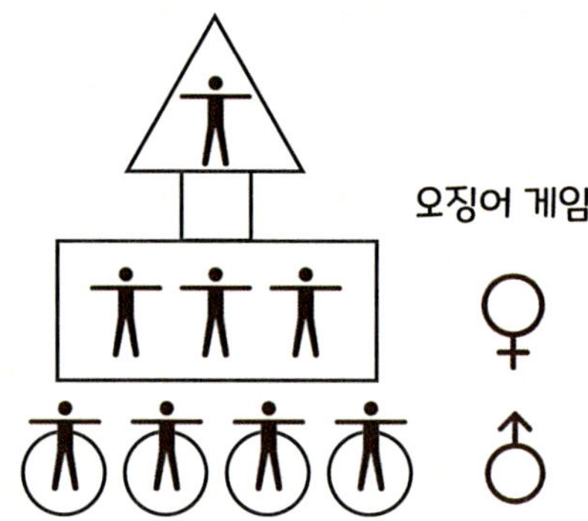

호모 루덴스 (Homo Ludens)

놀이하는 인간

동물의 활동 : 생존을 위한 활동

인간의 활동 : 생존과 무관한 활동이 많다

인간의 문화는 놀이적 성격을 가진다 - 요한 호이징가

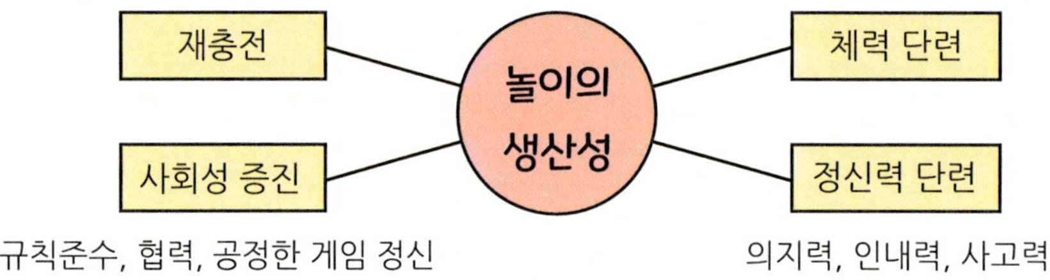

규칙준수, 협력, 공정한 게임 정신　　　　　의지력, 인내력, 사고력

* 놀이는 직접적 생산활동이 아니지만 생산성에 기여한다

* 놀이는 예술과 문화창조의 근원이 된다

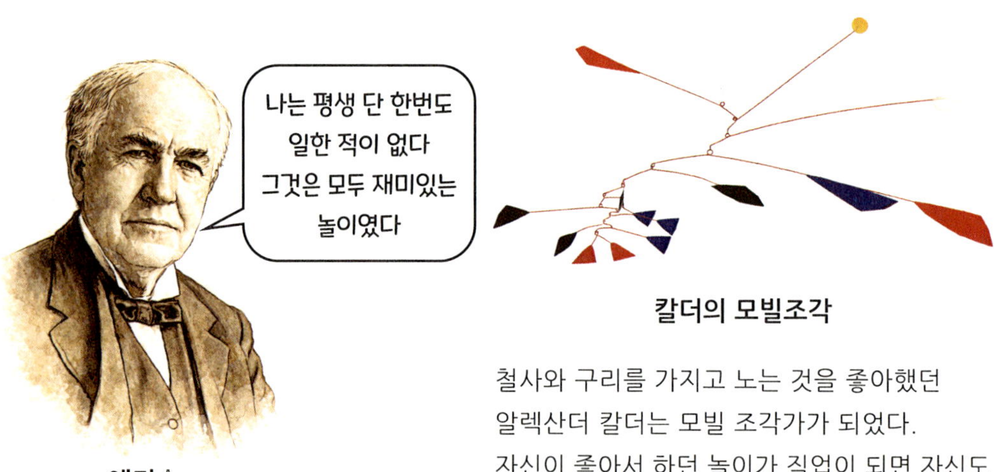

에디슨

칼더의 모빌조각

철사와 구리를 가지고 노는 것을 좋아했던
알렉산더 칼더는 모빌 조각가가 되었다.
자신이 좋아서 하던 놀이가 직업이 되면 자신도
행복하고 다른 사람에게도 모두 행복을 줄 수 있다.

놀이는 생존과 무관한 활동이다. 놀이는 현실 생활에서 어떤 목적을 달성하기 위한 것이 아니라 그 자체를 즐기기 위한 활동이다. 또 의무적인 것이 아니라 자유로운 활동이다. 인간은 생존에 필요하지 않은 것들을 욕망한다는 점에서 다른 동물과 구별되며 인간은 놀이하는 동물(호모 루덴스, Homo Rudens, 유희적 인간)이라고 할 수 있다.

Q. 놀이는 비생산적 활동인가?

놀이는 시간 낭비, 사치스러운 활동이 아니라 욕구를 해소하고 정신을 만족시킴으로써 인간을 행복하게 한다는 점에서 비생산적 활동으로만 볼 수 없다. 놀이는 활력을 주어 생산성을 높이는 데 도움이 되고, 인간의 삶을 보다 인간답고 가치 있게 만든다.

- 놀이의 생산성: 재충전, 체력 단련, 정신력 강화, 사회성 증진
  → 정신적 만족, 행복, 문화 발전에 기여

요한 호이징가의 문명 비판

인류 문명에서 일과 놀이는 분리되지 않았으나 산업혁명 이후 자본주의, 물질만능주의로 일과 놀이가 분리되기 시작했다. 생존을 위해 수단, 방법을 가리지 않고 전쟁을 하면서 놀이의 자유는 축소되고, 놀이 본래의 정신은 퇴색하였다. 놀이는 문화를 만드는 요소이며, 창의적 활동, 인간다운 삶을 가능케 한다. 일 중심의 문화에서 벗어나 놀이 본래의 정신, 놀 권리를 찾아야만 창의적 활동과 인간다운 삶이 가능하다.

'발명의 영웅 이론' 비판

필요는 발명의 어머니라는 말은 부분적 타당성만을 가진다. 발명의 대부분은 필요성을 충족시키기 위한 목적에서 나온 것이 아니라 여가 생활을 즐기며 취미 활동을 하는 가운데(놀이의 과정에서) 탄생하였다. 인류를 구하기 위해 갖은 고생을 하며 자신을 희생하여 어떤 것을 발명하였다는 것은 위인전, 영웅전 작가들이 지어낸 이야기라는 것이다.

14. 인간은 만물의 척도 - 프로타고라스

추위에 떠는 자에게는 바람이 시리나
떨지 않는 자에게는 그렇지 않다.
개인에게 감각으로 인지되는 것들은
나름대로 다 진실이다.

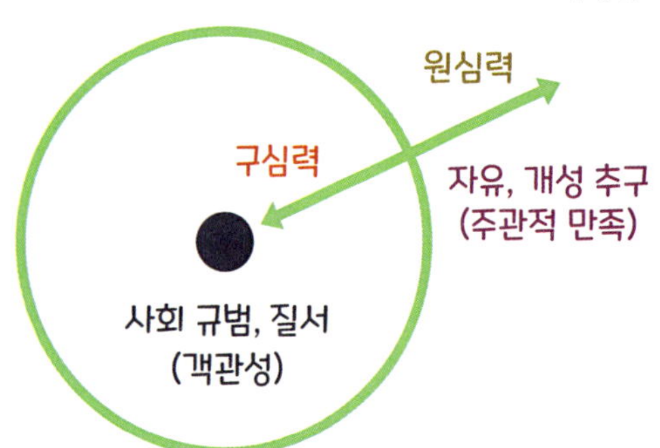

아브라함은 고심끝에 아들(이삭)을 제물로
바치라는 신의 명령을 받아들이기로 한다.
실존적 인간은 아브라함과 같은 실존적
고민을 안고 살아간다.

어떠한 상황에 놓인 실존적 인간에게 객관적
진리는 도움이 되지 않는다. 실존적 인간에게는
그 사람이 처한 상황에 맞는 맞춤형 진리가
필요하다. **- 주체성의 철학**

〈바람직한 삶〉

사회의 일원으로서 보편적
규범을 지키며 사회와 조화를
이루는 가운데 개인적 만족과
행복을 추구하라.

* 바람직한 삶 : 전체와 부분의 조화, 객관성과 주관성의 조화
* 개인적 삶, 사회적 삶이 조화를 이루는 삶이 바람직하다

인간의 감각과 기분은 제각기 다르고, 그것은 시시각각으로 변한다. 굶주린 자가 보는 세상, 배부른 자가 보는 세상은 다르다. 추위에 떠는 자에게는 바람이 시리나 떨지 않는 자에게는 그렇지 않다. 개인에게 감각으로 인지되는 것들은 나름대로 다 진실이며, 누구의 감각이 옳은 것인지는 알 수 없다. 인간은 각자 자기의 기준과 전제 조건으로 만사를 판별한다는 점에서 모두 만물의 척도이며, 객관적 진실은 존재하지 않는다(주관주의, 상대주의).

- 인간은 사회의 일원으로서 전체의 구성원임과 동시에 각자 다른 개성을 가진 개별자로서 각자의 행복을 추구한다. 행복은 주관적 만족이며, 객관적 기준이 없다는 점에서 인간은 만물의 척도라는 주장은 설득력을 가진다.

주체적 실존

실존주의 철학자 키에르 케고르는 개별적 존재로서의 인간을 중시했다. 이성적 사유는 일반적인 것, 보편적인 것(진, 선, 미)만 강조하는데, 개개의 실존적 인간은 어떤 상황 속에 처한 '나'이며, 실존적 인간에게는 맞춤형 진리가 필요하고, 객관적 진리가 큰 도움이 되지 않는다. 키에르 케고르는 "진리는 객관적인 것의 불확실성을 깨닫고 자신의 실존에 침잠하여 어떻게 살아갈 것인가를 끊임없이 고민하는 주체의 삶 속에 있다"고 주장하였다(주체성의 철학).

조화로운 삶

주관주의(상대주의), 객관주의(절대주의) 한쪽에 치우치는 것은 바람직하지 않다. 인간은 사회의 일원으로서 보편적인 규범을 지키면서 사회와 조화를 이루는 가운데 개인적 만족과 행복을 추구하는 것이 바람직하다. 행복한 삶을 위해서는 사회의 안정과 질서 유지, 주관적 만족을 추구하는 것 둘 중 어느 하나도 소홀히 할 수 없다.

15. 실존은 본질에 앞선다 - 샤르트르

육체 〔 실존 existence(겉모습)
물질
유한성
가시적

정신 〔 본질 essence(근본적 요소)
에너지
무한성
비가시적

사흘 굶어 담 안 넘을
사람 없다

악마는 빈주머니에서
춤춘다

샤르트르

실존적 존재인 인간은 본질을 생각하기
전에 일단 살아남아야 한다.

본질주의(기독교) :	인간은 신의 호흡을 불어넣어 신의 형상을 본떠 만든 존재. 삶의 목적은 신의 영광을 위하는 것, 신을 기쁘게 하는 것. 선한 삶을 살아라.
실존주의(철학) :	미리 정해진 보편적 진리를 거부한다. 신적 도그마의 절대화에 반대한다. 운명을 긍정하고 현재를 충실하게 살아라.

바람직한 삶(실존과 본질의 조화) - 행복한 삶

먼저 생존과 안전을 확보하라(실존적 삶, 단기적 행복).

그 다음에 의미와 가치를 추구하라(본질적 삶, 장기적 행복)

* 먼저 독립적 수입을 확보하라. 그 다음에 덕을 실천하라.

인간은 그 본질이나 삶의 목적을 생각하기 전에 이미 이 세계에 내던져져 있으며, 생명을 가진 현실적 존재(실존)인 인간은 본질을 생각하기 전에 일단 살아남아야 한다. 실존주의 철학에 의하면 인간에게는 주어진 본질이 없으며, 인간은 자유의지에 의해 스스로의 본질을 구축해 나가야 한다. 실존주의 철학에서는 가치 있는 유일한 삶은 현재에 있으니 운명을 긍정하고, 현재에 충실하며 살아가라고 한다. 그러나 실존주의 철학은 현재를 열심히 살아야 할 동기와 명분에 대한 설명이 부족하다. 인간은 초월설, 영원성을 지향한다. 순간의 행복에 만족하지 못하고 영원한 행복을 꿈꾼다. 종교에서는 인간은 목적 없이 세계에 내던져져 짧은 생을 마감해야 하는 존재가 아니라고 한다. 실존주의 철학에 의하면 삶의 의미와 가치가 크게 축소되고, 인간이 나아갈 방향과 역사에 대한 통제력을 상실할 우려가 있다. 실존보다 오래 존속하는 본질이 있다고 생각할 때, 인간의 육체의 생명이 다할 때까지 최선을 다해 살아야 할 이유가 있고, 인생을 좀 더 의미 있고 가치 있게 살아갈 수 있다.

- 인간은 먼저 생존과 안전의 문제를 해결하고, 그다음에 아름답고 강한 본질을 구축하는 데 애쓰는 것이 좋다.

- 실존은 실제로 존재하는 것, 본질은 실존을 있게 하는 근본적인 요소를 말한다. 인간의 실존은 육체이다. 인간의 본질에 관해서는 영혼, 카르마, 유전자 등 여러 견해가 있으나, 아직까지 확실하게 밝혀지지 않았다.

First, secure an independent, then practice virtue.

먼저, 독립된 수입을 확보하고, 그다음에 덕을 실행하라.

16. '인간이 어떻게 사는가'는 '인간이 어떻게 살아 하는가'와는 너무나 다르다 - 마키아벨리

마키아벨리

유덕한 삶(바람직한 삶)

자비, 정직, 신의, 용기
겸손, 경건, 칭찬

현실의 삶

무자비, 거짓, 속임수,
음모, 배신, 비겁,
오만, 저주, 비난

* 인간이 추구하는 이상적인 삶은 인간의 약한 본능과 현실 여건으로 인해 끊임없이 방해받는다. 냉혹한 현실은 유덕한 삶을 용납하지 않는다.

정치 현실

거짓, 선동, 속임수, 권모술수,
계략, 폭력, 살인

<마키아벨리 - 군주론 요약>

- 사랑받는 것보다 두려움을 받는 것이 안전하다.
- 관대함은 자기 소모적이다.
- 현명한 잔인함은 진정한 자비다.
- 술책이 진실을 이긴다.
- 정치지도자는 반인반수가 되어야 한다.
- 사자의 용기와 여우의 지혜
- 능숙한 기만자, 위장자가 되어라
- 유덕한 성품을 갖추기보다 갖춘 것처럼 보이게 하라
- 신의를 지키는 것이 불리하다면 약속에 개의치 마라

* 인간적 미덕은 적대적 이웃 국가, 범죄자, 악인들이 활개치는 환경을 조성한다.
정치지도자는 인간의 본성을 직시하고 현실에 입각한 정치를 함으로써 국민의 안전과 평화를 지켜야 한다.

카툰 논술과 교양

자비, 신의, 용기, 정직, 겸손, 경건함 등이 인간의 미덕이기는 하나, 현실 세계에서는 이 모든 것을 갖추는 것이 가능하지 않고, 삶의 현실은 인간이 유덕한 삶을 살아가는 것을 용납하지 않는다. '인간이 어떻게 사는가'는 '인간이 어떻게 살아야 하는가'와는 너무나 다르기 때문에 선량하게 살아가는 사람들은 악한 자들에 의해 고통받기 쉽다. 마키아벨리는 "정치 지도자는 필요하다면 부도덕하게 행동할 태세가 되어 있어야 한다"고 하였다. 지도자가 자비롭고, 신의 있고, 인간적이고, 인자하다고 생각되기를 원한다면 무질서와 혼란을 초래할 수도 있고, 평화조약과 협정을 파기하는 등 신의를 지키지 않고 술책을 쓰는 이웃 나라에 정복당하여 노예 생활을 하게 될 수도 있기 때문이다.

- 인간의 선의와 이성을 신뢰하지 말라. 정치 지도자는 인간의 본성을 직시하고, 현실에 입각한 정치를 함으로써 국가와 국민의 안전과 평화를 지켜야 한다.

사람 좋고 인품이 훌륭하다고 해서 나라의 안전을 잘 지키고 국민을 잘살게 하는 것은 아니다. 인간의 미덕은 정치 지도자의 악덕이 될 수 있다. 항상 인권을 떠들던 미국의 지미 카터 대통령은 무능한 지도자였다. 한편, 독일의 철혈 재상 비스마르크는 오스트리아, 프랑스와의 전쟁에서 승리하여 독일 통일의 기초를 닦았다. 잔인할 정도로 냉혹한 태종은 세종대왕 치세의 기틀을 마련했고, 대한민국의 군사정부는 빈곤을 몰아내고 부국강병의 기초를 닦아 한강의 기적을 이끌었다. '인간이 어떻게 살아야 하는가' 하는 도덕적 문제와 '인간이 어떻게 사는가' 하는 현실적 문제는 엄연히 다르기 때문에, 국제정치에서는 현실 문제를 해결할 수 있는 능력이 중요하다. 최악의 정치는 현실을 직시하지 못하는 것이다. 마키아벨리는 『군주론』에서 이 점을 지적하였다.

17. 개인은 도덕적이지만 집단은 비도덕적이다
   - 라인홀트 니버

개인은 도덕적이다

집단은 비도덕적이다

* 집단이 되면 개인은 집단의 익명성 속에 숨어서 이기적 충동을
  가감없이 드러내므로 집단은 비도덕적으로 되기 쉽다.

님비현상

* 개인들의 이기적 충동은 집단에서 더욱
  생생하게, 누적되어 표출된다

기게스의 반지 이야기는 익명성이 보장될 때
인간은 자신의 욕망을 가감없이 드러낸다는
것을 보여준다

라인홀트 니버
「 도덕적 인간과 비도덕적 사회」

개인의 비이기성은
국가의 이기심으로 바뀐다

카툰 논술과 교양

개인은 타인을 의식하고 사회적 평가에 민감하기 때문에 예의, 체면을 차리고 도덕적으로 보이려고 노력하며, 다른 사람에 대해 공감하고 배려한다. 그러나 집단이 되면 개인은 개성이 드러나지 않고, 집단의 익명성 속에 숨기 때문에 자신의 이기적 욕망을 가감 없이 드러낸다. 집단은 개인들의 이기적 충동이 집단화되기 쉽고, 합리적 사회 세력을 구성하기 어려우므로 양심과 이성으로 제어하기 어렵다. 개인적으로 얌전하고, 도덕적이고, 타인을 잘 배려하는 사람도 집단의 일원이 되면 완전히 다른 사람이 된다. "개인의 비이기성은 국가의 이기성으로 바뀐다"는 니버의 주장은 집단이기주의가 횡행하는 현대 사회를 설명하는 유용한 도구로 받아들여지고 있다.

기게스의 반지(Ring of Gyges)

플라톤의 저서 『국가』에 나오는 마법의 반지, 이 반지를 끼면 자신의 모습을 보이지 않게 할 수 있다. 정직한 양치기는 이 반지를 손에 넣어 투명인간이 된 후 왕비와 통정하여 왕을 죽이고, 리디아의 왕이 된다. 이 이야기는 타인의 시선이 없고 익명성이 보장될 때 인간은 자신의 욕망을 가감 없이 드러낸다는 것을 보여 준다. 기게스의 반지 이야기는 집단의 익명성 뒤에 숨은 개인은 양심과 이성을 벗어나 이기적 충동을 표출함으로써 비도덕적 행동을 하기 쉽다는 것을 보여 준다.

- 전통윤리에서는 신독(愼獨, 홀로 있을 때 도리에 어긋남이 없도록 몸가짐을 바로 하고 언행을 삼가는 것)을 강조한다. 현명한 사람들은 타인의 시선이 없어도 스스로의 만족과 행복을 위해 도덕적으로 행동한다.

18. 인간은 이름이 붙여짐으로써 사회적 생명을 얻는다

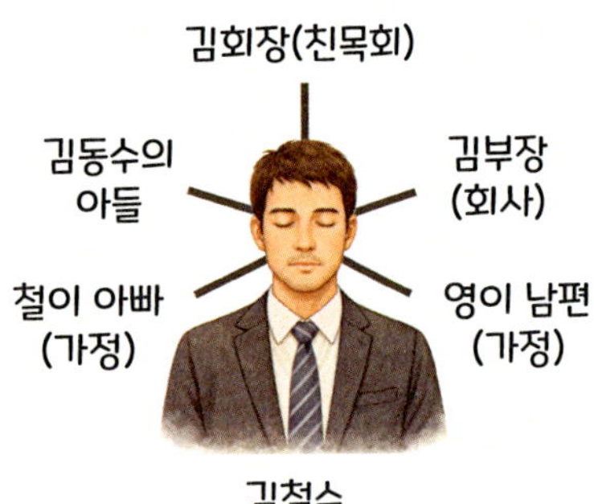

김철수

인간은 명칭이 부여됨으로써 사회생활의 주체가 되고
기호와 상징은 '나'와 동일시 된다

라캉

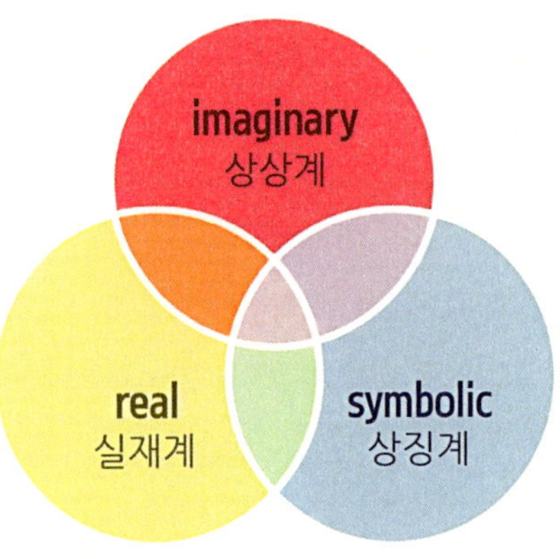

라캉의 정신모델

〈이름을 불러준다는 것의 중요성〉

하나의 몸짓이 의미있는 존재가 된다

존중, 환대의 대상이 된다

신의 은총을 받은 존재가 된다

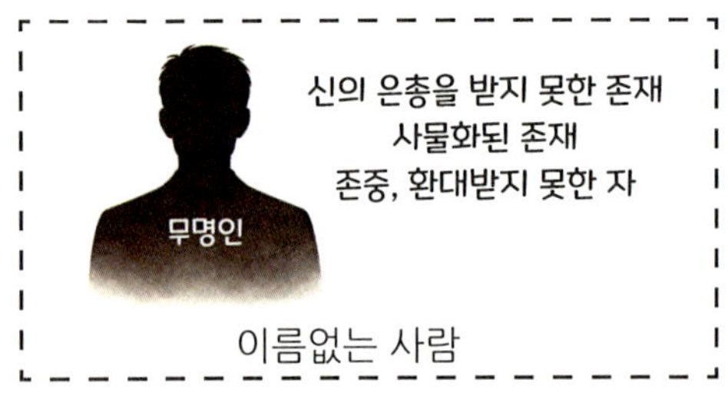

이름없는 사람

호명은 명칭을 부여한다는 말이다. 명칭이 부여됨으로써 인간은 사회적 관계에서 하나의 지위를 획득하게 되고, 주체가 된다. 호명에 의해 인간은 사회 안에서 하나의 호칭, 기호가 되고, 그것이 자신과 동일시된다.

라캉에 의하면 주체는 사회적 관계에 의해 만들어진 임시의 지위다. 라캉은 우리의 세계는 실재가 아닌 언어와 관념에 의해 형성된 세계로서 상징계라고 하였다. 인간은 언어를 통해 상징적 세계로 들어가서 기호, 상징이라는 타자와 동일시함으로써 주체가 된다는 것이다.

한국인은 한국인으로서의 이름을 만들어 신분증을 가질 때 여권, 은행 계좌를 만들 수 있고, 투표도 할 수 있는 등 사회생활을 하는 주체가 될 수 있다. 호칭 때문에 투수가 홈런을 치거나 골키퍼가 골을 넣으면 예외적 현상이 된다. 여성이라는 호칭은 소극적·수동적이고, 요리를 하고 가사를 돌보아야 한다는 주체로서의 특성을 부여한 것인데, 이것은 본래의 특성이 아니라 사회적 조건에 의해 만들어진 인위적 산물이다.

Q. 이름을 붙인다는 것은 어떤 의미를 가지는가?

인간은 태어나면서 육체적 생명을 부여받고 이름이 붙여짐으로써 사회적 생명을 얻는다(세계의 일원이 된다).

이름을 붙이는 것은 아무것도 아닌 존재에게 의미를 부여하는 것이다(김춘수의 시 「꽃」에서는 하나의 몸짓이 의미 있는 존재가 된다). 이름이 붙여짐으로써 인간은 개성을 가진 하나의 존재로서 정체성을 부여받고, 존중, 환대의 대상이 된다.

신이 이름을 붙여 줌으로써 만물이 존재하게 되었다(성경). 그렇다면 이름을 붙이는 것은 신의 은총이며 물질에 영혼을 입히는 것, 영혼에 표지를 부여하는 것이다.

- 이름이 없는 것은 신의 은총이 결핍된 존재이다.
- 이름이 없는 존재는 세계의 일원이 되지 못하고 사람들의 관심에서 배제되어 사물화된 존재이다.
- 이름이 없는 익명의 존재는 존재 의미가 미미하여 존중·환대받지 못하고 비도덕적 행위를 할 가능성이 더 높다.

제2장

욕망

1. 욕망은 인간의 본질이며 생명의 원동력이다

욕망을 끊은 사람의 인생은 시든 풀, 죽은 나무,
불꺼진 재와 같아서 활력, 열정, 감동이 없다

욕망하는 인생은 성장, 발육, 지속한다

스피노자

* 전통 철학은 욕망을 결핍, 고통, 혼란, 불안의 원인으로 보아
부정적으로 인식하였다. 그러나 욕망은 인간의 본질이다.

라틴어 conare
힘쓰다, 시도하다

라틴어 conatus
① 본능적 충동, 자연적 경향
② 노력, 계획, 시도

- 욕망은 인간의 본성이다.

- 욕망은 생명의 원동력이다.

- 욕망은 가치를 만들어 낸다.

- 불필요한 욕망을 억제하고 가치 있는 욕망을 추구하라!

전통 철학은 욕망을 결핍, 고통, 혼란, 불안의 원인으로 보아 부정적으로 인식하였으며, 불필요한 욕망, 불가능한 욕망을 억제하고, 절제를 통해 행복을 추구할 것을 권장하였다. 스토아 철학은 운명에 순응하고, 욕망을 억제하고, 평정심을 유지함으로써 행복을 찾을 수 있다고 주장하였다. 그러나 욕망을 끊은 사람은 죽은 나무, 식은 재와 같이 생기와 활력이 없다. 행복은 어느 정도의 욕망과 쾌락을 추구하는 데 있다. 스피노자에 의하면 욕망은 억제되어야 하는 대상이 아니라 어쩔 수 없는 인간의 본성이며, 인간은 욕망과 본능의 목소리에도 귀를 기울여야 하는 존재이다. 스피노자는 욕망은 자기 존재를 보존하고 지속시키고자 하는 노력으로써 생명의 원동력이고, 욕망은 가치를 만들어 낸다고 하였다.

> 우리는 좋기 때문에 욕망하는 것이 아니라 욕망하기 때문에 그것을 좋다고 하는 것이다.
> - 스피노자

코나투스(conatus)

코나투스는 인간을 비롯한 모든 유한한 존재들이 계속적으로 그 존재를 유지하고 스스로를 발전시키려고 하는 노력, 시도, 충동, 성향, 경향 등을 의미한다(라틴어 conor는 '노력하다, 시도하다'라는 뜻, conatus는 '노력, 시도, 충동, 성향, 경향'의 의미를 가지고 있다).

2. 욕망과 행복

欲求 (욕구) need	생리적 욕구(식욕, 성욕, 수면욕) 안전 욕구(위험 회피)
欲望 (욕망) desire	애정 욕구 존중, 인정 욕구 자아실현 욕구

욕망의 충족

만족감, 쾌감

결핍

불만, 불쾌감

* 욕구는 생리적인 것, 욕망은 사회적인 것
* 욕구는 생존에 반드시 필요한 것,
  욕망은 생존에 반드시 필요하지는 않은 것

* 욕망을 채우지 못하는 것은 고통, 불안,
  혼란을 초래한다.
* 욕망을 과도하게 채우는 것은 주변에
  피해를 끼치고 자신을 파멸로 이끈다.
* 욕망의 조절 (절제, 가치있는 욕망 추구)
  → 행복

<스토아 철학의 행복론>

pathos 열정, 감동
apathy 무관심, 방관

apatheia 마음의 평정

taraxia 동요

ataraxia 마음의 평정

- 냉정함을 유지하라(be philosophical)
- 내가 바꿀 수 없는 것은 받아들여라(노화, 죽음 등)
- 감정을 통제하고 가능하면 제거하라!
- 냉정, 무심, 무정, 비인간적 행동
  → 평온함을 얻기 위해 이렇게까지 살아야하나?

<에피쿠로스 학파의 행복론>

- 욕망이 단순하면 총족시키기도 쉽다.
  단순하게 살아라!
- 진정한 쾌락은 마음의 평정상태에 도달함으로써
  영혼의 자유를 얻는데 있다.
- 아무런 혼돈에도 흔들리지 않을때 영혼은
  평온히 자유를 찾는다.

카툰 논술과 교양

쾌락은 오래 지속되지 못하고 인간의 욕망은 무한하기 때문에 생존에 필요한 욕구와 불필요한 욕망을 구분하여 후자를 포기함으로써 혼란, 불안, 고통이 없는 평정 상태에 이를 수 있다. 에피쿠로스 학파에서는 행복에 있어서 절제를 통한 쾌락의 조절, 균형 감각, 사회적 관계를 중시한다.

- 전통 철학은 이성으로 불필요한 욕망을 억제하고 평정심을 유지하여 지혜롭게 살아갈 것을 강조하였다.

한편, 불필요한 욕망은 인간의 삶을 보다 높은 경지로 이끌고, 그것이 인간의 삶을 보다 가치 있게 만들기도 한다. 생업에 지장이 없다면 필요성과 상관없이 자신의 이상을 위해 욕망을 추구해 보는 것도 시도해 볼 만하다.

아타락시아(ataraxia)

세속적 욕망에서 벗어난 마음의 평정 상태, 지나친 열정에서 벗어난 흔들림 없는 고요한 상태를 말한다. 에피쿠로스는 쾌락, 사치 등 욕망을 충족시키는 생활은 일시적 만족에 그칠 뿐 오히려 고통과 불안을 가져다주는 것이고, 진정한 쾌락과 행복은 마음의 평정 상태(아타락시아, ataraxia)에 도달함으로써 영혼의 자유를 얻는 데 있다고 보았다.

> 수면 위로 바람 한 점 불지 않을 때 바다가 고요해지듯이 아무런 혼돈에도 흔들리지 않을 때 영혼은 평온히 자유를 찾는다.
> - 에피쿠로스

선욕과 갈애

불교에서는 생존 유지에 반드시 필요한 것으로, 반드시 충족되어야 하는 욕망을 선욕(chanda), 생존에 필요한 이상의 지나친 욕망으로 그 충족이 반드시 필요하지 않은 것은 갈애(tanha)라고 한다. 이러한 구분은 인간이 추구해야 할 욕망의 방향을 선택하는 데 도움이 될 수 있다.

3. 욕망에는 한계가 없다

욕망하는 인간은
영원히 결핍과 권태
사이에서 방황한다
충족
충족
욕망
권태
새로운
욕망
권태
∞
결핍
새로운
결핍
쇼펜하우어
* 강한욕망 → 새로운 결핍 → 고통
* 욕망을 충족시키면 일시적으로 행복할 뿐
  더 큰 결핍과 불안을 초래한다.
• 욕망을 절제하라!
• 자족하는 삶을 살아라!
• 외부적 성공보다 내면의 평온을 찾아라!
우리가 욕망하는 것을
차지하는 순간 우리는
다른 것을 원한다
적응 適應
adaptation
적응은 지속적 쾌락을 방해한다
→ 새로운 것을 갈구한다.
루크레티우스
생물학적, 생리적 욕구 → 문화적, 사회적 욕구
긴급한 욕구 → 긴급하지 않은 욕구
육체적 욕구 → 정신적 욕구
낮은 수준의 욕구 → 높은 수준의 욕구
hierarchy of needs
욕구의 단계
자아실현
self-realization
존중
respect
매슬로우
애정 affection
소속감 sense of belonging
안전 safety
생리 physiology

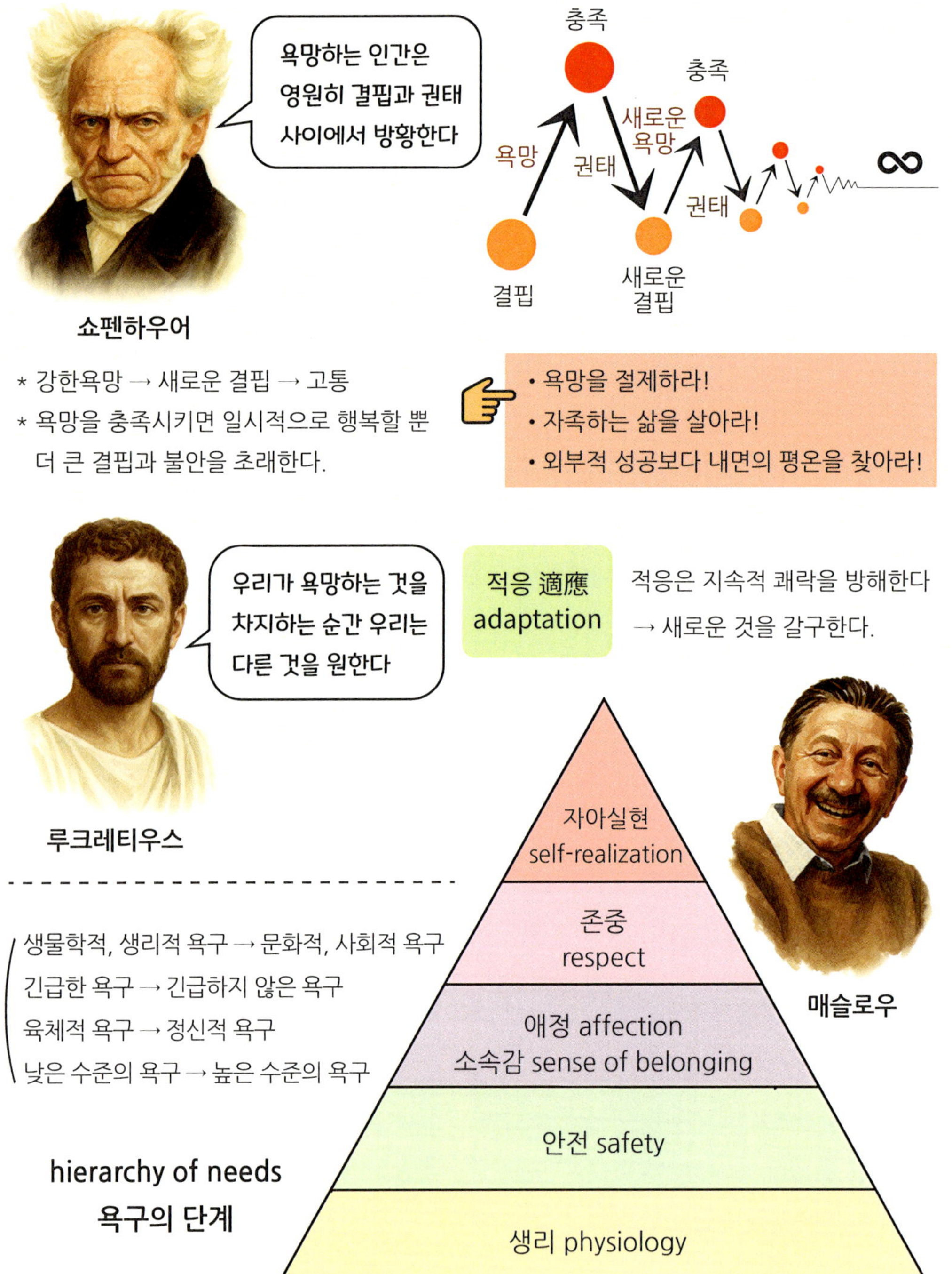

전통철학은 욕망을 결핍, 부족 등의 부정적 의미로 이해해 왔다. 욕망한다는 것은 부족하다는 것이며, 그것은 고통받고 있다는 것을 의미하므로 욕망은 인간을 불행하게 한다. 쇼펜하우어는 욕망은 만족에 도달하면 곧 새로운 욕망이 고개를 들기 때문에 인간은 결핍과 권태 사이를 영원히 방황하게 되므로 삶 자체가 불행하다고 하였다.

욕망의 순환성

인간의 욕망은 무한하기 때문에 만족은 보잘것없고, 하나의 만족에 도달하면 곧 새로운 욕망이 일어난다. 욕망을 충족시킴으로써 얻게 되는 쾌락은 순간적이어서 곧 권태에 빠지게 되고, 욕망하는 인간은 '욕망(결핍) → 만족 → 권태 → 새로운 욕망(결핍)'의 과정을 반복하게 된다.

> 우리가 욕망하는 대상을 취할 수 없을 때 그것은 다른 어떤 것보다 우수해 보인다.
> 그러나 그것을 차지하는 순간 우리는 다른 것을 원한다.
> - 루크레티우스

Q. 욕망은 억제해야 하는 대상인가?

전통 철학은 욕망을 결핍, 고통, 혼란, 불안의 원인으로 보아 이성으로 그것을 억제하고 절제된 삶에서 행복을 찾고자 하였다. 그러나 욕망은 인간 존재를 지속시키는 생명의 원동력, 에너지의 원천이 될 뿐 아니라 때로는 욕망 그 자체가 가치를 만들어 낸다. 욕망이 없다면 인간 사회의 진보는 있을 수 없다. 욕망이 문제가 아니라 가치 있는 욕망을 추구할 수 있는가 하는 것이 문제이며, 개인의 마음가짐과 태도가 중요하다. 욕망을 초월하는 길은 욕망에서 벗어나는 데만 있는 것이 아니라 욕망을 실현하는 것에서도 있을 수 있다. 욕망과 쾌락을 끊고 마음을 식은 재처럼 만든다면 사람에게 생기와 활력이 없어진다. 욕망과 쾌락을 끊을 것이 아니라 가치 있는 욕망을 추구함으로써 활기 넘치게 살아가는 것이 더 행복한 인생이 될 것이다.

4. 불필요한 욕망, 불가능한 욕망을 추구해야 하는가?

동물은 생존에 필요한 것들을 욕망한다

인간은 생존에 반드시 필요하지 않은 것들을 욕망한다

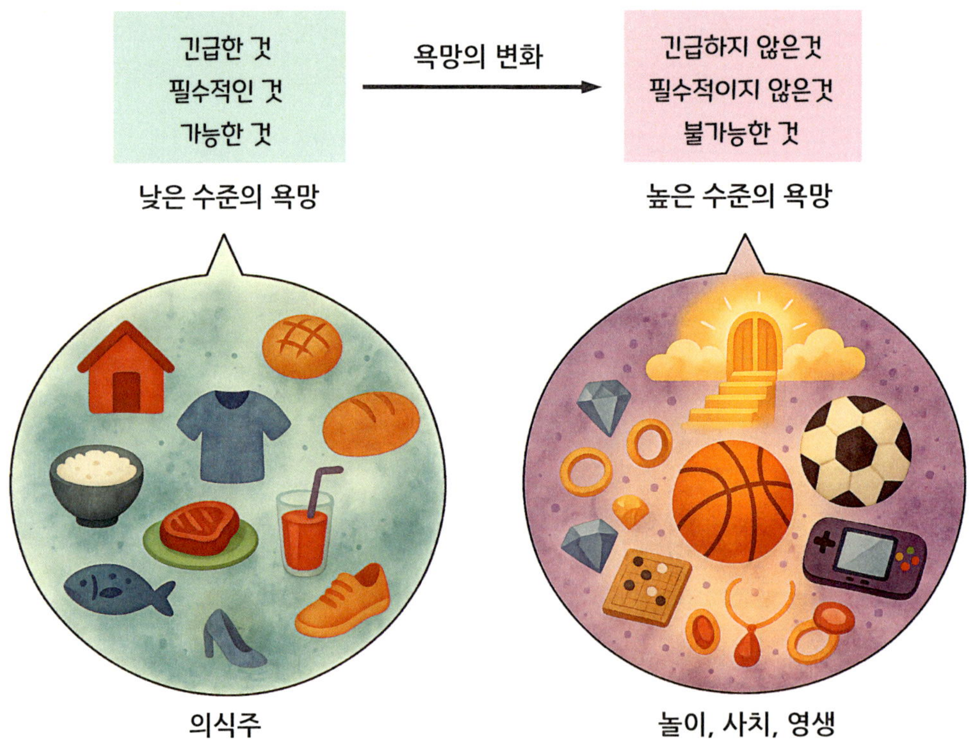

인간은 생존의 욕구에 만족하지 않고 자신의 이상을 실현하고자 하며 불멸성, 초월성을 지향한다. 욕망은 스스로를 초월하게 하고, 예상치 못한 방향으로 발전시키는 동력이 된다. 인간은 욕망을 가지고 항상 새로운 것을 추구하고, 불가능에 도전함으로써 문화의 진보를 이루었다.

Q. 불필요한 욕망, 불가능한 욕망을 추구해야 하는가?

인간은 생존에 반드시 필요하지 않은 것들도 욕망한다는 점에서 동물과 다르다. 생명에 반드시 필요하지는 않지만, 재미 삼아 놀이로 하는 것이 삶을 개선하는 데 기여하기도 한다.

그러나 사람은 먼저 자신의 생존을 스스로 해결해야 한다. 먹고사는 데 지장이 없도록 실존의 문제를 해결한 후에는 불가능한 일에도 도전해 보고, 삶의 진보, 영혼의 진화에 애씀으로써 스스로의 본질을 구축해 나가야 한다. 불가능을 추구하는 것은 인간을 불행하게 만든다. 하지만 생업에 지장이 없다면 불가능한 일에 도전해 보는 것이 스스로를 초월하게 하고, 인간을 보다 높은 경지로 이끈다. 인간은 불가능에 도전함으로써 문화, 예술, 과학의 발전을 이루었고, 종교는 불멸, 생사를 초월하는 문제를 다루고 있다.

> 우리를 불행하게 하는 것은 불가능한 욕망이 아니라 그것을 얻기 위해 최선을 다하지 않은 가능한 욕망이다.
> - 데카르트

5. 인간의 욕망은 타자에 대한 욕망이다 - 라캉

라캉

헤겔

認定鬪爭(인정투쟁)
a struggle for recognition

인생은 타자의 승인을 받기위한
목숨 건 투쟁이다 - 헤겔

나의 욕망은 결국 타자의 욕망이다

생존과 무관한 인간의 욕망

성행위

놀이, 사치, 애도, 숭배

거짓말, 위선, 인정받는 것, 자아실현

동물 - 번식(생존적 의미)
인간 - 사랑(사회적 의미)

인간의 욕망은 사회적이다

인간은 사회생활을 하면서 서로를 비교하게 되고, 비교 우위에서 만족감을 느끼고 시기·질투를 하게 된다. 욕망은 사회·문화 속에서 타자에 대한 관계에서 생성된다. 헤겔은 "타자의 욕망을 욕망할 때 그 욕망은 인간적이다."라고 하였는데, 인간의 궁극적인 욕망은 타인으로부터 인정받기 위한 욕망이라는 것이다. 사회생활을 하는 인간은 자신이 다른 사람들에게 어떻게 보이고 어떻게 받아들여지는가 하는 것을 항상 의식하며 살아가고 있는데, 결국 그것은 나의 욕망이 아니라 타자의 욕망이다.

욕망의 사회성

인간은 생존에 필요한 것만을 욕망하지 않는다. 자아실현, 애도, 숭배, 놀이, 사치 등은 비생산적이고, 생존에 반드시 필요하지 않음에도 인간은 그것을 중요하게 생각한다. 동물의 성적 욕구는 자기 증식을 위한 것인 데 비해 인간은 사랑이라는 감정을 교류한다. 인간의 욕망은 사회적이다.

- 생존을 위한 동물적 욕구, 본능과 충동을 '욕구'라고 하고, 생존 욕구를 뛰어넘어 사회적 동물로서 인간이 원하는 것을 '욕망'이라고 하여 욕구와 욕망을 구분하기도 한다.

인정투쟁((認定鬪爭)

인정투쟁은 자기 자신 또는 타인으로부터 인정을 받기 위한 투쟁을 말한다.

> 인생은 타자의 승인(인정)을 받기 위한 목숨 건 투쟁이다.
> - 헤겔

무사는 자기를 알아주는 주군을 위해 목숨을 바친다. 사랑을 위하여, 조국을 위하여 목숨을 바치는 사람들도 있다. 욕구의 마지막 단계는 인정받고 싶은 욕구인데, 사람은 인정을 받을 때 자아실현의 만족감이 가장 커진다. 타인을 의식하며 살아가야 하는 인간의 욕망은 사회적이며, 결국 타자의 욕망은 나의 욕망이 된다.

6. 욕망은 주체에서 자발적으로 생겨나는 것이 아니라 매개체를 필요로 한다 - 르네 지라르

르네 지라르

* 자발적 욕망은 '낭만적 거짓'에
  불과하다

욕망은 매개체를 통한 언어와
감정교류에 의해 형성된다

* mediator(중재자) - desire(욕망)
* subject(주체) - mimetic desire(모방 욕망)
* 나의 욕망은 광고주, 판매자의 욕망일 수도 있다

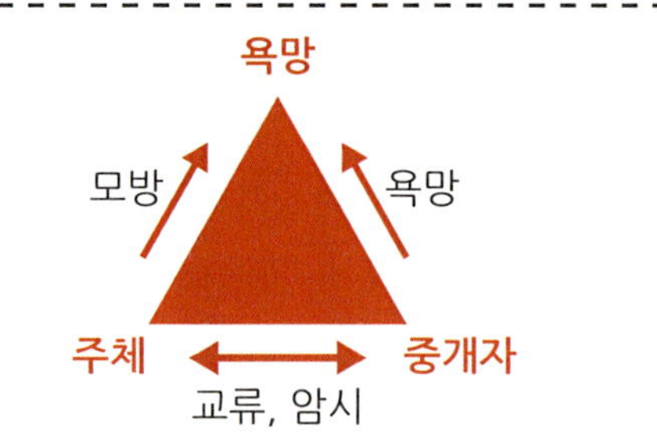

* 나의 욕망은 낭만적 거짓(허위, 모방의 산물),
  이것을 알려주는 것이 소설적 진실이다

subject	mediator	object
주체	매개체	객체

르네 지라르(Rene Girard)는 욕망은 내부에서 자발적으로 생기는 것이 아니라 매개체를 필요로 하는 것이라고 하였다. 플로베르의 소설 『보바리부인』의 주인공 엠마가 꿈꾸는 '낭만적 사랑'은 처녀 시절 수녀원 기숙사에서 읽은 저급한 연애 소설의 영향을 받은 것이다.

욕망은 사회 속에서 언어와 감정 교류에 의해 생성되고 전달된다. 인간은 비교 우위를 통해 만족을 얻고자 하는 욕망이 있고, 사회는 끊임없이 그 욕망을 부추긴다. 욕망은 매개체를 통해 전파되고 확산되는데, 이렇게 해서 타자의 욕망은 나의 욕망이 된다.

욕망은 자연발생적인 것이 아니라 매개자를 필요로 한다. 돈키호테의 욕망은 아마디스(16세기 스페인의 기사 로맨스 소설의 주인공)를 매개로 하여 생겨났고, 맥베스의 욕망은 마녀의 부추김에 의해 생겨났다.

낭만적 거짓, 소설적 진실

르네 지라르는 자신의 욕망이 모방된 것이 아니라 자발적이고 독자적이라는 주장은 '낭만적 거짓'이라고 하였고, 문화 작품에서 욕망의 허위를 폭로하고 욕망이 모방의 산물임을 알려 주는 것은 '소설적 진실'이라고 하였다.

7. 욕망을 거스르는 법은 실패한다

금주법 시대의 풍경

금주법 부작용

bootleg liquor 밀주
gangster 조직폭력배
speakeasy 불법주점

프로이트

욕망의 억제   결과   욕망의 조절

* 억제된 욕망은 공격성, 집단 히스테리, 집단의 광기로 나타난다.
  (전체주의, 개인숭배, 나치즘, 파시즘, 전쟁 등)

술을 모든 사회악의 근원으로 간주하고 주류의 생산, 운송, 판매, 소비를 금지한 1920년대 미국의 금주법은 불법 주점, 밀주 제조, 주류 밀수, 마피아들의 수입 증대, 이권 다툼을 위한 갱들의 전쟁, 스트레스와 자살자의 증가 등 엄청난 부작용을 초래한 끝에 폐지되었다. 이것은 욕망을 거스르는 법은 실패한다는 것을 보여 준 대표적 사례로 거론된다. 욕망은 억압하면 사라지는 것이 아니라 무의식의 차원으로 숨어들어 정신적 상처로 자리 잡아 신경증, 정신 불안정을 초래하게 될 수도 있다. 욕망은 어쩔 수 없는 인간의 본성이며, 억눌러야 하는 것이 아니라 조절하고 관리해야 하는 대상이다.

욕망을 죄악시하는 사회주의, 공산주의의 실패

공산주의(사회주의의 완성된 형태)는 인간의 욕망을 죄악시한다. 공산주의형 인간은 '이득을 얻기 위해 수치스러운 욕망에 이끌리지 않는 사람'이어야 하고, '내 것과 네 것의 구별을 모르고 누구에게든 같이 갖자고 권하는 사람'이어야 하며, '사유 재산을 모르고 재산을 지키기 위해 경계와 말뚝이 필요하지 않은 사람'이어야 한다. 공산주의자들은 혁명의 완성으로 공산주의 사회가 도래하면 사유 재산과 착취가 없어지고, 이때는 능력에 따라 일하고, 필요에 따라 분배받게 되어 인간은 물질적 예속과 계급으로부터 완전히 해방되어 진정한 자유를 누릴 수 있다고 한다. 그러나 필요에 따라 분배해 줄 수 있는 재화는 누가 만드는가? 열심히 일해도 똑같이 분배받는데, 누가 열심히 일하겠는가? 공산주의자들은 이에 대한 기본적 고민이 없다. 공산주의 사회가 도래하면 역사가 정지되고 모든 예속으로부터 해방된다는 그들의 주장과 달리, 공산주의 국가는 생산력 저하, 만성적 물자 부족에 시달리다가 경제 붕괴로 종말을 맞이하였다.

프로이트의 문명 비판

문명 사회는 도덕과 규범을 통해 욕망을 억제하고 있고 죄책감이 폭넓게 공유되고 있다. 그러나 억제된 욕망은 사라지지 않고 무의식에 남아 있는데, 이것이 불만으로 표출되면 공격성, 집단 히스테리, 개인 숭배로 이어질 수도 있다. 프로이트가 예견한 집단 히스테리는 나치즘, 파시즘, 전체주의 독재 등 광기의 역사로 나타났다.

제3장

행복

1. 행복은 인생의 궁극적 목적이다

수단

* 인생의 목적과 수단을 혼동하지 말자.

행복은 인생의 목적이며 인간이 추구하는 최고의 가치다.

evolutionary psychology
進化心理學 (진화심리학)

행복은 고통을 피하고 생존가능성을 높이기 위한 뇌의 진통제

* 진화심리학은 인간이 생물적 존재가 아니라 정신적, 윤리적 존재라는 사실을 간과하고 있다
정신적, 윤리적 존재로서의 인간은 생물적 삶에 만족하지 않고 자신의 이상과 가치를 실현하면서 살아가고자 한다.

카툰 논술과 교양

인간은 살아남는 것이 목표가 아니라 행복하게 살고자 하며, 일시적 행복에 만족하지 못하고 항상 행복하기를 원한다. 행복한 삶을 위해서는 건강, 재산, 쾌락, 지식, 지혜 등이 필요한데, 이러한 것들은 행복을 얻기 위한 조건이자 수단이 될 수는 있지만, 그 자체가 궁극적 목적이 될 수는 없다. 행복은 다른 것을 얻기 위한 조건이 아니라 그 자체가 궁극적인 목적이며, 따라서 인생의 궁극적 목적은 행복이라고 할 수 있다.

목적과 목적지는 다르다. 행복은 인생의 목적이지만, 목적지는 아니다. 인간은 한순간 또는 한 지점에 머물러 그곳에서 계속 행복할 수 없기 때문에 인생의 여정에서 우리는 끊임없이 행복을 찾아나가야 한다. 행복은 인생의 목적이며, 인간이 추구하는 최고의 가치, 수품보눔(summum bonum, 라틴어 '최고선')이다.

진화심리학(evolutionary psychology)

진화심리학은 동물의 심리를 진화론적 관점에서 연구하는 학문을 말한다. 진화론적 관점에서 볼 때 인간이 고통을 느끼는 것은 위험을 피하기 위한 것이고, 행복을 느끼는 것은 고통을 제거하기 위한 것이다. 고통을 느끼든 행복감을 느끼든, 두 가지 모두 인간의 생존 가능성을 높이기 위한 것이라는 것이다. 진화심리학에서 보는 행복은 인간이 생존하기 위한 뇌의 진통제(painkiller)이다. 즉, 행복감은 고통을 잊고 살아가기 위한 진통제라는 것이다. 그러나 인간은 그냥 생존하기를 원하지 않으며, 생물적 삶에 만족하지 않고 정신적·윤리적 존재로서 자신의 이상과 가치를 실현하면서 살아가고자 하기 때문에, 진화심리학은 행복에 대한 부분적 타당성만을 흥미롭게 제시하는 데 지나지 않는다.

2. 행복은 고통이 없고 마음이 평온한 상태

에피쿠로스

행복하기 위해서는 쾌락을 추구해야 한다

쾌락의 추구는 지속적 행복을 보장하지 않는다

행복한 상태

달콤한 쾌락속에 숨어있는 고통과 질병

스토아 철학

Eudaimonia
좋은 영혼
=
행복

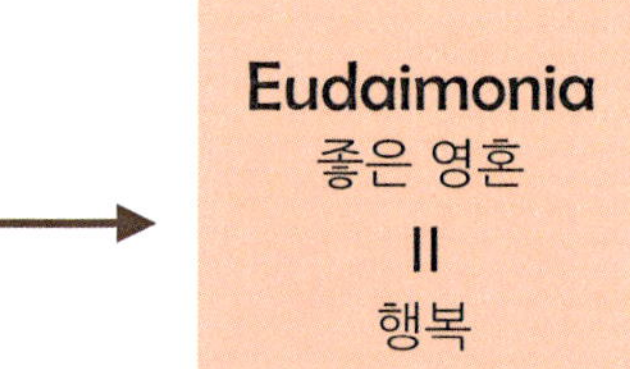

* 에피쿠로스 학파의 철학, 스토아 철학은 욕망의 절제를 통해 마음의 평화를 얻고 선한 영혼으로서 의미있는 삶, 가치있는 삶을 살아갈 때 지속적으로 행복을 누릴 수 있다고 한다.

에피쿠로스 학파에서는 인간이 쾌락을 추구하는 본성을 타고났다는 것을 전제로 쾌락을 추구하되, 욕구의 조절을 통해 고통이 없고 마음에 근심이 없는 상태(아타락시아, araraxia, 마음의 평화)로서의 행복을 추구한다. 행복한 인생을 살아가기 위해 인간은 유다이모니아(eudaimonia, 내면의 선한 영혼)의 상태에 도달해야 한다. 에피쿠로스에 의하면 쾌락은 선이고, 혐오감, 불쾌감은 악이다. 그러나 대부분의 쾌락은 오래 지속되지 못하므로 쾌락은 지속적인 행복의 기초가 되기에는 부족하다. 에피쿠로스는 '지속 가능한 쾌락'을 확보하기 위해 욕망의 억제를 강조하였다. 에피쿠로스에 의하면 지속적인 행복을 가져다주는 것은 소유가 아니라 절제를 통한 쾌락의 조절이다. 또 삶은 끊임없이 배워 가는 과정이므로 늘 배우고, 세상사에 흥미를 잃지 않는 사람만이 나이 들어서도 삶에 대한 기쁨을 유지할 수 있다. 에피쿠로스는 행복한 인생을 위해서는 균형 감각, 인간관계를 가꾸고 건강하게 유지하는 것이 중요하다고 한다.

> 수면에 바람 한 점 불지 않을 때 바다가 고요해지듯 아무런 혼돈에도 뒤흔들리지 않을 때 영혼은 평온히 자유를 찾는다.
> - 에피쿠로스

> 풍족해지고 싶거든 재산을 늘리지 말고 욕망을 줄여라. 풀로 엮은 잠자리에서 근심 없이 잠드는 것이 황금 침대에서 잠 못 이루는 것보다 낫다.
> - 에피쿠로스

> 평생 행복을 누리기 위해 지혜로 준비해야 할 것 중에서 가장 큰 것은 우정이다.
> - 에피쿠로스

3. 행복은 자연스럽게 사는 것이다

자연스러운 삶

부자연스러운 삶

아리스토텔레스

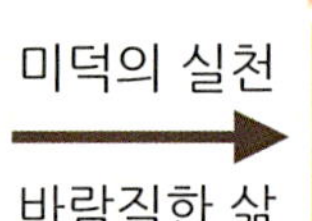

인간의 고유성   인생의 목적

* 인간에게 고유한 것은 이성이다
이성을 활용하여 미덕을 실천하면서
바람직한 삶을 살아가라!
그것이 최선의 삶, 행복한 삶이다

Stoa 철학

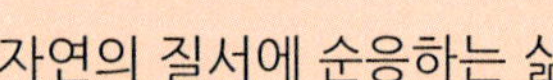
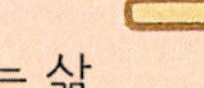

자연의 질서에 순응하는 삶

- 너 자신을 알라!
- 무엇이든 지나치게 하지말라!
- 집착하지 마라!

동양철학

물욕에 얽매이지 않는 삶

- 명리(名利)에 얽매이지마라!
  (안분지족 安分知足)
- 천성을 따라 유유자적하라!
  (유유자적 悠悠自適)

悠悠自適
유유자적

물욕에 얽매이면 인생의 애달픔을 깨닫고
천성을 따라 유유자적 하면 인생의 즐거움을 깨닫는다

* 행복은 자연스럽게 사는 것이다.

자연스럽게 산다는 것은 본성을 따라 억지스럽지 않게, 얽매임이 없이 살아가는 것을 말한다. 물고기는 물에서 유유히 헤엄칠 때 자연스럽고, 새는 나무에서 지저귈 때 자연스러우며, 어항 속의 물고기, 새장 속의 새, 화분 속의 꽃은 부자연스럽다. 그렇다면 인간에게 자연스러운 삶은 무엇인가? 아리스토텔레스는 "행복은 고유의 기능을 잘 발휘하는 것"이라고 하였는바, 인간은 인간에게 고유한 기능은 이성이므로 인간은 이성을 잘 활용하여 미덕을 실천하면서 바람직한 삶을 살아가는 것이 자연스럽게 사는 것이며, 그것이 최선의 삶이고 행복한 삶이라는 것이다. 고대의 코스모스적 세계관에 의하면 세계는 완벽한 조화를 이루고 있는 코스모스로서 신적인 질서 그 자체이며, 자연은 인간이 모방하고 관조해야 할 대상이다. 이 세계관에 입각해 있는 고대 그리스 철학 및 헬레니즘 시대의 스토아 철학에서는 자연에 순응하는 삶("너 자신을 알라", "무엇이든 지나치게 하지 말라", "쾌락을 멀리하고 절제하라", "재물, 명예에 대한 집착을 멀리하라"는 가르침을 실천하는 삶)을 행복한 삶이라고 하였다. 한편 동양에서는 명리(名利, 명예와 이익)를 탐하지 않는 자유로운 삶을 행복한 삶으로 생각하였다.

> 물욕에 얽매이면 인생의 애달픔을 알고 천성을 따라 유유자적 하면 인생의 즐거움을 깨닫는다.
> - 채근담

자연스럽게 산다는 것의 의미 및 그렇게 사는 것이 행복한 삶이라는 동서양의 지혜는 대체로 같은 맥락에 있다.

4. 행복은 주관적 만족감이다

* 행복은 주관적 만족에 따르는 개인적 사안이다

빗나간 주관성	바람직한 주관성
자기도취(自己陶醉) / narcissism	배려(配慮) / consideration
자만(自慢) / excessive pride	긍지(矜持) / pride
과대망상(誇大妄想) / megalomania	따뜻한 관심 / warm attention
일방적(一方的) / unilateral, one-sided	호혜적(互惠的) / bilateral, reciprocal
이기적(利己的) / selfish, egoistic	이타적(利他的) / altruistic, sacrificial

* 세상은 함께 살아가는 곳, 빗나간 주관성은 자기중심적 행동으로 이어져 고립과 불행을 초래한다

러셀

행복하게 살려면

개성을 발휘하여 자기답게 살아라!
자기만의 만족과 행복을 찾아라!
단, 타인과 세상에 대한 배려와 따뜻한 관심을 가져라!

카툰 논술과 교양

행복은 주관적 만족에 따르는 개인적인 사안으로서 나의 행복은 내가 찾아야 한다. 행복과 불행은 주관성, 개인적 감수성과 관련된 요소들이 많아 보편화할 수 없고, 스스로 마음먹기에 달려 있는데, 사람들은 기대 수준도 다르고 느끼는 것도 다르기 때문에 행복을 느끼는 것은 사람에 따라 다를 수밖에 없다. 행복한 삶을 위해서는 자신의 개성을 발휘하여 자기답게 사는 것, 자신의 만족과 행복을 얻는 것이 필요하다.

Q. 행복이 주관적 만족감이라면 자기도취도 행복감을 주는가?

자기도취(自己陶醉, narcissism)는 지나치게 자기에게만 관심을 집중함으로써 타인에 대한 진정한 관심을 갖지 못하게 하여 자기 안에 갇히게 한다. 자기도취에 빠진 사람들은 다른 사람들이 어떻게 느끼는지 신경 쓰지 않고, 자신이 원하는 것을 얻고자 한다. 자기도취에 빠진 사람은 다양한 분야에 관심을 기울이지 못하여 삶을 즐기기 어렵게 되고, 지나치게 자기중심적 행동, 자만심으로 사회생활에서 고립되기 쉽다. 더구나 자기도취가 뒤떨어진 현실 감각과 결합하여 과대망상이 될 경우에는 더 큰 문제가 발생한다. 그러므로 자기도취는 인간을 불행하게 할 가능성이 많다. 정신의학에서는 자기도취를 인격장애 증상의 일종으로 본다.

> 근본적인 행복은 인간과 사물에 대한 따뜻한 관심에서 비롯된다.
> - 러셀

Q. 스스로 의식하지 못하는 행복이 있을 수 있는가?

행복은 개인이 자신의 상황을 어떻게 생각하고 느끼는가에 영향을 받으며, 삶에 대하여 개인이 스스로 내리는 평가, 주관적 만족감에 의해 좌우된다. 의식과 무관하게 움직이는 심장의 박동, 호흡, 수면 등은 행복에 큰 영향을 주지 못한다. 행복은 자신이 바라는 것과 일치할 때 느끼는 감정이므로 스스로 의식하지 못하는 행복은 존재하지 않는다.

5. 진정한 행복은 미덕의 실천을 통하여 얻을 수 있다

아리스토텔레스

성 토마스

* 미덕을 실천하는 것은 힘든 일이지만 장기적 쾌락을 가져온다
따라서 진정한 행복은 미덕을 실천함으로써 얻을 수 있다

인간 (정신적, 윤리적 존재)	 미덕 → 올바른 삶, 좋은 삶(성공) → 만족, 행복
	 악덕 → 그릇된 삶, 나쁜 삶(실패) → 불만족, 불행

* 미덕을 실천하는 것은 고통스러울 수 있고 악덕이 일시적 쾌락을 가져올 수도 있다
그러나 장기적 관점에서 볼 때 미덕은 쾌락, 악덕은 고통이 된다

인간의 미덕 	사랑, 자비, 겸손, 감사, 이타적 행위(배려), 관대함, 중용(절제), 신중, 염치, 성실 (정성), 의로움 (정의, 용기), 근면, 교양
인간의 악덕 	증오, 무자비, 오만, 불평, 이기적 행위(무배려), 극단주의(무절제), 잔인함, 경솔, 몰염치, 불성실(무성의), 불의(비겁), 나태, 무례함

* 좌파운동권에서는 사랑, 자비, 감사, 관대함 등 인간의 미덕이 타파해야할 부르주아 질서가
되고 증오, 무자비, 비난, 잔인함 등 인간의 악덕이 그들의 미덕으로 간주된다

카툰 논술과 교양

수많은 철학자들은 미덕이 행복과 일치함을 강조하였다. 아리스토텔레스는 "인간은 이성을 활용하여 미덕을 실천하고 바람직한 삶을 영위함으로써 행복에 이를 수 있다"고 하였고, 키케로는 "인생의 목적은 행복에 있고 행복은 덕을 갖춤으로써 얻을 수 있는 것"이라고 하면서 네 가지 덕으로 정의, 지혜, 용기, 인내(절제)를 들고 있다. 한편, 스토아 철학자 세네카는 "파도를 부서뜨리는 바위와 같이 일상적인 흐름에 동요되지 않고 불안정한 육체적 쾌락으로부터 해탈한 것처럼 여겨지는 덕성 안에 진정한 행복이 있다"고 하였다.

인간은 순간적인 쾌락이 주는 행복에 만족하지 못하고 영원한 행복을 꿈꾸기 때문에 지혜와 미덕의 실천을 필요로 한다. 지혜는 세상에 대한 깊은 이해를 통하여 우리가 삶의 과정에서 만나게 되는 예상치 못한 불행 앞에서 동요되지 않는 태도를 보이게 해 준다. 다만, 지혜는 실천이 뒷받침되어야 하며, 자발적인 마음에서 우러나오는 도덕적 행위만이 인간에게 큰 기쁨을 준다. 결국, 실천적 덕을 겸비한 지혜를 통해서 인간은 진정한 행복을 맛볼 수 있는 것이다.

행복이란 덕을 행함으로써 주어지는 최상의 보상이다.
- 성 토마스

나 스스로의 부와 영광이 아니라 선(善)을 위해 노력했다는 것을 깨닫는 순간 나의 영혼은 만족할 것이다.
- 데카르트

6. 제비 한 마리가 왔다고 여름이 온 것은 아니다
- 아리스토텔레스

* 하루 따뜻하다고 해서 여름이 온 것이 아닌 것처럼
순간의 쾌락이 인생 전체의 행복이 되는 것은 아니다.

아리스토텔레스

쾌락 - 단기적 만족 - 장기적 불만족
(일시적 행복) (장기적 불행)

고통, 인내 - 단기적 불만족 - 장기적 만족
(일시적 불행) (장기적 행복)

〈 아리스토텔레스의 행복론〉

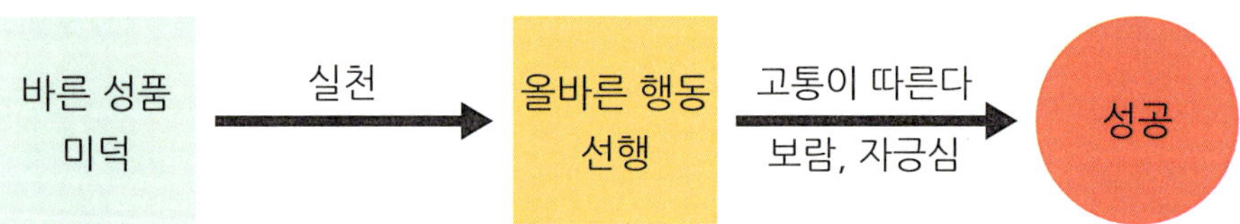

* 완전한 행복을 얻기 위해서는 일시적 쾌락을 누리기보다 바른 성품과 미덕을 갖추고
장기적으로 성공한 삶을 사는 것이 낫다. 끝이 좋아야 다 좋다.

제비 한 마리가 왔다고 여름이 온 것은 아니다. 아리스토텔레스의 저서 『니코마코스 윤리학』에 나오는 이 말은 단 하루 따뜻한 것이 1년의 전부가 아닌 것처럼, 몇 안되는 쾌락의 순간이 모여서 인생 전체의 행복이 되는 것은 아니라는 뜻이다. 완전한 행복을 얻기 위해서는 순간적 기쁨을 누리기 위해 단기적 쾌락을 추구하기보다 올바른 성품과 미덕을 갖추고 올바른 행동을 함으로써 더 나은 사람이 되고, 장기적으로 성공한 삶을 사는 것이 낫다는 것이다.

양적 쾌락, 질적 쾌락

양적 쾌락은 쾌락을 측정 가능한 것으로 보는 데 비해 질적 쾌락을 주장하는 사람들은 쾌락에 질적 차이가 있고, 다양한 종류가 있음을 인정한다. 고통보다 쾌락이 많은 것을 선(善)이라고 할 때, 쾌락은 놀이의 즐거움, 성적 쾌락, 돈을 벌고 사회적 성공을 거둠으로써 느끼는 쾌락 등 세속적 쾌락을 의미한다. 질적 쾌락은 진정한 만족감과 관련이 있다. 도덕적으로 행동한다는 것은 옳은 일, 유익한 일을 한다는 면에서 인간의 자긍심을 높이고 진정한 기쁨을 준다. 이것은 질적 쾌락이며, 인간에게 더 높은 차원의 만족감, 더 안정적이고 장기적인 만족감을 준다.

- 공리주의자 제레미 벤담은 최대 다수의 최대 행복이 공리(公利)에 부합한다고 하였고, 존 스튜어트 밀은 질적 쾌락을 주장하였는바 질적 쾌락을 주장하는 견해에 의하면 쾌락에는 질적 차이가 있고, 미덕을 실천하는 행위는 고통이 따른다 해도 자긍심과 만족감을 주기 때문에 그것을 쾌락을 가져오는 행위로 볼 수 있다.

7. 행복을 원한다면 쾌락보다 만족을 추구하라

경험하는(느끼는) 자아 - 쾌락은 즐거운 것, 고통은 괴로운 것 → 쾌락 추구, 고통 회피

기억하는(평가하는) 자아 - 쾌락, 고통을 회고적으로 평가 → 의미, 가치를 추구한다.

* 의무와 도덕을 지키며 사는 것 역시 쾌락을 추구하는 행위일 수 있다.
  의무와 도덕은 행복과 양립할 수 있다는 점에서 칸트의 견해에는 오류가 있다.

카툰 논술과 교양

쾌락과 만족은 일치하지 않는다.

현대 심리학에 의하면 자아는 유일무이한 불멸의 자아가 아니라 인간 정신의 복합적 메커니즘으로 끊임없이 변하는 것이다. 경험하는(느끼는) 자아에게 쾌락은 즐거운 것이고, 고통은 괴로운 것이다. 그러나 기억하는(평가하는) 자아에게는 고통스러운 순간이 있었다 하여도, 그것이 가치 있는 일에 관한 것이었다면 지나온 삶에 대하여 만족스럽게 생각한다. 기억하는 자아에게는 고통과 불행의 순간이 많았다 해도, 끝이 좋으면 다 좋은 것(All is well that ends well)이다.

Q. 칸트는 순수한 손을 가지고 있으나, 손을 가지고 있지 않다(페기, Peguy). 이 말을 어떻게 이해할 것인가?

칸트는 "인간은 행복을 추구하기보다 의무와 도덕을 지키는 것이 중요하고 인간은 행복을 추구하거나 원하기보다 행복을 누릴 자격이 있는 삶을 원해야 한다"고 하였다. 칸트는 '깨끗한 손'을 원했다. 그러나 깨끗한 손으로는 제대로 할 수 있는 일이 많지 않다. 칸트의 주장대로 욕망을 멀리하고 도덕적 의무만 강조할 경우에는 인생이 무미건조하고 활력이 떨어지게 된다. 손은 일할 때만 쓰는 것이 아니라 쾌락을 즐길 때도 써야 제 역할을 할 수 있다. 깨끗한 손만 가지고는 세상을 살아갈 수 없다. 사람이 너무 가볍게 처신하여 쾌락에 물들면 바른길을 갈 수 없게 된다. 그러나 도덕만 강조하면서 너무 무겁게 처신하게 되면 시원스럽고 활발한 기상을 잃게 되어 인생에 활력이 없고, 재미가 없다. 도덕적으로 살아간다고 해서 욕망을 끊어 마음을 식은 재처럼 만들 필요는 없다. 욕망을 멀리할 것이 아니라 가치 있는 욕망을 추구하면 되는 것이다. 삶에 있어서는 균형이 중요하며, 적절한 쾌락은 행복에 필수적이다.

- 칸트의 견해는 양적 쾌락과 질적 쾌락, 쾌락과 만족을 동일시한 데서 생긴 오류이다. 도덕적 행위는 행복을 포기하는 것이 아니라 더 큰 행복, 진정한 행복, 오래 지속될 수 있는 행복을 누리기 위한 것이며, 도덕적 삶이 오히려 행복을 증진시킨다.

8. 행복은 중용에 있다

탄탈로스
hunger(배고픔)

미다스
satiety(포만)

* 행복은 탄탈로스(갈증, 결핍)와 미다스(포만, 과잉) 사이에 있다(happy medium)

갈증, 결핍 hunger, lack	불안, 고통, 혼란 → 불행	악덕
중용 (中庸)	적당함, 만족 → 행복 golden mean, middle path, happy medium	미덕
포만, 과잉 satiety, surplus	지루함, 권태	악덕

* 용기(courage)는 비겁(cowardice)과 만용(temerity)의 중용의 상태
* 花看半開 酒飮微醉(화간반개 주음미취) : 꽃은 반쯤 피었을 때가 아름답고
술은 적당히 취했을 때가 기분이 좋다.

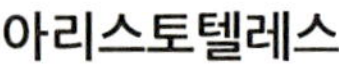

아리스토텔레스

주자

Virture leads to happiness, and vice leads to misery.
미덕은 행복에 이르는 것이고, 악덕은 불행에 이르는 것이다.

탄탈로스(Tantalos)는 제우스의 아들로서, 리디아의 지배자가 되어 부귀영화를 누렸다. 탄탈로스는 자신의 궁전으로 신들을 초대하여 자신의 어린 아들 펠롭스를 죽여서 식탁 위에 요리로 올려놓았다. 신들을 시험해 보기 위해서였다. 신들은 탄탈로스의 오만불손한 행동에 분노하여 인간에게 내렸던 그 어떤 징벌보다 가혹한 벌을 내렸다. 탄탈로스는 어두운 지하 세계 타르타로스의 호수에 몸을 담그고 서 있어야 했다. 갈증이 나서 물을 마시려고 하면 물이 아래로 내려가고, 열매를 잡으려고 하면 나뭇가지가 위로 올라간다. 주어진 행복에 감사하지 못하고 끝없는 탐욕과 오만방자함을 드러낸 탄탈로스는 영원히 갈증과 허기, 결핍의 고통에 시달리게 되었다. 한편, 미다스(Midas) 왕의 이야기에서 볼 수 있듯이, 갈증과 결핍이 없는 것(포만)도 인간을 불행하게 한다. 포만 상태에서는 결핍을 극복하기 위한 치열한 노력, 과정의 아름다움, 성취의 기쁨이 없다. 포만 상태에서는 열정과 감동, 경탄이 없다. 인간에게는 갈증, 갈망을 채우지 못하는 것(결핍)도 재앙이고, 더 채울 갈증이 없는 것(포만)도 재앙이다. 인간의 욕망은 탄탈로스와 미다스 사이의 어느 지점에 머물러야 행복할 수 있을까? 아리스토텔레스는 "중용의 덕은 넘치거나 모자람이 없는, 인간이 도달할 수 있는 최선의 상태이며 인간은 이성을 통해 이러한 상태에 도달할 수 있다"고 하였다. 한편, 주희(주자)의 『중용』에서는 "중용(中庸)을 실천하게 되면 천지가 제자리를 찾고 만물이 자라게 되며 지선(至善)의 상태에 이르게 된다"고 하였다.

9. 사색, 철학적 사고를 통해 스스로 구축한 행복만이 운명의 장난으로부터 우리를 지켜 줄 수 있다

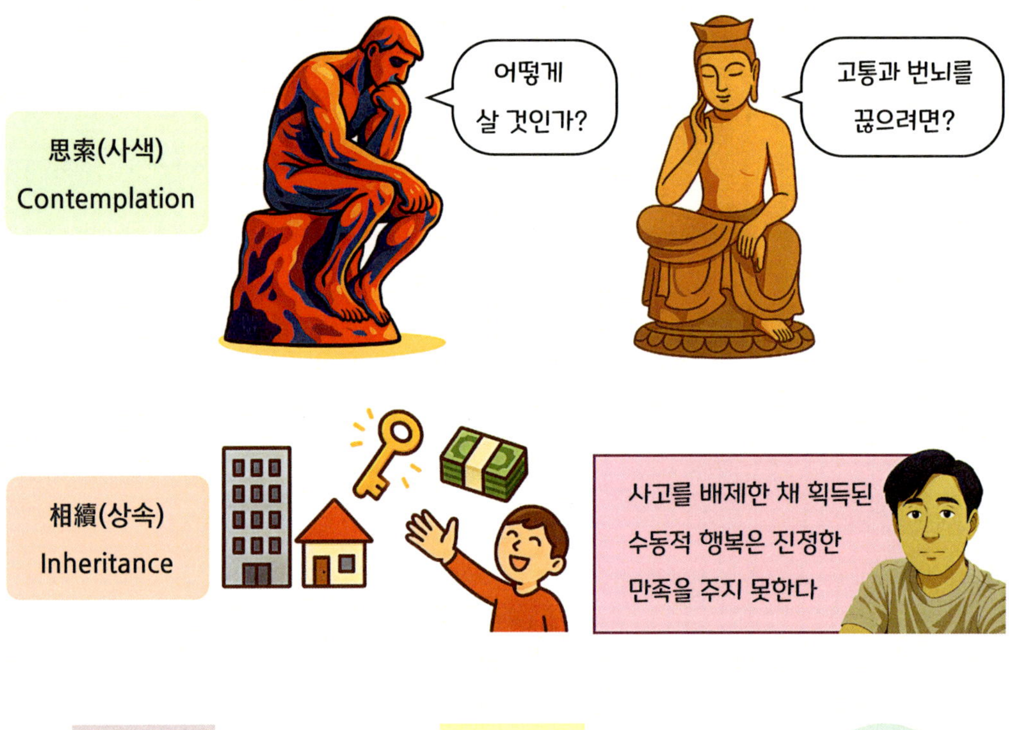

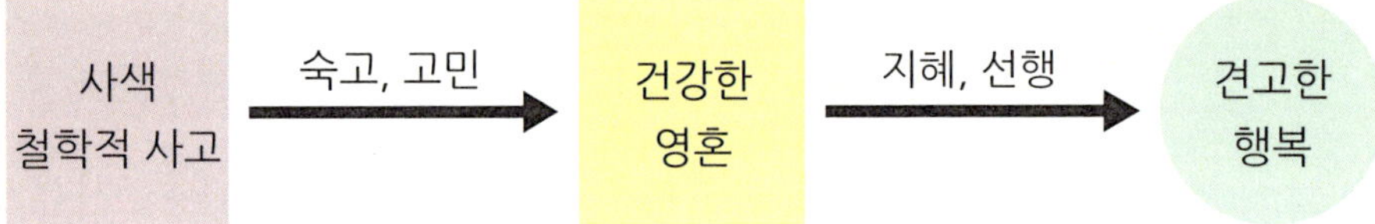

* 인생에 대하여 깊이 생각해 보아야 영혼이 건강해지고 불안, 고통에서 벗어나 견고한 행복을 만들 수 있다.

에피쿠로스

지나친 사색은 실행력을 잃게 할 위험이 있고, 일상생활에서 경험해 보지 않은 채 머릿속에서만 생각해 낸 추상적 사고는 현실 감각을 무디게 할 수 있다. 또 사색에 몰두하는 사람은 고립되거나 소외되어 좌절하기 쉽고, 비관이나 우울에 빠지기도 한다. 이 때문에 사색하며 진리를 추구하고 현실에 도전하는 자세보다 있는 그대로의 삶에 순응하고 만족하며 사는 것이 더 안전하고 행복하게 사는 길일 수도 있다. 그러나 사고를 배제한 채 획득된 수동적인 행복은 일시적 쾌락에 불과할 뿐 진정한 만족을 주지 못한다. 인간은 정신적·윤리적 존재로서 생물적 삶에 만족하지 않고, 자신의 이상과 가치를 실현하면서 살아가고자 한다. 인간이 진정한 인간으로 살아가기를 원한다면 지적 활동이 필수적이며, 고통, 불안, 고독 속에서 인생에 대하여 깊이 생각해 보아야 영혼이 건강해지고 죽음에 대한 불안, 불만족, 고통에서 벗어나 견고한 행복을 만들 수 있다. 사색, 철학적 사고에 의해 선악을 알고 지혜롭게 살아가면서 스스로 구축한 행복만이 운명의 장난으로부터 우리를 지켜 줄 수 있는 것이다.

철학은 인간을 행복하게 만들어 주는 영혼의 의학이다.
- 에피쿠로스

Q. "모르는 게 약이다"라는 말처럼 별생각 없이 걱정하지 않고 사는 것이 행복한가?

위의 본문 참조.

10. 행복은 소유하는 것이 아니라 추구하는 것이다

낙원의 파랑새는 잡으려고 하면 달아나고 자신을 잡으려 하지 않는 사람의 손에 날아와 앉는다.
* 행복을 잡으려 하지말고 행복의 씨앗을 뿌려라.

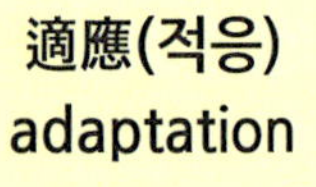

適應(적응)
adaptation

* 적응은 행복의 소유를
불가능하게 한다.

幸福追求權(행복추구권)
the right to pursue happiness

* 행복은 소유할 수 없고 끊임없이 추구해야 한다.

행복은 어디에나 숨겨져 있다. 인생은 일생동안 끊임없이 행복을 찾아나가는 과정이다.

哲學(철학)
philosophy

宗敎(종교)
religion

• 순간적인 쾌락, 덧없는 기쁨을 찾지 마라!

• 지혜와 미덕을 갖추고 장기적으로 성공한 삶을 살아라!

• 더 나은 상태를 위해 끊임없이 노력해 나가는 과정에 행복이 있다.

• 행복을 추구하는 삶 자체가 행복한 것이다.

카툰 논술과 교양

낙원의 파랑새는 자신을 잡으려 하지 않는 사람의 손에 날아와 앉는다. 낙원의 새처럼 행복은 머물러 있지 않기 때문에 잡으려고 할수록 우리에게서 멀어진다. 그렇기에 지속적 행복을 얻기 위해서는 생활 속에서 수많은 작은 기쁨의 순간들에 집중하여 그것을 발견하고 느끼는 것이 중요하다. 행복은 소유의 대상이 아니기 때문에 각국의 헌법에서는 '행복을 소유할 권리'가 아니라 '행복을 추구할 권리'를 갖는다고 규정하고 있다. 행복은 일상에 의미를 부여하면서 우리가 평생 끊임없이 찾아 나가야 하는 것이며, 정신적 성숙과 밀접한 관련이 있다. 철학이나 종교에서는 순간적인 행복, 덧없는 기쁨을 찾을 것이 아니라 지혜와 미덕을 갖추고 윤리적인 삶을 사는 것이 행복이라는 최고선에 도달하는 방법이라고 가르친다. 지혜와 덕성을 갖추고, 더 나은 상태를 위하여 끊임없이 노력하는 과정에 행복이 있는 것이며, 우리는 행복을 추구하는 삶 자체가 행복한 것임을 알아야 한다.

Q. 여러 나라의 헌법에서 행복을 '소유'할 권리가 아니라 행복을 '추구'할 권리라고 규정한 이유는 무엇인가?

행복은 머물지 않는다. 인간이 만족감(기쁨)을 느끼는 것은 얼마 못 가 곧 시들해진다. 행복을 방해하는 것은 '적응'이다. 인간은 좋은 것에든 나쁜 것에든 곧 적응하게 되기 때문에 고통이나 쾌락은 오래 지속되지 않는다(시간은 모든 것을 덮는다). 인간은 행복을 갈구하지만, 지속적으로 그것을 느끼지 못하도록 프로그래밍 되어 있다. 행복은 한곳에 머물지 않으며, 잡으려고 할수록 오히려 우리에게서 멀어진다. 행복은 잡을 수(소유할 수) 있는 것이 아니라 느낄 수 있을 뿐이며, 그것은 인간이 일생 동안 찾아다녀야 하는 것이다. 따라서, 세계 여러 나라의 헌법은 '행복을 추구할 권리'를 규정하고 있다.

11. 높이 올라서 멀리 바라보라

높이 올라서 멀리 바라보라
단, 생존의 문제는 해결하고 나서

* 인간의 참다운 행복은 먹고 사는 문제를
  넘어 좀 더 높은 가치, 더 나은 세계를
  추구하는데 있다.

플라톤의 동굴

리처드 바크(Richard Bach)의 저서 『갈매기의 꿈(Jonathan Livingstone seagull)』에 나오는 갈매기 조나단 리빙스턴은 찌꺼기를 주워 먹고 먹이를 얻기 위해 비행을 하는 생활에 회의를 느끼고, 보다 높이 날아오르는 것을 갈망한다. 조나단은 다른 갈매기들의 외면과 놀림을 피해 외딴곳에서 고된 훈련을 하며, 비행술을 연마하여 가장 빨리 날 수 있게 되고, 많은 것을 터득하게 된다. 그는 인생이 짧은 이유가 권태감, 공포심, 분노를 마음속에 담고 있기 때문이라는 것을 알았고, 삶의 목적은 하고 싶어 하는 일을 하며 살아가는 것이라는 사실을 깨닫게 된다. 조나단은 지상으로 내려와 제자를 가르치고 다른 갈매기들에게도 자유를 주었다. 끊임없이 사랑을 행하라는 말을 실천하고 완전한 자유를 얻은 조나단은 빛나는 갈매기가 되어 하늘 저편으로 사라져 갔다. 인간의 참다운 행복은 먹고사는 것의 문제가 아니라 좀 더 높은 정신적 탐구와 자유에 있으며, 기존의 사회 규범과 인습에서 벗어나 더 높게 올라 더 멀리 바라봄으로써 참다운 삶의 가치를 찾고, 더 새로운 삶과 더 나은 세계를 추구하는 데 있다. 그러기 위해서는 꿈과 이상을 간직하고, 그것을 이루기 위해 끊임없이 노력하고, 자신의 한계를 규정하지 않고, 자기완성에 대한 노력을 중단하지 않는 자세가 필요하다.

12. 인생의 행복은 각자가 모든 사람의 행복을 갈망함으로써 획득된다 - 톨스토이

tragedy of the commons
공유지의 비극

tragedy of the commons
공유지의 비극

톨스토이

환경 악화
비윤리적 사회

지옥의 식탁

천국의 식탁

* 각자가 자기의 행복만을 추구하게 되면 지옥같은 사회가, 서로 상대방의 행복을 갈망하면 천국같은 사회가 된다.

사회생활을 함에 있어서 자신의 쾌락만을 추구하는 이기적인 행위는 비윤리적으로 흐르게 되어 사회 공동체를 훼손하게 되고, 사회의 불행은 곧 개인의 불행으로 직결된다. 예컨대 빈부 격차가 심하고 사회안전망이 취약하여 자식이 납치당하거나 밤길 다니기가 걱정될 정도라면 부자도 삶의 질이 저하될 수밖에 없고, 이웃이 병들고 굶어 죽어 나가는 상황에서 나만 행복할 수는 없는 것이다. 따라서, 자신이 행복하기 위해서는 각자가 다른 사람의 행복을 갈망하고, 다른 사람들의 행복을 위해서 노력해야 하며, 모든 사람이 행복할 수 있는 사회 환경을 조성해 나가는 것이 필요하다.

Q. 악한 사람이 행복을 누리는 것이 가능한가?

나쁜 사람들은 악행을 하는 것에 대하여 큰 양심의 가책을 느끼지 않기 때문에 속임수, 폭력 등 비도덕적 수단을 사용하여 보다 신속하고 효율적으로 자신의 이익을 추구할 수 있다. 물질만능의 사회에서는 이기적이고 교활한 사람들이 성공하기 쉽고, 심지어는 그들이 유능한 사람으로 평가받기도 한다. 욕망과 물질적 쾌락을 충족시키는 것이 행복이라고 한다면 이기적이고 나쁜 사람들이 행복할 가능성이 크다. 그러나 양심과 양식을 가진 인간다운 사람들, 보통 사람들은 욕망과 쾌락을 충족시키는 삶을 행복하다고 생각하지 않는다. 물질적·육체적 쾌락이 주는 자극과 감동은 곧 지루해지고, 악행은 불안감과 죄의식을 동반하기 때문이다. 인간다운 인간으로서 진정한 행복을 추구한다면 착한 사람이 더 행복할 수 있는 것이며, 미덕을 갖추지 못한 악한 사람이 행복을 누리는 것은 불가능하다.

13. 국가는 개인이 행복을 실현하기에 적합한 기본 환경을 제공해 주어야 한다 - 칸트

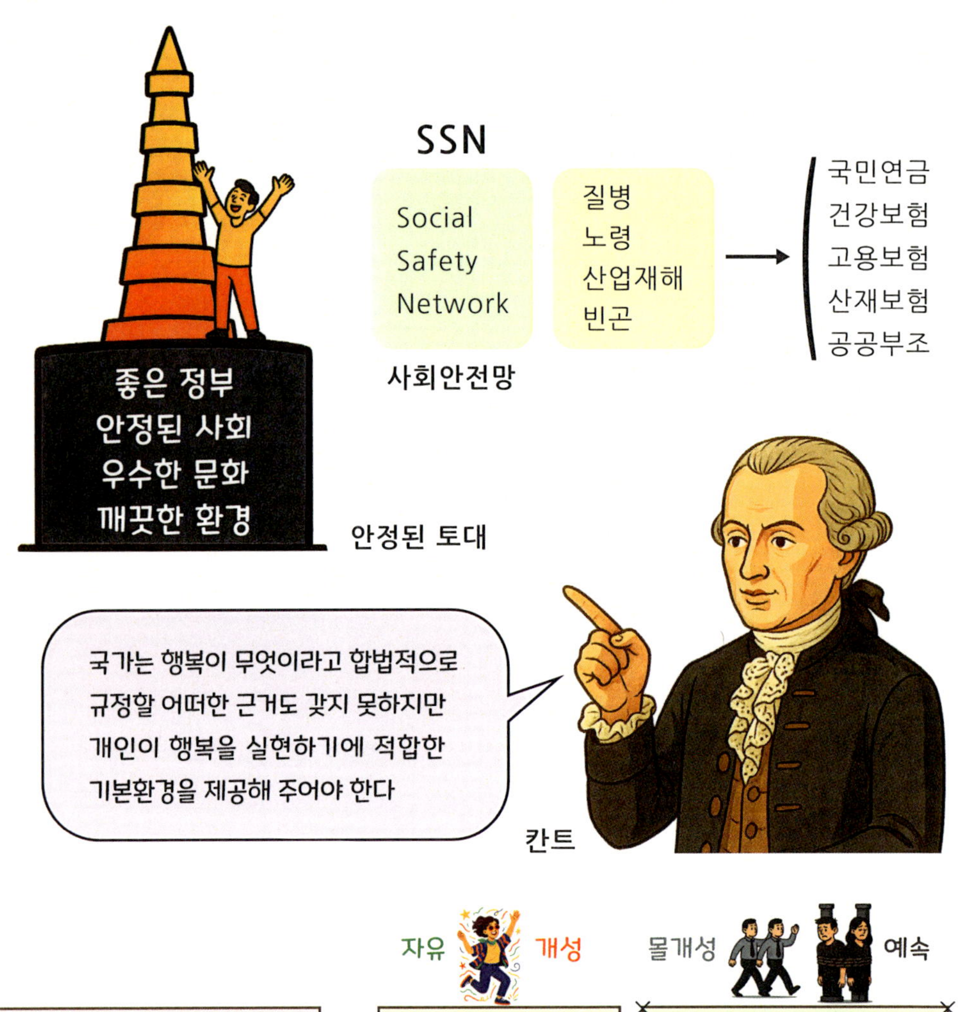

* 행복은 개인적 문제이므로 원칙적으로 국가가 관여할 문제는 아니다.
  그러나 사회적 조건이 악화되면 개인도 행복할 수 없으므로 국가는
  행복 실현에 적합한 기본적 환경을 조성해야 한다.

행복은 개인적 영역에 그치는 것이 아니라 사회적 조건과도 밀접한 관계가 있으므로, 사회는 타인으로부터 폭행당하거나 재산을 강탈하지 않는 안전장치와 자원의 공정한 분배가 필요하다. 그러나 국가가 개인의 행복에 기여할 수 있다고 하더라도 국가가 국민의 행복을 정의하고 공식화된 행복을 강제하는 것은 위험한 시도이며, 이는 새로운 억압 수단이 될 수 있다. 전체주의는 개인의 행복을 국가가 해결해 주겠다는 발상에서 시작되었다. 전체주의 국가에서는 인간이 자신의 삶을 스스로 선택하고 실행함으로써 자신의 미래를 만들어 나갈 수 없고, 인간의 고유한 특성이 제거되고 생명체의 본질에 역행하는 삶을 살아야 한다. 행복은 기본적으로 사적인 문제이기 때문에 정치가 개인의 행복을 좌지우지할 수는 없다. 그러나 인간의 삶은 자신의 의지에 상관없이 외부의 수많은 요소에 의해 영향을 받고 있고, 정치가 사회적 조건의 개선에 나섬으로써 개인의 행복에 기여할 수 있기 때문에 국가는 개인의 기본권 보장, 전쟁과 테러 위협으로부터의 안전, 교육, 주택, 보육, 복지 정책 등 행복을 실현하기에 적합한 사회 환경을 제공해 주어야 한다.

Q. 자유 없는 행복이 가능한가?

인간이 자유의지를 가지고 있다는 것, 즉 타고난 자연적 성향(본능)과 반대로 행위를 할 수 있다는 것은 인간만의 능력으로서 인간성과 도덕성의 본질이며, 노예 상태는 인간의 본질에 어긋나는 것이다. 자유는 포기할 수 없는 인간의 본질이며, 인간을 인간이게 하는 최상의 가치다. 자유를 포기한다는 것은 도덕성과 책임을 포기하는 것이며, 인간으로서의 가치를 포기하는 것이다. 따라서, 자유 없는 행복은 있을 수 없다.

14. 다르게 욕망하라

왜곡된 욕망
획일화된 욕망

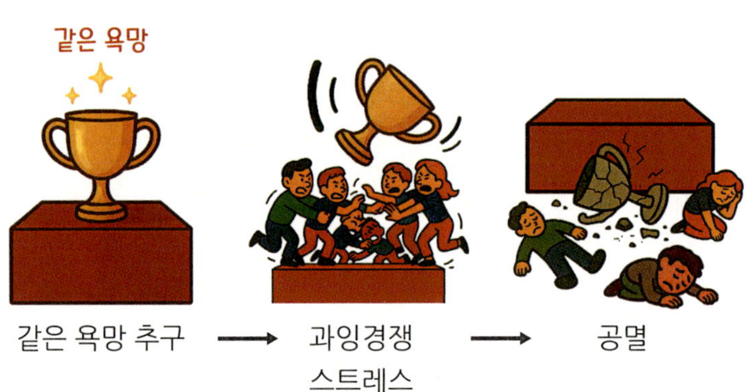

같은 욕망 추구 → 과잉경쟁 스트레스 → 공멸

- 스스로 즐길 수 있는 일을 찾아라!
- 개성을 발휘하며 자기답게 살아라!
- 비교하지 마라!

* 자신의 만족과 행복을 얻는 것이 진정한 행복이다.

정신적 성숙 → 심리적 부(富) → 만족감 크다, 행복
정신적 미숙 → 심리적 빈곤 → 만족감 적다, 불행

* 행복은 정신적 성숙과 관련이 있다.

인간은 욕망을 실현하면서 만족감을 얻음으로써 삶의 환희를 체험하게 된다. 인간에게 있어서 욕망의 선택과 절제는 가치 있는 삶과 행복의 관건이 된다. 자본주의 메커니즘은 욕망을 만들어 내고, 모든 것을 화폐 가치로 환산한다. 돈이 모든 것을 가늠하는 가치의 척도가 되는 세상에서는 사람들의 욕망도 왜곡되고 획일화된다. 모두가 같은 것을 욕망한다면 그만큼 경쟁이 치열해지고, 스트레스로 인해 불행에 빠지기 쉽다. 사람들은 제각기 다른 방식으로 자신이 좋아하는 일을 통하여 행복을 추구한다. 어떤 사람은 이른 아침 종달새 소리, 봄 시냇물 흐르는 소리, 가을바람 소리를 좋아하고, 친구와 차를 마시는 것으로도 행복하고, 어떤 사람은 달 밝은 밤이나 라일락 향기를 내뿜는 으스름달밤에도 가슴이 설레고 행복하다. 또 어떤 사람은 돌 조각품을 보면서도 마음이 정화되고 행복해진다고 한다. 자신의 개성을 발휘하여 자기답게 사는 것, 자신의 만족과 행복을 얻는 것이 진정한 행복이며, 다르게 욕망함으로써 우리는 경쟁 없는 행복의 블루오션을 찾을 수 있다. 사람들은 스스로 즐길 수 있는 일을 찾아 나섬으로써 각자 행복의 바다에 이를 수 있으며, 그러기 위해서는 어느 정도의 정신적 성숙이 필요하다.

심리적 부(富)

심리적 부(富)는 풍요롭고 충만하다는 느낌을 말한다. 내가 건강하고 의미 있는(유익한) 활동을 하고 있다는 느낌(보람), 자신이 사랑받고 있다는 감정, 자신이 보다 큰 존재와 연결되어 있다는 영성의 느낌, 자신이 훌륭하다고 느끼는 체험 등이 심리적 부에 속한다. 심리적 부에 있어서는 삶에 대한 열정과 긍정적 태도, 건강, 사회적 관계, 의미 있는 일이 중요한 요소가 된다. 진정한 부(富)는 마음 자세, 정신적 성숙도와 관련이 있다.

15. 행복은 평범하고 진실한 일상에 있다

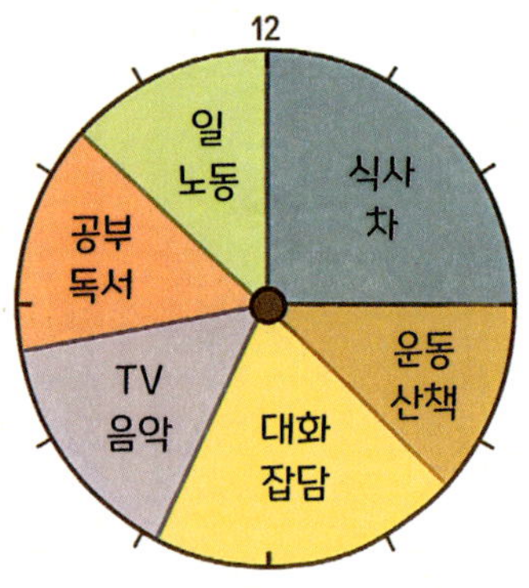

평범한 일상이 삶의
대부분을 차지한다

인생에서 특별한 이벤트는
드물게 있다

평범한 일상

* 일상생활은 평범한 것들의 반복이다. 매일 반복되는 일들이
사실은 가장 중요한 일들이며 삶에 기쁨을 준다.

행복은 주변에 얼마든지 널려있고 굴러다닌다

평범한 일상을 값지게
하는 방법

• 염원을 가지고 정성을 다하라!
• 몰입하라!
• 안목과 감각을 길러라!

우리는 여행과 모험, 축제, 파티, 합격, 당첨 등 특별한 일에서 큰 기쁨과 만족을 얻는다. 그러나 인생은 이벤트로만 이루어져 있는 것이 아니며, 평범한 일상이 삶의 대부분을 차지한다. 삶의 이벤트적 요소는 인생의 악센트가 되어 주지만, 그것이 일상이 될 때는 곧 진부해진다. 우리를 지속적으로 행복하게 해 주는 것은 특별한 일이 아니라 일상의 사소한 일들이다. 우리가 매일같이 하는 식사나 운동, 산책 등 모든 일들이 사실은 가장 중요한 일이며, 삶에 기쁨을 주는 일들이다. 행복은 평범하고 진실한 일상에 있으며, 자기 주변에 얼마든지 널려 있고 굴러다닌다. 따라서, 행복을 느낄 수 있는 안목과 감각, 따뜻한 마음이 있다면 인생은 크게 달라질 것이다.

Q. 평범한 일상을 값지게 하려면 어떻게 하는 것이 좋은가?

평범한 일상을 가치 있는 시간으로 만들기 위해서는, 첫째, 정성을 다하는 마음, 간절한 마음이 있어야 한다. 인생의 큰 변화는 작고 사소한 일에 정성을 다하는 것에서부터 시작된다. 사소한 것에도 정성을 다하는 사람은 의식이 깨어 있고 삶에 의욕이 넘치기 때문에 사소한 것, 평범한 것, 속된 것에서도 중요한 것, 비범한 것, 성스러운 것을 발견해 낸다. 정성을 다하는 사람에게는 인생이 평범하고 무의미한 반복이 아니라 매일매일 새롭고 즐거운 날들이다.

둘째, 몰입은 평범한 일상을 값지게 한다. 몰입 상태에 있는 사람은 시간을 잊고 무아지경에 빠져 자신의 한계를 초월하는 체험을 하게 된다. 몰입을 경험하는 사람은 삶의 질이 올라가게 되고, 몰입에 뒤이어 오는 기쁨은 의식을 고양시키고, 사람을 차원 높은 행복으로 이끈다.

셋째, 사물을 보는 안목과 감각을 길러야 한다. 항상 배우려는 자세로 공부하고, 따뜻한 마음을 가진 사람들은 남들이 보지 못하는 것에서 비범한 것을 보고 경탄하는 감각이 있다. 이러한 태도는 평범한 일상을 값지고 행복하게 만든다.

제4장

이성, 합리성

1. 이성중심주의

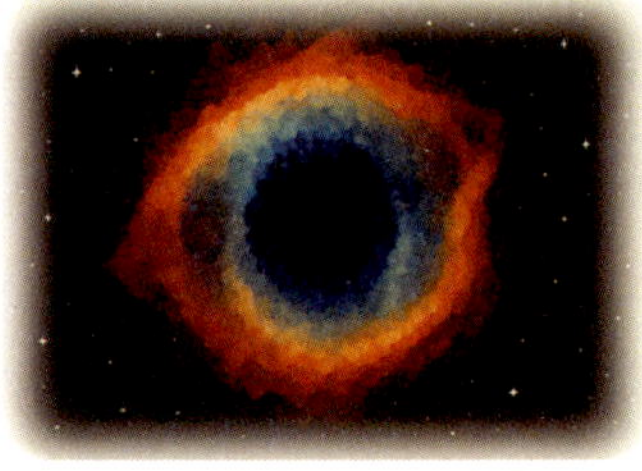

· 코스모스(우주)는 질서와 조화를 이루고 있다.
· 코스모스는 정당하고 아름다운 질서이다.
· 만물에는 자기의 자리와 타고난 본질이 있다.
· 인간의 고유한 본질은 이성(logos)이다.
· 인간은 이성으로 욕망을 억제하고 올바르게
  살아야 한다.

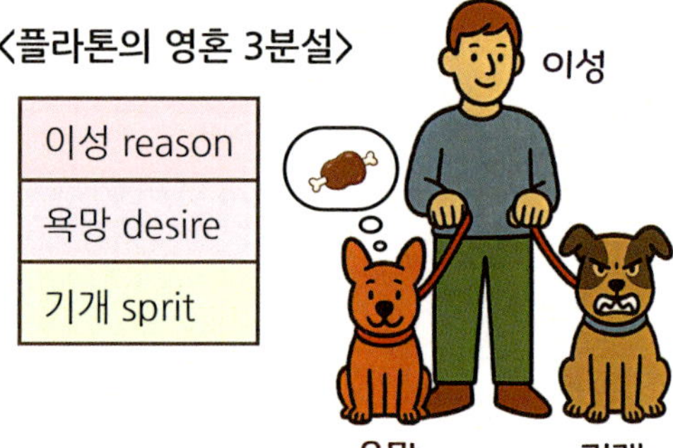

플라톤

* 이성으로 욕망과 기개를 조절, 통제하며
  올바른 길을 가야한다.
* 인간 $\xrightarrow{\text{이성}}$ 이데아의 세계

순수이성(純粹理性) pure reason	선천적 인식능력
실천이성(實踐理性) practical reason	도덕적 실천의 의지를 규정하는 이성 정언명령 (定言命令) categorical imperative

칸트

서양철학의 전통인 이성주의는 이성을 중심으로 세계에 질서를 부여한다. 고대 서양의 우주관에 의하면 우주(comos)는 정당하고 아름다운 질서이며, 완벽한 구조를 이루고 있다. 코스모스의 구조와 질서 속에서 만물은 타고난 본질이 있고, 모든 존재에는 그 목적성이 각인되어 있다. 자연이 인간에게 부여한 특성은 이성이고, 이것이 인간의 고유한 기능(본질)이다. 라틴어 이성(ratio)은 비율, 논리성, 비례, 조화, 통일을 지향한다. 이성주의는 모든 것을 분석·해부하여 파악하고자 하며 비이성적인 것, 우연적인 것을 배제하고, 이성·논리적 타당성에 근거하여 인식하고 판단할 것을 요구한다. 인간이 자연으로부터 부여받은 특성은 이성(사유 능력)이고, 인간은 이성으로 욕망을 제어하고 이데아를 추구하면서 올바른 삶을 살아야 한다는 것이다. 이성주의는 이성적 존재로서의 인간의 자기 교정 능력, 시정 능력을 토대로 문명의 진보를 이룩하여 세계를 완성한다는 믿음에 기초하고 있다.

플라톤에 의하면 우리가 사는 현상의 세계는 이데아의 그림자이며, 현실 세계의 모든 사물은 이데아의 모사에 지나지 않는다. 그런데 육체적 욕망이 이데아를 직시하는 것을 방해하기 때문에 플라톤은 "인간은 이성으로 욕망과 기개를 조절, 통제하여 올바른 길을 감으로써 행복한 삶을 영위할 수 있다"고 한다.

순수이성, 실천이성

순수이성(pure reason)은 경험하지 않아도 어떤 것을 선천적으로 인식하는 능력을 말한다. 실천이성(practical reason)은 도덕적인 실천의 의지를 규정하는 이성으로서 도덕적 행동의 근거가 되는 이성을 말한다. 예컨대 물에 빠지려는 어린이가 있는 경우, 사람은 그 어린이를 구해야 한다고 생각한다. 이처럼 실천이성이 부과한 도덕 법칙은 자연법칙(인과법칙), 가정, 전제 조건이 있는 명령이 아니라 인간의 자유의지에서 나오는 양심의 목소리이며, 무조건적으로 따라야 하는 명령(정언 명령, categorical imperative)이다.

2. 이성만능주의, 이성의 신화

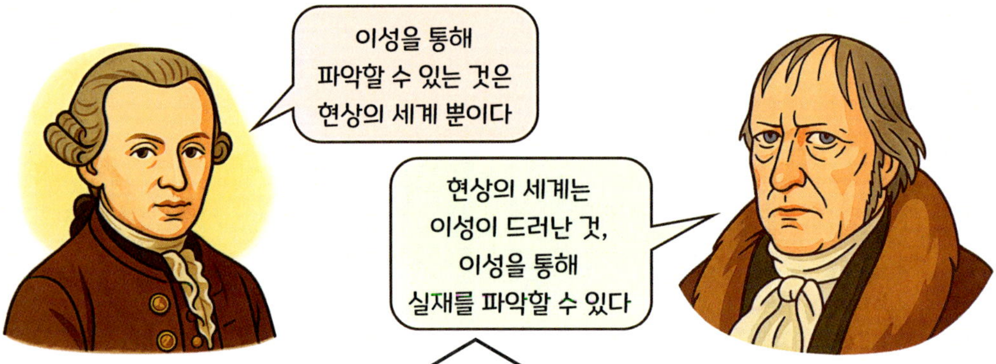

이성만능주의

- 모든 것은 이성의 작용이다.
- 만물에는 이성이 깃들어있다.
- 이성적 존재인 인간은 이성을 통해 실재를 파악할 수 있다.

객관적 관념론 (objective idealism)

- 인식=존재, 존재=인식
- 주관=객관, 객관=주관
- 모든 것은 사유된 관념

주관적 정신 → (경험 누적 / 인식 개선) → 객관적 정신 (합리적, 이성적) → 절대정신 (최고의 이성)

절대정신 (absolute idea)

- 만물에 깃들어 있는 최고의 이성
- 스스로 사유하는 주체이면서 객체, 주관과 객관이 동일화된 단계
- 모든 자연과 사물은 절대정신이 밖으로 드러난 것

거대 형이상학, 이성만능주의,이성의 신화

* 현실적인 것은 이성적인 것, 이성적인 것은 현실적인 것
* 이성은 세계의 근원이자 종착역이다.

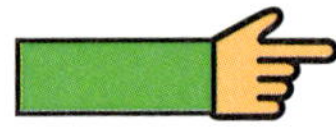 세계는 이성이라는 하나의 원리로 설명할 수 있을 만큼 그렇게 단순하지 않다.

 카툰 논술과 교양

칸트는 인간은 이성을 통해서 현상의 세계만을 파악할 수 있을 뿐 실재의 세계(본질의 세계)는 파악할 수 없다고 보았다. 그러나 헤겔은 실재의 세계는 현상의 세계가 모여서 만들어지는 것이며, 실재와 현상은 전체와 부분의 관계에 있다고 보았다. 헤겔에 의하면 모든 것은 이성의 작용이고, 만물에 이성이 깃들어 있으므로 이성적 존재인 인간은 이성을 통해 실재를 파악할 수 있다는 것이다. 헤겔은 사람은 경험이 누적될수록 인식이 개선되고 수정되면서 합리적 방향으로 나아가게 되어, 최종적으로 객관적 정신(절대정신)의 단계로 발전한다고 하는데, 이렇게 되면 결국 존재와 인식, 객관과 주관은 동일한 것이고, 모든 것은 사유된 관념이다(객관적 관념론).

- 주관=객관, 현실적인 것=이성적인 것, 역사=절대정신의 자기실현(자유 확대) 과정

이성의 신화

존재와 인식은 동일하며, 모든 자연과 사물이 절대정신의 모습이며, 이성이 표현된 것이라는 헤겔의 주장은 세계의 근원과 종착역을 정신으로 보는 거대한 형이상학이다. 모든 것을 이성이라는 한 가지 원리로 단순하게 설명할 수 있다는 이러한 사고는 역사상 모든 부정적 사건마저 이성의 간계(the cunning of reason)라는 이름으로 정당화하고 합리화한다. 이러한 생각은 전체주의의 출현과 세계대전으로 이어졌고, 헤겔의 이성만능주의는 결국 '이성의 신화'가 되고 말았다.

헤겔은 추상적 관념에만 집착했을 뿐 구체적 인간을 고려하지 않았다. 이성적 사유는 일반적·보편적인 것들만 강조함으로써 어떤 상황에 놓인 구체적 인간에 대해서는 도움을 주지 못한다. 추상적 관념에 집착하여 획일적·보편적 기준을 적용하는 것은 소수자의 인권을 침해할 수 있다. 정치에서도 정의라는 추상적 구호만을 내세우는 정치는 정의의 이름으로 국민을 억압할 뿐 국민을 잘 살게 하지 못한다.

3. 이성의 도구화, 도구적 합리성

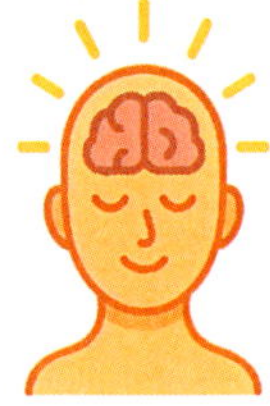

이성의 빛으로 미신, 주술, 무지를
몰아내고 문명의 진보를 이룩하자

-계몽주의

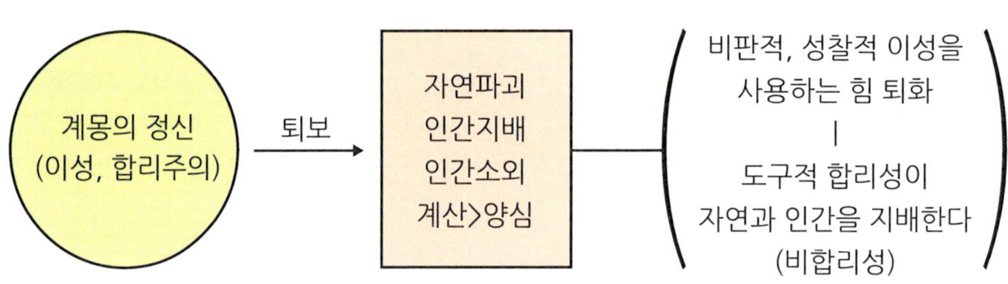

* 도구는 어떻게 사용하는가가 문제이다. 문제는 이성의 도구화가 아니라 이성의 부재 또는 이성의 남용에 있다. 이성은 여전히 인간사회에 가장 중요한 정신작용이며 사회 작동의 기본원리이다. 이성(합리성)을 배제할 것이 아니라 그 장점을 살려 인간사회에 도움이 되는 방향으로 활용하는 것이 좋다.

합리주의 철학에서는 인간은 이성을 통해 자연 세계를 파악하고, 자연 세계라는 객체를 통제할 수 있다고 한다. 합리주의 철학에 의하면 자연은 객체가 되고, 이용·지배의 대상이 되며, 지구는 자원 창고가 된다. 현대 사회에서 이성은 지식을 탐구하고, 자연 세계를 이용·지배하는 도구가 된다. 이렇게 되면 목적, 가치, 타당성을 사유하지 않고 수단의 효율성만 따지기 때문에 비판적·성찰적 이성의 힘을 사용하는 능력이 퇴화한다. 양심은 물질적 필요에 굴복하고 계산이 양심을 대신하게 되어 도구적 합리성은 오히려 비합리적으로 되는 것이다. 이성의 도구화는 인간의 인식 활동이 컴퓨터처럼 훌륭한 계산기가 되었다는 것을 의미한다. 자연을 이용하고 지배하고자 하는 관심, 모든 것을 인간의 것으로 도구화하고자 하는 관심은 경제적 이익에 집중되어 있고, 수단과 방법의 합리화, 이윤의 최대화에 집착하다 보니 인간은 정작 자신이 원하는 바를 잊어버리게 된다.

- 현대의 합리성은 이윤의 획득 가능성이며, 예측 가능성, 계산 가능성, 수량화를 강조한다. 효율적 수단만이 강조되는 거대한 합리성의 조직 안에서 개인은 가치 판단과 윤리의식을 잃어버리고, 조직의 부속품처럼 맡은 일만 하면서 살아가게 된다(비인간화, 인간 소외).
- 도구는 어떻게 사용하는가가 문제이며, 이성의 도구화 자체가 현대 사회 병리 현상의 근본 원인은 아니다. 문제는 이성의 도구화가 아니라 이성의 부재 또는 이성의 남용에 있다.
- 합리성은 사회에 꼭 필요한 것이지만 균형 잡힌 시각을 갖지 못하면 그것이 인간다운 삶을 위협할 수도 있다. 따라서, 합리성의 장점을 살려 그것을 최대한 인간성에 도움이 되는 방향으로 활용하는 방법을 강구해야 한다.

4. 성찰적 이성

이성중심주의(합리주의)

자연 = 객체(이용, 지배의 대상)
지구 = 자원 창고

이성은 지배, 이용의 도구 → 이성의 도구화

도구적 합리성

- 물질적 필요성 중시
- 수단의 효율성 중시
- 이익이 양심에 우선

비판적, 성찰적 이성 퇴화 → 비합리적 결과

이성의 도구화

인간의 뇌 → 컴퓨터 (계산기)
수단, 방법 합리화 → 이윤 최대화

목적, 가치, 타당성에 대한 사유 X
→ 비판적, 성찰적 이성 퇴화
가치판단, 윤리의식 상실우려

* 문제는 이성의 도구화가 아니라
이성의 부재, 이성의 남용에 있다.

현대의 합리성(이윤획득 가능성)

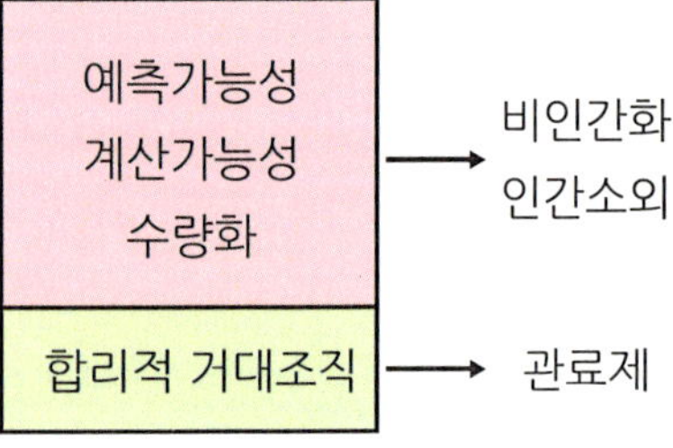

예측가능성 계산가능성 수량화	→	비인간화 인간소외
합리적 거대조직	→	관료제

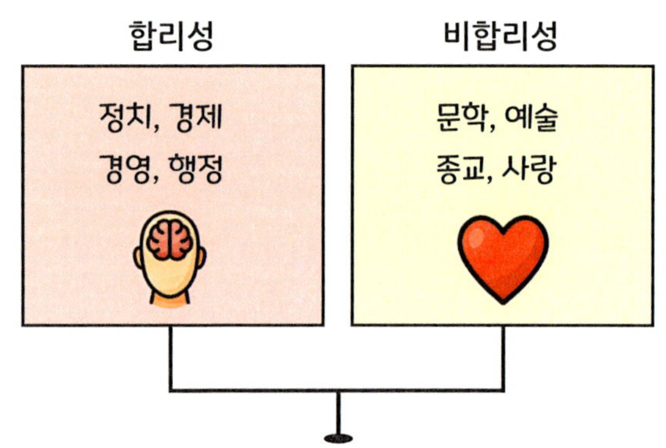

합리성은 사회에 꼭 필요한 것이지만
균형잡힌 시각을 갖지 못하면 인간의 삶을
위협할 수도 있다.

카툰 논술과 교양

아도르노와 호르크하이머는 공저 『계몽의 변증법』에서 이성적 사유는 모든 것을 제어·조정하여야 한다는 강박 관념에 빠져 있었고, 모든 것을 목록화하여 표로 만들고 계급 질서를 부여하고자 하였으며, 지나치게 권력을 추구하였다고 주장하였다. 무지와 미신을 몰아내고, 자연이 주는 공포에서 인간을 해방시키고, 이성의 힘으로 사회를 개조하고, 문명의 진보를 가져오고자 했던 계몽의 정신은 과학 기술의 발전과 물질적 풍요를 가져왔으나, 계몽은 물질에 생명을 주어 인간을 물질의 노예로 만들었다. 인간은 계몽의 이름으로 자연을 지배하고 아메리카 인디언, 식민지 민중, 유대인들을 학살하였다. 인간에게 빛을 주어 인간을 세계의 진정한 주인으로 만들고자 했던 계몽은 결국 새로운 야만성을 드러내어 인간에 대한 지배, 학살, 자연파괴라는 새로운 야만의 길을 열게 되었다는 것이다. 이성적 사유는 끊임없이 사유하고 반성하는 특징을 가지고 있다. 아도르노와 호르크하이머는 이제는 도구적 이성에서 벗어나 성찰적(비판적) 이성을 회복함으로써 진정한 인간 해방으로 나아가야 하며, 이렇게 할 때 계몽은 완성될 수 있다고 주장하였다.

현대 사회의 병리현상의 모든 원인이 이성에 있다는 사고방식은 논리의 비약이다. 이성이 모든 문제의 원인이 아니라 이성의 남용(이성을 경제적 이익을 위한 도구로 사용함) 또는 이성의 부재가 문제이다. 인간의 생활에는 이성(logos)의 작용이 중요한 분야가 있고, 감성(pathos)이 중시되는 분야가 있으며, 도덕성(ethos)이 중시되는 분야가 있다. 어느 한쪽을 갖추지 못하거나 한쪽에 치우치는 것이 문제의 원인이 된다.

결핍되거나 치우친 것은 좋지 않고, 모든 것은 적절한 상태에 있는 것이 좋다. 중용(中庸)의 원리를 고상해 보이는 특수한 용어로 어렵게 설명할 필요는 없다. 특수한 언어를 사용함으로써 다른 집단과 구별되는 지적 우월성을 가진 부류로 보이고자 하는 것, 과시적 허무주의, 멋있게 보이는 말들의 나열, 감상적 문명 비판과 알맹이 없는 추상적 담론은 마르크스주의자들이 구사하는 언어의 특징이다.

5. 반이성주의

참실재

| 이데아 |
| 신 |
| 이성 |
| 진리 |

원형
본질
스스로 존재함
완전무결함

아도르노

질 들뢰즈

니체

쇼펜하우어

프로이트

미셸 푸코

반이성주의는 인간은 이성적 존재, 고정불변의 존재가 아니라 이성으로부터 자유로운 존재라는 사고방식에 기초하여 인간의 감정과 본능, 자유의지를 중시하고, 이성의 권위와 지배적 담론을 배격하며 차이와 다양성을 중시한다. 반이성주의는 반지성주의, 반엘리트주의, 허무주의, 비합리주의의 경향을 띤다.

> 이성중심주의는 사물의 고유함을 추구하지 않고 동일성의 논리에 가둔다. 차이와 다양성을 인정하지 않는 이러한 사고방식은 배제의 논리이며 이성의 폭력이다.
> - 질 들뢰즈

> 아우슈비츠 수용소는 광기, 비정상 때문이 아니라 이성, 합리성 때문에 발생했다. 이성을 기반으로 하는 계몽의 정신은 새로운 야만의 길을 열었다.
> - 호르크하이머, 아도르노

> 이성의 역사는 인간을 정교하게 지배하기 위한 음모와 역사이고 광기의 역사이다. 이성 중심의 사회는 소수자를 비정상인으로 분류(타자화)하여 통제·지배해 왔다.
> - 미셸 푸코

Q 이성(합리성)이 현대 사회의 병리현상의 원인인가?

이성은 인간이 본능에 이끌려 습관적·충동적으로 행동하는 것을 억제하고 욕망을 조절한다. 이성은 집단의 질서와 규범을 지키며 사회 안정과 평화를 유지하게 한다. 규범과 제도는 인간 본성의 약점을 보완하기 위해 만들어진 것인데, 반이성주의자들은 인간의 본성에 대한 성찰이 부족하다. 반이성주의자들은 혁명, 정의, 해방을 명분으로 지도자 숭배, 우상화, 숙청과 학살, 수용소의 인권 유린 등의 잘못을 저질렀다. 나아가 반이성주의자들은 사회 현실로부터 눈을 돌리고 문제를 회피한 채 사회적 약자를 위한다든가 해방이라는 모호한 약속을 한다. 현대 문명의 제반 병리현상의 원인이 이성 중심의 사유, 합리적 사고에 있다는 주장은 지나친 논리의 비약이다. 그 원인은 이성에 있는 것이 아니라 이성만능주의 또는 이성의 부재에 기인한다. 이성은 인간에게 가장 중요한 정신 작용이며, 인간 사회 작동의 기본 원리이다. 다만 이성에 치우치는 것이 문제이며, 이성은 감성, 도덕성과 조화를 이루는 것이 필요하다.

6. 하버마스의 의사소통 행위 이론

〈하버마스의 의사소통 행위이론〉

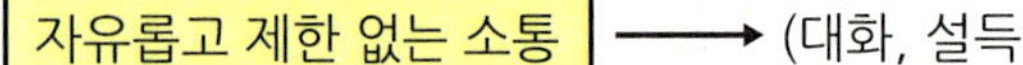

  * 하버마스의 의사소통 이론은 인간본성에 대한 이해 부족, 의사소통에 대한
    기이한 강박관념일 뿐 문제해결에는 도움이 되지 않는다.

하버마스는 이성은 관념적이고 추상적이기 때문에 진정한 합리성은 생활세계에서 찾아야 한다고 하였다. 생활세계는 우리가 살아가는 일상세계이며, 언어 활동을 통해 상호 이해와 소통을 지향하는 활동이 일어나는 곳이다. 생활세계는 자유롭고 산만한 듯하면서도 나름대로 질서와 통일감이 있다. 하버마스는 인간에게는 이성의 능력이 있기 때문에 생활세계에서의 자유롭고 제한 없는 소통(대화, 토론)으로 상대방을 설득하고 합의를 이끌어 낼 수 있으며, 모든 문제는 의사소통적 이성에 의해 해결할 수 있다고 주장하였다.

Q. 인간은 이성을 가지고 있기 때문에 이성적으로 소통하면 모든 문제를 해결할 수 있는가?

생활세계에서 자유로운 담론을 통해 모든 문제를 해결할 수 있다는 하버마스의 의사소통 행위 이론은 인간 본성에 대한 통찰이 부족하다.

- 이성적 사유와 합리적 선택 및 제도와 규범이 이성의 권위와 지배적 담론에 의한 사유의 억압 및 정당성의 위기를 초래한다는 것은 이성에 대한 상투적 비판이며 과격한 논리의 비약이다.
- 이상적 담화와 의사소통으로 합의에 이르고, 모든 문제와 갈등이 해결된다는 것은 의사소통에 대한 기이한 강박 관념일 뿐 그에 관한 합리적 근거가 없다.
- 더 나은 세상을 위해 우리에게 소망을 주는 모든 것은 생산적 의사소통이라는 것은 허황한 주장이다. 규범과 제도는 인간 본성의 약점을 보완하기 위한 안전장치이며, 의사소통만으로는 어떠한 안전장치도 확보할 수 없다. 자유롭고 제약 없는 보편적 담론 안에서 인간 이성의 능력으로 성취될 수 있다는 합의라는 것이 도대체 무엇인가? 하버마스는 아무런 결론도 내지 못한 채 횡설수설 추상적 담론에 그치고 있다.

세계 적화라는 뚜렷한 목표를 가지고 있던 공산주의자, 소련의 조종을 받고 있는 김일성과는 대화가 통하지 않고 이용만 당할 뿐이니 남한만이라도 자유민주국가를 건설하여 통일의 기반을 마련하자는 대한민국 건국론자들의 선택은 지극히 현실적이었다. 김구 등 민족주의자들은 공산주의자들도 같은 민족이므로 대화로 설득하면 통일된 하나의 국가를 수립할 수 있다는 민족적 감상에 젖어 있어 현실을 바로 보지 못하고 공산주의자들의 통일전선전략에 이용당했다. 이것은 대화로 모든 문제를 해결할 수 있다는 생각, 인간 이성에 대한 맹목적 믿음은 위험하다는 것을 보여 준 역사적 사례이다.

7. 맥도날드의 합리성

제품과 서비스의 규격화
self-service
take-out 쉽게

맥도날드의 운영원리

차량 이동중 쉽게 구매할 수 있는 구조

이윤을 위해 설계된 매장구조
빠른 템포의 음악

맥도날드화 M
McDonalization

- 조지 리처

계산가능성
예측가능성

* 패스트 푸드점의
운영원리가
전세계로 확산

- 빨리 계산하고
- 빨리 먹고
- 쓰레기는 네가 치우고
- 빨리 꺼져라

-맥도날드 백

맥도날드의 합리성(비인간화)
효율성, 편의성 극대화

맥도날드 매장에는 제품과 서비스가 규격화되어 있고, 줄 서 기다리기, 제한된 메뉴, 스스로 그릇 치우기 등 통제하기 쉽게 되어 있다. 이것은 자동차 이동이 많고, 맞벌이 부부가 많으며, 효율성이 요구되는 현대 생활에 부합한다. 맥도날드 매장은 3·5·15 법칙에 따라 30초 안에 주문하게 하고, 5분 안에 음식이 나오게 하고, 15분 만에 음식을 먹고 나가게 하려고 한다. 등받이가 딱딱하고 엉덩이가 걸치는 부분이 적은 의자는 허리가 아프고, 불편하며, 매장 안에서는 경쾌하고 빠른 음악을 틀어 식사 시간이 빨라지게 한다. 매장은 철저하게 이윤을 위해 설계되어 있으며, 매장 회전율을 높여 돈을 빨리 벌 수 있는 구조로 되어 있다. 이러한 합리화된 시스템하에서 소비자는 돈을 내기 전까지만 왕이다. 합리성 속에는 비인간적이라는 비합리성이 있다.

합리성의 불합리성을 보여 주는 사례- 카지노, 백화점

- 카지노에는 시계와 창문이 없다. 시간에 신경 쓰지 말고, 해가 뜨거나 지는 것을 모르고 도박에 열중하라는 것이다. 또 도박하는 초췌한 자신의 모습을 보지 못하게 하기 위해 거울이 없다. 이것은 도박으로 최대한 돈을 탕진하게 하여 이익을 남기려는 카지노의 합리성이다. 합리성 속에는 비인간적이라는 비합리성이 있다.
- 백화점에는 벽시계와 창문이 없고, 불빛이 밝다. 시간 가는 줄 모르고 쇼핑을 하라는 것이다.
- 백화점에는 유리와 거울이 많고, 기둥도 반들거리는 대리석으로 되어 있다. 이것은 자신을 비춰 보느라고 속도가 느려지거나 거울에 비치는 물건에 시선이 끌리게 하기 위한 것이다.
- 계산대 옆에는 초콜릿, 껌, 건전지 등이 있다. 계산을 기다리는 동안 지루함을 참지 못하는 손님들이 마지막까지 쇼핑하도록 하기 위한 것이다.

8. 관료제의 합리성

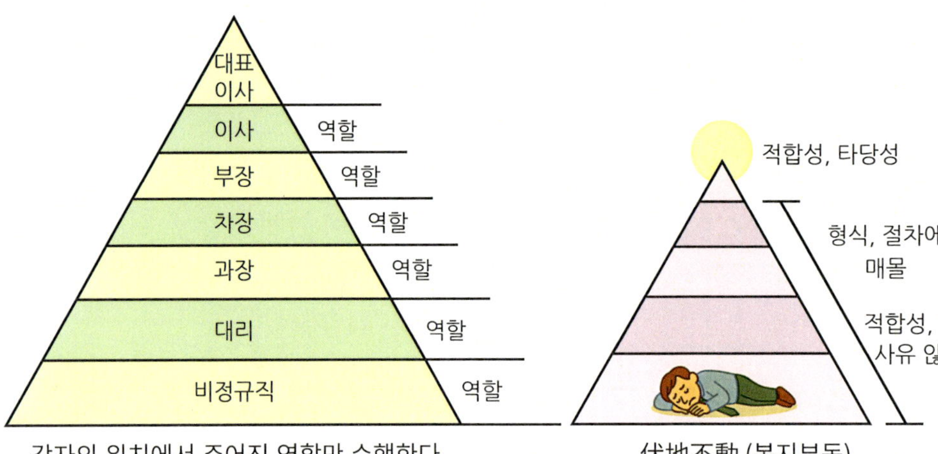

각자의 위치에서 주어진 역할만 수행한다.   伏地不動 (복지부동)

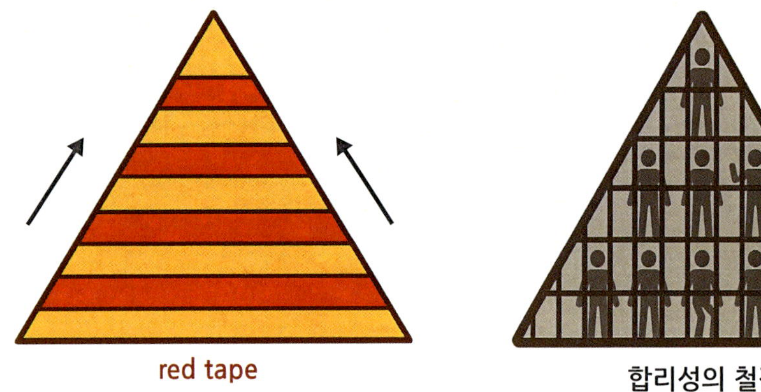

관료제하의 목표, 과업 달성 (분업체계)

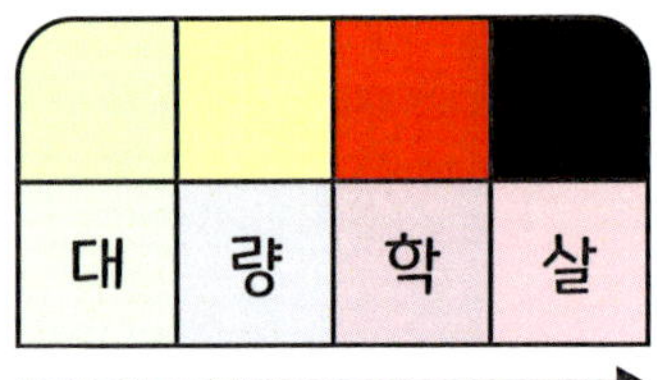

학살에 관여한 사람은 없다

* 맡은 부분만 열심히 하고
전체를 생각하지 않는다.

(의미, 가치 생각 않는다
도덕적 성찰 없다)

칼 포퍼

관료제는 전문적 능력을 가진 관료들에게 권한을 위임하여 업무를 처리하는 제도를 말한다. 관료제는 보통 피라미드 조직으로 되어 있고, 전문성을 지닌 사람들이 각자 자신의 위치에서 맡은 역할에만 충실하게 함으로써 인력 관리가 쉽고, 업무의 효율성을 기할 수 있다는 장점이 있다. 관료제는 합리성을 실현하기 위한 제도로서 대부분의 조직은 관료제를 통해 조직을 통제·관리한다.

관료제의 단점은 지나치게 형식적이라는 점이다. 보고 체계를 거치다 보면 업무 성과를 위해서 의사 전달 과정에서 불필요한 부분이 자꾸 가미되어 읽지 않는 문서가 잔뜩 쌓이게 된다(이것을 red tape 현상이라고 한다). 관료제하에서는 연고 있는 사람, 경력이 많은 사람에게 유리하고, 능력 있는 사람에게 불리하다는 단점도 지적되고 있다.

관료제하에서는 시키는 대로 주어진 일만 하고 책임을 회피하는 복지부동의 경향도 드러낸다. 또, 업무의 의미와 목적을 적합성, 타당성에서 찾지 않고 절차, 과정에서만 찾게 되어 형식적 합리성에 매몰된다. 이 때문에 가치 있는 목적 추구는 어렵게 되고, 인간 소외의 상황을 초래하기도 한다.

합리성의 철장

관료제하에서는 개인이 철장(iron cage) 안에 갇힌 것 같은 상태에서 자신이 맡은 역할과 정해진 업무만 수행하다 보니 자신이 하는 일의 의미와 가치를 인식하지 못하게 되는 인간 소외의 상황, 도덕적 성찰의 부재 상황을 초래하게 될 수 있다. 아우슈비츠의 학살, 북한 수용소의 비극은 합리적이고 효율적인 메커니즘인 관료 조직하에서 자신의 업무에만 충실한 관료들에 의해 죄의식 없이 저질러졌다. 합리적으로 보이는 곳곳에는 비인간성이라는 비합리성이 산재해 있다.

Q. 참된 합리성은 어떤 것인가?

절대적으로 옳은 이론이나 정치적 입장은 없다. 비판적 사고 없이 관료 조직의 명령, 지시를 그대로 수행한다면 비극적이고 치명적인 결과를 초래할 수 있다. 참된 합리성은 자신의 한계를 인식할 수 있다는 것, 인간은 오류를 범할 수 있다는 것을 인식하고 겸손한 태도를 갖춘 것이어야 하고, 그런 태도의 바탕 위에서 올바른 가치를 추구함으로써 인류의 삶에 기여할 수 있는 것이어야 한다.

제5장

언어

1. 인간은 언어적 존재(homo loquens)이다

라틴어 loquor
말하다

라틴어 loquens
말하는

Homo Loquens
말하는 인간

개(犬) 두마리가
말(言)을 막고 있는 형상

* 말을 못하게 되는 것은 감옥에 홀로 있는 것과 같다

공자

맹자

언어 = 규칙(사회적 약속)

* 인간은 언어를 통해 사회적 존재가 된다

기표(記標)
signifier

기의(記意)
signified

* 기표(표시)와 기의(의미)는
아무런 관련이 없다

인간은 언어로 의사를 표현하고 전달하며, 언어를 통해 삶을 유지해 나간다. 또 언어를 통한 교류와 지식 전달, 전승에 의해 문화를 발전시켜 나간다. 언어는 인간의 삶을 가능케 하는 절대적 요소이다.

- 감옥의 옥(獄)은 개 두 마리가 말(言)을 막고 있는 형상이다. 말할 데가 없는 것, 소통의 부재는 인간에게 고통을 준다. 맹자는 홀로된다는 것은 인간이 짐승 수준으로 떨어지는 것으로서 가장 큰 고통이 된다고 하였다.
- 공자는 사람은 말의 세계에 참여할 때 사람다워질 수 있다고 하였다. 인(仁, 어질다는 것)은 사람(人)과 둘(二)이 합쳐진 말로써, 서로 말하고 소통이 이루어져야 고귀한 삶을 살아갈 수 있음을 나타낸다.

언어는 실제 세계를 재현하는 것이 아니라 기호에 불과하다. 사물의 이름은 그것을 어떤 이름으로 부르기로 하였다는 사회적 약속이며, 라캉에 의하면 그것은 상징적 질서에 속한다.

> 우리는 언어를 통해 상징적 질서의 영역(사회적 규칙) 속으로 들어가 사회적 존재가 된다.
> - 라캉

기표(記標)와 기의(記意)

소쉬르에 의하면 언어 및 의미를 지니는 기호는 기표와 기의로 되어 있다. 기표(signifiant 시니피앙)는 소리, 문자, 손동작, 몸짓 등의 표현이고, 기의(signifie 시니피에)는 기표를 통해 머릿속에 떠오르는 개념, 의미를 말한다. 기표로서의 나무는 흙, 돌과 구분하기 위한 것이고, 기의로서의 나무는 줄기와 가지가 있는 다년생 식물이라는 개념이다. 기표는 다른 기표들과 구별하기 위해 어떤 것으로 부르기로 하였다는 사회적 약속일 뿐이다. 그러므로 기표와 기의는 아무런 관련이 없다.

2. 세계는 하나의 그림이며 언어로 나타낼 수 있다
- 비트겐슈타인

그림이론(후에 폐기)

비트겐슈타인

* 언어와 현실세계는 대응관계에 있다.
　말할 수 없는 것에 대해서는 침묵해야 한다.
* 단어의 정보화 → 컴퓨터의 인공언어로 발전

무지개의 일곱 색깔은 정확하게
구분되지 않는다.

* 복합적 사태에 대응하는
　복합명제는 만들기 어렵다

비트겐슈타인

카툰 논술과 교양

비트겐슈타인은 "세계는 하나의 그림이며 이 그림은 정확하게 언어로 나타낼 수 있다"고 하였다. 그는 "세계는 언어로 명제화할 수 있는 것이므로 언어의 의미는 지시에 있다"고 하였다. 언어가 정확하게 현실 세계와 대응한다면 세계는 하나의 그림으로 묘사될 수 있다. 그러나 실상은 그렇지 않다. 모든 것을 언어로 나타낼 수 있다는 생각, 단어와 사물이 정확히 대응하고 복합적인 사태로 이루어진 사실이 복합 명제에 대응한다는 발상은 지나치게 단순한 생각이며, 현실과도 맞지 않는다. 예컨대, 무지개는 한 공간의 한 점에 하나의 색이 정확하게 대응하지 않고 한 장소에 다양한 파장이 존재하기 때문에 여러 색깔이 중첩된 것으로 보인다. 하나의 사물에 하나의 단어가 정확히 대응한다는 전제하에서 현실과 언어가 명확히 대응한다고 본 비르켄슈타인의 그림 이론은 그 취약점과 한계를 드러냈다. 이 때문에 비트겐슈타인은 "언어의 의미는 지시에 있는 것이 아니라 그 사용에 있다"고 함으로써 자신의 견해를 수정하였다.

비트겐슈타인은 자신의 그림 이론을 토대로 "말할 수 없는 것에 대하여는 침묵해야 한다"고 하였다. 비트겐슈타인의 그림 이론은 사랑, 우정, 꿈, 정의 등 형태가 없는 언어를 철학의 영역에서 배제하려고 한 잘못이 있다. 세계에는 언어로 표현될 수 없는 신비로움이 존재하고, 사랑, 종교적 체험, 감동 등 말로 표현할 수 없는 것들이 많다. 논리적 세계로서의 인공 언어를 구축하고자 한 비트겐슈타인의 의도는 실현될 수 없었다. 비트겐슈타인의 그림 이론에는 오류가 있었지만, 단어를 숫자 단위로 정보화하여 함수 관계로 나타낼 수 있다는 발상 위에서 컴퓨터가 발명되었다. 디지털의 핵심은 명제와 명제 사이의 함수 관계이고, 디지털 세계는 하나의 그림과 같은 것인데, 이 그림을 명제화하는 수학적 방법을 찾아냄으로써 컴퓨터의 인공 언어로 세계를 표현할 수 있게 된 것이다.

3. 언어의 의미는 게임의 규칙 속에서 결정되며 언어의 의미는 그 사용에 있다 - 비트겐슈타인

머리를 자른다

할머니 뼈해장국

비트겐슈타인

狀況(상황) situation
脈絡(맥락) context

〈던지다〉
- 야구를 할 때
- 바둑을 둘 때

〈아깝다〉
- 물건을 잃어버렸을 때
- 기회를 놓쳤을 때
- 무엇을 비교할 때

└ 화자가 골프를 안쳤다고 직접 말하지 않았지만
이것은 맥락상 골프를 안쳤다는 발언이다

- 일상적 삶의 양식
- 상황과 맥락
- 언어사용 게임의 규칙

일상적 삶의 형식, 상황과 맥락,
언어사용 게임의 규칙이
언어의 의미를 결정한다

양심 불량의
사악한 정치 판사

詭辯(궤변) sophistry	妖說(요설)

언어는 사물을 단순히 모방하고 표현하기만 하는 것이 아니다. 언어의 의미는 지시에 있지 않고, 그것이 어떻게 사용되는가에 있다. 우리가 일상생활에서 사용하는 언어는 엄격한 논리적 규칙을 따르지 않는다. 언어의 규칙은 그 단어를 사용하는 사람들의 공통된 삶의 양식에 의해 형성된다. 즉, 일상적 삶이 양식이 언어의 규칙과 의미를 형성한다. 언어는 그것을 사용하는 사람들의 언어 활동과 관련해서만 의미를 갖게 되고, 언어의 의미는 사람이 처한 상황과 맥락 속에서 그 언어가 사용되는 게임의 규칙에 의해서 결정된다.

- 한 단어에는 여러 의미가 담겨 있고, 그 의미는 상황과 맥락에 따라 달라진다. 따라서 언어의 의미는 용법에 있다. 비트겐슈타인의 이 이론을 게임 이론 또는 문법 이론이라고 한다.

Q. 동물이 말을 한다면 그 인간은 그 말을 이해할 수 있는가?

동물은 인간과 삶의 형식을 공유하고 있지 않기 때문에 인간은 그 언어가 사용되는 게임의 규칙을 알 수 없다. 또 동물이 처한 상황과 맥락을 알 수 없다. 따라서, 인간은 동물들의 말을 이해할 수 없다.

Q. 언어활동은 공적인 활동인가?

언어는 발화하는 순간 이미 잠재적인 상대방을 가정하고 있는 것이고, 다른 사람과 공유하지 않는 사적 언어(private language)는 불가능하다(비트겐슈타인). 비트겐슈타인에 의하면 언어는 수신자와의 공감을 전제로 하는 것이고, 그것은 사적 활동이 아니라 공적인 활동이다. 언어는 그 언어를 사용하는 사람들의 소통에 의해 만들어진다. 이로써 언어의 의미는 정보에서 소통으로 그 패러다임이 전환되었다(정보 이론 → 소통 이론).

4. 언어와 기호의 의미는 언어 교환의 메커니즘에 의해 결정된다 - 소쉬르

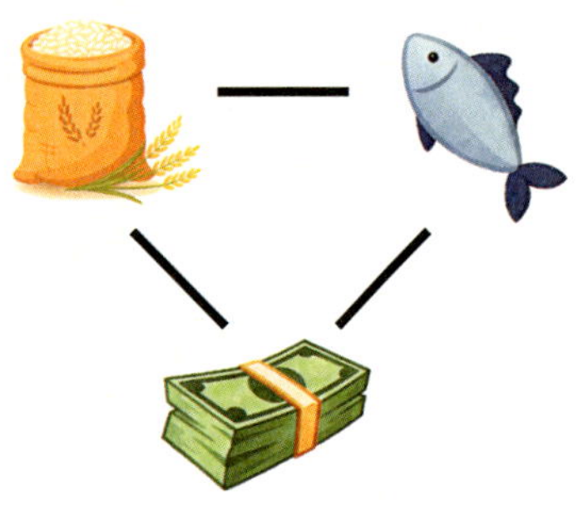

상품의 가치는 교환체계에서 나온다.

언어의 의미는 단어 뿐 아니라 음성, 표정, 억양 등 언어교환 체계에 의해 결정된다.

소쉬르

비트겐슈타인

소쉬르 - 언어체계

共時態 공시태 synchronie	특정시기에 사용되는 언어의 모습	파롤 parole	개인의 구체적인 발화행위
通時態 통시태 diachronie	시간의 흐름에 따라 변화하는 언어의 모습	랑그 langue	사회적, 공적 언어체계

* 언어는 고정된 것이 아니라 시대의 흐름에 따라 끊임없이 새로 만들어지고 소멸된다.

* 개인의 구체적 언어활동은 랑그(사회적, 공적 언어체계)에 의해 제약된다.
* 언어의 구조가 인간의 의식과 사고를 결정한다.

소쉬르에 의하면 언어는 요소들의 집합이 아니라 전체 시스템 내의 어떤 층위에서 요소들이 다른 요소들과 관계를 맺고 상호 작용을 하는 것이다. 상품의 가치는 상품의 물리적 성질에서 비롯되는 것이 아니라 다른 상품과 얼마만큼의 비율로 교환되는가에 하는 것에서 나온다. 소쉬르는 상품의 가치가 교환 체계에서 나오는 것처럼, 언어나 기호의 의미도 다른 언어와의 교환 체계에서 나온다고 하였다. 소쉬르에 의하면 언어는 음성, 단어 등 그 구성 요소들의 상호 관계와 상호 대립에서 가치가 생겨나는 것으로, 하나의 시스템이며, 언어나 기호의 의미는 언어 시스템 속에서 언어 교환의 메커니즘에 의해 결정된다. 따라서, 언어는 어떤 방식으로 언어적 체계를 형성하는가에 따라 현실에서의 의미가 달라진다. 소쉬르는 언어를 하나의 시스템으로 보고 언어의 의미를 구조에서 찾았다(비트겐슈타인이 언어를 게임으로 보고 언어의 사용에서 그 의미를 찾은 것과 구별된다).

소쉬르는 어느 특정한 시기에 의사소통의 도구로 사용되고 있는 언어의 모습을 공시태(共時態, synchrony), 시간의 흐름에 따라 언어가 변화하는 모습을 통시태(通時態, diachrony)라고 하여 구분하였다. 언어는 고정된 것이 아니라 시대의 흐름에 따라 끊임없이 새로 만들어지고 소멸된다.

또한 소쉬르는 개인의 구체적인 발화 행위를 파롤(parole), 파롤의 기반이 되는 언어적 체계(사회적·공적 체계)를 랑그(langue)라고 하여 구분하였다. 소쉬르에 의하면 언어 활동은 랑그(langue)에 의해 결정된다. 진정한 발화의 주체는 발화자가 아닌 랑그이며, 우리의 표현 방식이나 범위는 우리가 사용하는 말의 체계(랑그)에 의해 제약된다.

5. 언어결정론, 언어우위론

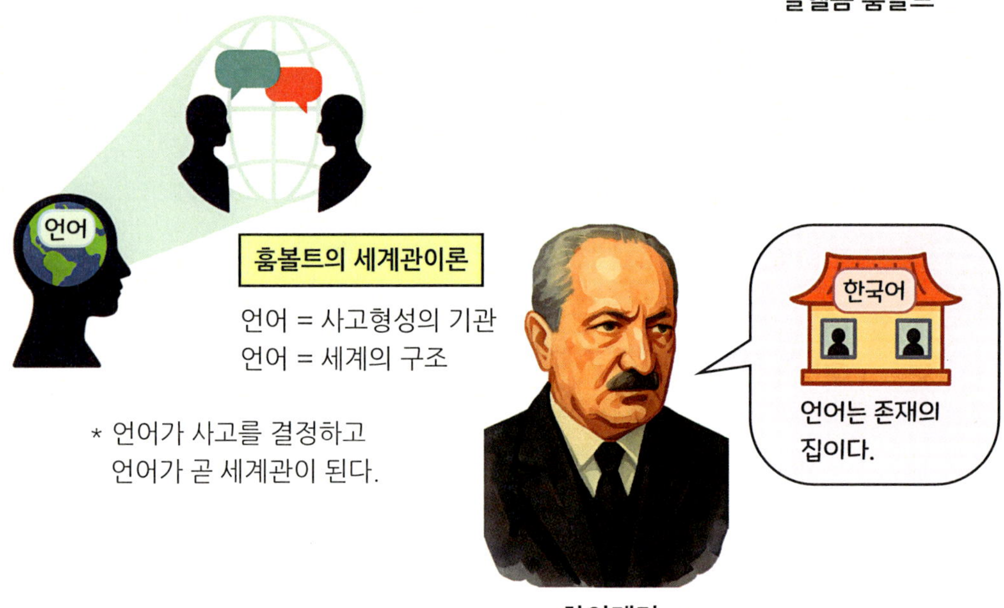

言語決定論
언어결정론

言語優位論
언어우위론

- 언어가 사고를 결정한다.
- 언어는 생각의 감옥이다.
- 언어가 세계의 범위를 지정한다.
- 다른 언어를 사용하면 다른 세계로 들어가 다른 세계관을 가지게 된다.

카툰 논술과 교양

빌헬름 훔볼트는 저서 『카비말 언어 서설』에서 "인간은 언어가 보여 주는 세상을 보고 언어가 표상을 제시하는 대로 살아간다"고 하였다. 훔볼트의 세계관 이론에 따르면, 언어는 표현 수단이나 기술 체계가 아니라 우리의 사고를 형성하는 기관이며, 세계 자체의 구조이다. 모든 언어는 그 언어를 사용하는 민족에게 하나의 영역을 지정하고, 이 영역을 벗어나게 되면 다른 세계로 들어가게 된다. 따라서, 새로운 언어를 습득할 때는 지금까지의 세계관과는 다른 관점을 획득하게 된다. 언어가 사고를 결정하고 언어가 세계의 범위를 정한다(언어결정론, 언어우위론).

언어가 사라지는 것은 소통 수단이 사라지는 것에 그치지 않고 그 말이 담고 있는 세계관, 역사적 증거, 다양성의 소멸을 의미한다. 언어를 상실한 알타이 부족들은 러시아어, 중국어를 사용하면서 문화나 생활 양식까지 러시아화·중국화되었다.

언어와 문자는 사람들의 사고와 행동, 세계관에 영향을 미친다. 적은 수의 어휘력을 지닌 어린이는 어른처럼 복잡하고 깊은 사고를 할 수 없고, 경어가 발달해 있는 한국에서는 윗사람과 아랫사람의 구분을 명확히 하고 윗사람을 공경하는 등 예의를 중시한다.

언어는 존재의 집이다.
- 하이데거

인간은 언어의 구조에 따라 생각하고 언어가 보여 주는 대로 세계를 본다. 우리는 언어를 통해 다른 사람들의 세계로 돌아가고, 우리 자신도 변화를 겪는다.

조지 오웰의 소설 『1984』에 나오는 신어 뉴스피크(newspeak)에는 자유, 평등과 같은 말이 없기 때문에 체제에 저항할 수가 없다. 이것은 언어를 조작함으로써 사고를 조작할 수 있다는 생각(언어 결정론)에 바탕을 두고 있다.

언어 결정론에 반대하는 사고 결정론(사고 우위론)에서는 아동이 말을 배우기 전에 생각할 수 있고 실어증 환자도 생각할 수 있다는 점, 중국어에는 시제가 없지만 중국인들은 시간에 골몰하고 시간을 소중히 여기며 멕시코의 사포텍(zapotec)어는 시제가 발달하였지만, 사포텍인들은 시간에 골몰하지 않는다는 점을 들어 언어 결정론을 반박한다.

6. 언어의 자의성(恣意性)

기표

줄기와 가지
다년생식물
집, 가구, 땔감의 재료

기의

記標(기표)	소리 문자 그림 (형식)
프랑스어 : signifiant(시니피앙) 영어 : signifier	
記意(기의)	개념 의미 (내용)
프랑스어 : signifié(시니피에) 영어 : signified	

* 기표와 기의는 아무런 관계가 없다

움베르토 에코

언어는 그림이 되고
기호가 된다

사진→기호→신화

기호+역사+신앙→엄청난 위력

기호는 기표(記標)와 기의(記意)로 구분된다. 기표는 언어의 외적·형식적 이미지를 말하고, 기의는 그 내용, 의미를 말한다. 언어는 사회적 약속일 뿐 기표(signifiant, 시니피앙)와 기의(signifie, 시니피에) 사이에는 필연적 관계가 없다(언어의 자의성).

언어는 형식과 내용 사이에 필연적 관련성이 없는데, 이것을 언어의 자의성이라고 한다. 철학자가 되고자 했던 화가 르네 마그리트의 파이프 그림 아래에는 '이것은 파이프가 아니다.'라고 쓰여 있다. 이것은 파이프 그림은 파이프라는 말, 종이, 물감일 뿐 실제 파이프가 아니라는 것을 보여 준다. 파이프라는 이름은 그렇게 부르기로 약속한 데서 생겨난 기표일 뿐 실제와는 관련이 없다. 만약 파이프에 다른 이름을 붙였으면 파이프가 아니라 다른 것이 되었을 것이다. 이것은 언어와 실재는 무관하다는 것(언어의 자의성)을 보여 준다.

장미의 이름으로 태초의 장미가 존재하나
우리는 빈껍데기 이름만 취한다.
- 움베르토 에코

기호는 겉으로 드러나지 않게 무의식적으로 상대방을 설득하고 있는 것이며 그것은
바로 정치·경제적 이데올로기이자 현대의 신화이다.
- 롤랑 바르트

- 전쟁 영화는 영웅을 만들어 내고, 승리의 깃발을 꽂는 한 장의 사진은 기호가 되어 신화로 탈바꿈한다. 기호의 그물망에 편승한 자는 영웅이 되고, 성공한 사람이 되는 것이다.
- 십자가는 기호에 사회적 맥락이 더해져서 엄청난 힘을 갖게 되었다.
- 영국 여왕은 기호가 될 운명으로 태어나 국가의 상징이라는 기호로서의 삶, 신화적 삶을 살아간다.
- 사람들이 명품을 사는 이유는 상류층이라는 식별 기호가 필요하기 때문이다. 많은 사람들은 기호의 세계, 허구적 가치의 세계에 갇혀 날조된 질실, 강요된 진실, 신화 속에 살아간다.

7. 언어에는 무의식이 개입되어 있다 - 라캉

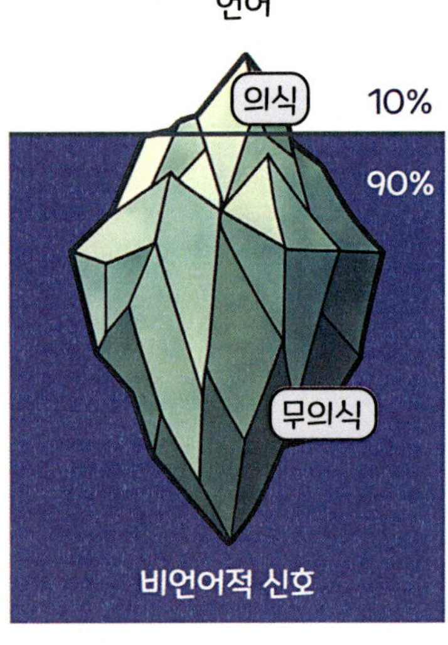

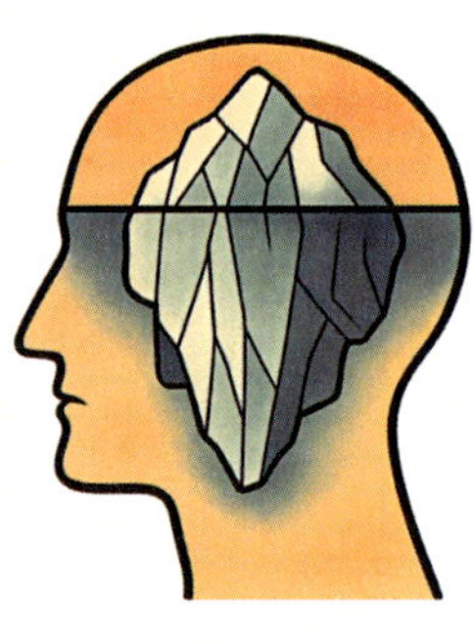

언어

진짜 생각과 감정을 숨길 수 있다.

비언어적 신호

표정, 목소리, 동작, 실수, 습관 등
- 무의식적으로 드러난다.
(숨기기 어렵다)

가면에는 갈라진 틈이 있다

* 긴장, 피로, 주취, 흥분, 스트레스 상황에서는
통제가 어려워 본심이 드러난다.

사람은 내면의 불안감과 시기심을 숨기고 있다.
언어만 보지 말고 신체가 보내는 신호를 읽어야
본심을 파악할 수 있다.

악마는 뿔을
달고 있거나
종을 울리지
않는다

언어에는 우리가 의식하고 있는 것만 담겨 있는 것이 아니라 무의식이 개입되어 있다. 인간은 의식적으로 모든 표현을 통제할 수 없기 때문에 본심이 무의식적으로 표현된다. 무의식은 몸짓, 표정, 말실수, 농담, 습관 등을 통해 은연중에 드러난다. 발화자는 자신의 말을 통제하고 있지만, 우리의 신체는 다른 얘기를 하고 있는 것이다. 무의식이 개입되어 있기 때문에 언어에는 2차적 의미, 함의, 해석의 여지가 있다.

두 번째 언어- 비언어적 신호

인간은 사회생활에서 멋지게 보일 수 있는 가면을 쓰고 연기를 하며 살아간다. 사람이 하는 말은 기분과 정서를 직접적으로 나타내지 않으며, 때로는 진짜 생각과 감정을 숨기는 도구로 사용되기도 한다. 사람은 입으로는 다른 말을 하면서도 표정, 몸동작, 목소리 등 비언어적 신호를 통해 자신이 정말 바라는 것, 정말 필요로 하는 것이 무엇인지에 대한 신호를 계속 보낸다. 예컨대 'YES'라고 대답하면서 표정을 찡그리거나, 축하해 준다고 말하면서 반갑지 않은 표정을 보이기도 한다. 비언어적 신호는 사람이 숨기고 있는 것, 본심을 알려 주기 때문에 언어에만 초점을 맞추면 사람의 의도를 제대로 파악할 수 없다.

속이는 사람의 비언어적 신호

- 속이려는 사람은 말이 많아지고 더 큰 목소리로 강하게 말한다(기를 쓰고 진실을 보지 못하게 하려고 활기찬 표정으로 더 큰 목소리로 말함으로써 상대가 의심하지 않도록 한다).
- 숫자나 통계를 동원하여 유능한 전문가의 모습을 보이려고 한다.
- 지나치게 매끈하고 완벽하게 설명한다(더 고차원적인 사기꾼은 반대로 수더분한 인상을 주려고 한다).

그러므로 우리는 가면 뒤에 숨은 얼굴에 유의하고 신체가 보내는 신호를 잘 읽어야 한다.

8. 입에서 튀어나온 말은 독자적 생명을 얻는다

입에서 나온 말은 독자적 생명을 얻는다.

내가 뱉은 무수한
말들이 나를 구속한다.

언어는 화자를 떠나면 블랙박스가 된다.

말은 한번 뱉으면 주워 담을 수 없다.

- 미국 소고기 광우병
- 뇌송송 구멍탁
- THAAD 전자파에 튀겨 죽어
- 세월호 미군이 격침
- 미군 장갑차 여중생 깔아죽여
- 일본 오염수 방사능 물고기

→ 한국 사회에 엄청난 혼란을 초래
막대한 비용 손실

★ 좌파단체의 거짓 선동언어

흐린 물속에서
물고기를 잡는다.

우리는 어떤 말이 가지고 있는 의미, 그 정확한 의도를 알 수 없다. 단 하나의 단어라도 그것이 발화자를 떠난 순간부터는 새로운 차원의 의미들이 탄생한다. 언어는 표현됨으로써 화자의 의도가 사라지고 제3자적 실체성을 갖는다. 언어는 화자를 떠나는 순간, 블랙박스가 된다. 화자의 의도는 언어로 표현되는 순간, 언어에 포장되어 사라지고 듣는 사람이 포장을 풀어 다시 드러내야 하는데, 이 과정에서 그 안의 내용이 손상될 수 있으며, 이때 언어적 오해가 발생한다. 말은 한번 내뱉으면 주워 담을 수 없고, 그것은 이미 내 것이 아니다. 말은 일단 입 밖으로 나오면 말이 주인이 되고, 말한 사람은 말의 노예가 된다. 말은 사고를 왜곡시키거나 사물에 대한 인식을 바꾸는 힘을 가지고 있으며, 온갖 오해와 억측을 낳을 수 있다. 생각 없이 내뱉는 말이 화살이 되어 나에게 날아올 수도 있기 때문에 우리는 언어생활에 신중을 기해야 한다.

언어의 위력

언어는 대중을 잠들게 할 수도 있고 혁명에 참여하게 할 수도 있다.
- 고르기아스

입은 사람을 다치게 하는 도끼, 말은 혀를 베는 칼이다.
- 명심보감

말은 무희의 뒤축에 밟힌 꽃잎처럼 하찮게 보일지라도 시체를 담은 관까지 흔들흔들 일어나 참나무 다리로 걸어가게 만드는 위력이 있다.
- 블라디미르 마야콥스키, 「미완성의 시」 중

9. 언어는 인식을 방해한다

언어에 집착하면
본질을 잃어버리게 된다.

장자

물고기를 잡는 통발, 토끼를 잡는 그물은
도구일 뿐 물고기, 토끼 그 자체는 아니다.
언어도 표현의 도구일 뿐 본질을
나타낼 수는 없다.

언어는 인식을 방해하는
측면이 있다.

X선	적외선	초음파

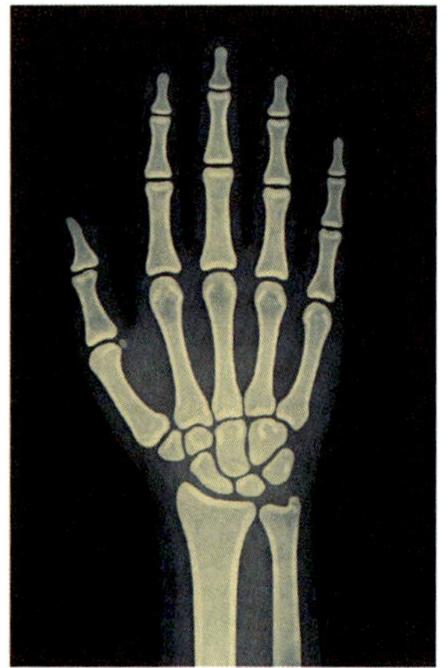 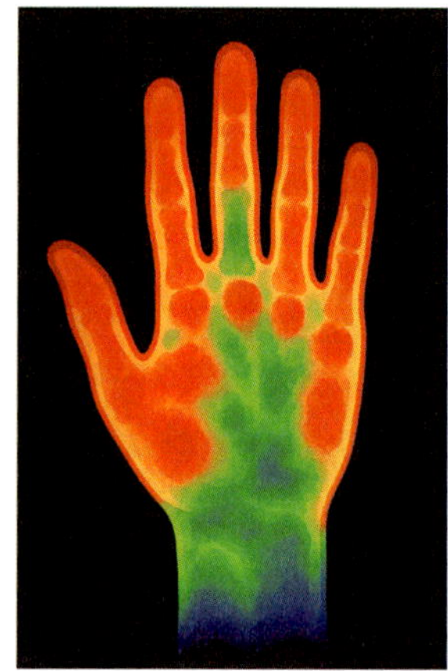 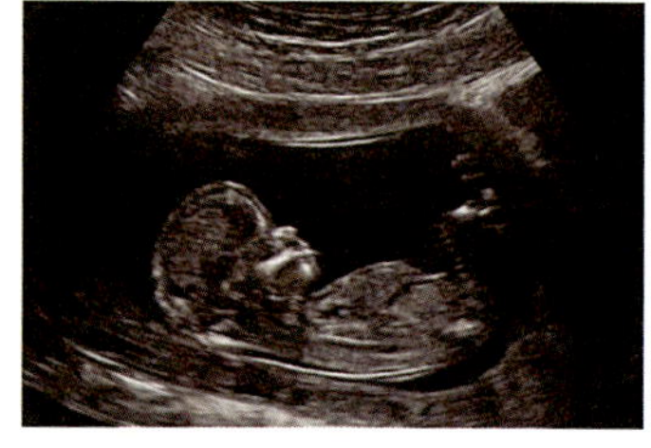

인간이 보고 들을 수 없는 것
- 언어로 표현할 수 없다.

* 언어는 사실을 표현하는데
  한계가 있다.

카툰 논술과 교양

언어는 물고기를 잡는 통발, 토끼를 잡는 그물과 같이 하나의 도구일 뿐 그 이상의 의미를 가지지 않는다. 통발과 그물을 잡으면 물고기와 토끼를 잃어버리는 것처럼, 언어에 집착하면 그 본질을 잃어버리게 된다.

의사소통에서 중요한 것은 '뜻'인데, '말'을 잡고 나면 뜻을 잃어버리게 된다. 장자가 '말'을 버리라고 한 것은 언어의 자구 해석에 매달려 본질이 왜곡되는 것을 우려했기 때문이다. 언어는 의사 전달이나 이해에 필요한 것이지만, 언어 그 자체에 큰 의미를 부여할 필요는 없다는 것이다. 인간은 감각기관을 통해 받아들인 내용을 자신의 관념 속에서 인식하는데, 우리는 두뇌에서 들어온 데이터를 언어를 통해 범주화하고 체계화한다. 그러나 인간은 공기와 X선을 볼 수 없고, 초음파를 들을 수 없으며, 볼 수 있는 것과 들을 수 있는 것이 제한되어 있다. 더구나 보고 들은 것마저도 언어에 의해 표현할 수 없는 것이 많다. 언어는 사물의 본질을 드러내는 데 한계가 있으므로 언어는 인식을 방해하는 측면이 있다.

> 말은 본래 소통의 도구일지 모르나 한번 굳어지면 딱딱한 각질을 덮어 쓰고 우두머리의 이익에 복무하는 특성이 있다. 예(禮)는 말의 질서로서 예를 지키는 것은 지배자의 이익에 봉사하는 것이며 자연의 도가 타락한 것을 나타낸다.
> - 노자

> 도라고 말할 수 있는 것은 도가 아니다. 참된 진리는 말로 이루어진 것이 아니며 이름 속에 진리가 깃든 것도 아니다.
> - 노자, 『도덕경』

> 진리는 경전의 문구에 매이지 않고 마음에서 마음으로 전해진다.
> - 불교

10. 언어는 오해의 근원이다 - 생텍쥐페리

고르기아스

* 신의 말을 인간에게 정확하게 전달할 수 없다.

헤르메스

언어는 사실과 다르다

사실은　오로지 이익만을 위해서

사실은　잊을 수 없어

바벨탑

babel 와글와글, 왁자지껄
여러 사람이 서로 다른 언어로
한꺼번에 떠드는 소리

신은 인간의 교신을 경계하고자
서로 알아듣지 못하도록 말을 쪼갠다.

정치꾼들의 속이는 언어(double speak)

민주	• 비민주적, 폭력적 • 전체주의적
평화	• 국방력 강화 반대 • 적대세력의 핵개발 용인 • 북한의 통일방안 지지
자주	• 반자주적, 친중, 친북 • 반미, 한미동맹 파기
진보	• 낡은 사회주의 신봉 • 퇴보적, 반미래지향적
정의	• 세금으로 선심쓰기 • 국가예산 도둑질
인권	• 성추행, 탈북자 인권탄압 • 사회적 약자를 도구로 이용

카툰 논술과 교양

언어는 결합과 분열의 성격을 가지고 있다. 언어에 의해 의미가 분명해지는 경우도 있다. 그러나 언어가 사실을 가리거나 왜곡할 수도 있고, 오해를 불러일으켜 갈등과 분쟁의 소지가 되기도 한다. 회의론자 고르기아스가 "알 수 있다 하더라도 다른 사람에게 전달할 수 없다"고 하였듯이, 언어로 뜻을 바르게 전달하고 그 뜻을 파악하는 일은 간단한 문제가 아니다. 그리스 신화에 나오는 전령의 신 헤르메스는 신의 말을 인간의 말로 전달하는 임무를 맡았는데, 헤르메스는 "거짓말은 하지 않겠지만 완전한 진실성은 보장할 수 없다"고 고백하였다. 이처럼 인간의 느낌과 생각을 언어로 표현하는 것은 불완전하고, 거기에 받아들이는 사람의 해석이 끼어들게 되면 오해가 생길 수 있다.

> 사랑의 말을 보내는 것은 불완전한 송신기로 암호화된 메시지를 보내는 것과 같다.
> - 알랭 드 보통

> 잊어버려야 한다는 말은 잊을 수 없다는 말이다.
> - 한용운

> 사랑한다고 말하는 것은 사랑하지 않고 있다는 것을 숨기는 말이다.
> - 에리히 프롬

- '민주', '평화', '자주', '진보'를 내세우는 사람들은 반민주적·전체주의적·폭력적·반자주적·퇴행적 행태를 보이는 경우가 많다.
- '진실'을 자주 떠드는 사람은 거짓말을 많이 하는 사람이 많다(청렴한 사람은 청렴이라는 말 자체를 하지 않는다).
- 바벨은 흩뜨린다는 뜻이다. 바벨탑 이야기에서 신은 인간의 교만을 경계하고자 서로 알아듣지 못하도록 말을 쪼갠다. 언어에 의한 완전한 의사소통은 어렵다. 언어는 행동에 의해 뒷받침될 때 그 의미가 살아난다.

11. 언어는 민족의 얼이며 생활과 문화가 담겨 있는 그릇이다

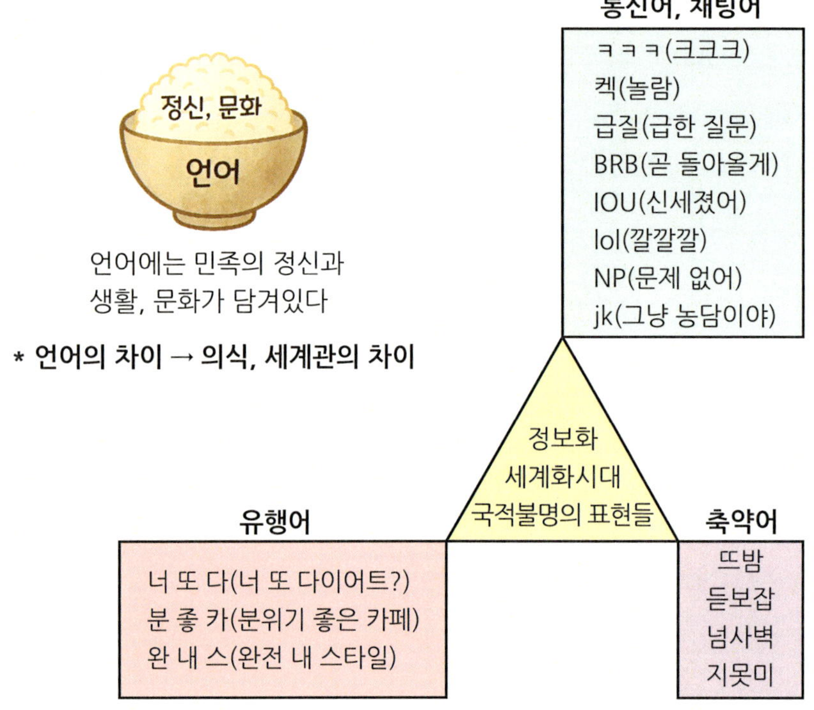

* 반대론 : 한글파괴, 의사소통 장애, 언어생활의 혼란, 사이버 폭력 초래
* 옹호론 : 우리말의 우수성 나타내는 것, 어휘 자산을 풍부하게 함, 재미와 활력부여

알퐁스 도데   주시경

- -

• 표준어 : 효과적 소통 위해 지역적 차이 없앤 기능적 언어
• 방언 : 지역의 정서가 녹아있는 개성적 언어, 풍부한 감성과 생동감이 있다.
　방언에는 지역의 역사와 문화가 살아있고 방언은 표현의 다양성 면에서 큰 가치가 있다.

홈볼트는 언어는 민족의 정신을 여실히 드러내는 것으로 언어의 차이는 소리나 기호의 차이가 아니라 민족의식과 세계관의 차이라고 하였다. 나랏말은 민족의 정신과 문화가 담겨 있는 그릇이다. 그러나 정보화·세계화 시대에는 외래어, 통신어, 채팅어 등 국적 불명의 표현들이 우리말의 정체성을 흔든다. 외래어, 통신어는 언어를 변형·조작·축약·폐기함으로써 언어를 왜곡하기도 한다. 한글은 발음 기호가 따로 필요 없는 문자로서 소리를 표기하는 데 우수하며, 가장 빠른 소통이 가능한 디지털 정보화시대에 그 장점을 발휘할 수 있는 우수한 언어다. 또 축약어를 만들기 쉽고, 언어 그 자체가 유희의 수단이 되는 우수한 언어이며, 그 표현이 매우 다양하여 소설이나 드라마로 만들 때 인간의 감정을 매우 잘 표현할 수 있어 언어생활에 즐거움을 선사한다. 한글은 우리 민족의 얼이자 인류가 쌓은 위대한 지적 성취이므로 한글의 우수성을 알리고 보급하여 우리 말을 세계화하려는 노력이 필요하다.

- 언어는 민족의 얼이며, 국가의 흥망을 좌우한다. 고유언어와 문자를 잃고 한자를 사용하는 중국의 소수민족들은 한족에 동화되어 사라질 위기에 처해 있다.

사람들이 노예로 떨어진다 하더라도 그의 말을 붙잡고 있는 한 감옥의 열쇠는 그가 쥐고 있는 것과 같다.
- 알퐁스 도데

나라를 빼앗으려면 그 나라의 글과 말을 먼저 없이 하고 자기 나라의 말을 전파하며, 자기 나라를 흥성하게 하고자 하거나 나라를 보존하고자 하는 자는 자국의 글과 말을 먼저 닦고 백성의 지혜로움을 발달하게 하고 단합을 공고하게 한다.
- 주시경, 『유고』

12. 말은 1차적이고 글은 2차적이다

대화언어 (logos)	word, language - 정확한 의사전달 수단
글쓰기 언어	letter, script - 시대, 상황에 따라 의미 변화

* 서양의 이성 중심적 사유 - 대화 언어에 중점, 글쓰기 언어는 부차적인 것

글쓰기
- 기억의 한계를 극복
- 지식의 민주화에 기여
- 시대, 상황, 사람에 따라 새로운 의미 부여

글쓰기는 중요하다

자크 데리다

말은 발화 당시의 내용을 그대로 전달하는 것이므로 가장 정확한 의사 전달 수단이다. 플라톤은 글쓰기 언어는 쓰인 당시의 맥락을 전달하지 못하고 인간 기억의 중요성을 위협하기 때문에 교육에 부정적 영향을 미친다고 보았다. 서양의 이성중심적 사유는 대화언어(logos)에 중요성을 두었고 저자가 했던 말을 찾아야 진실이 드러난다고 믿었다. 서양 철학은 대화 언어(logos) 중심주의였으며, 글로 쓰인 서기언어를 그저 말을 옮겨 놓은 전달 수단으로서 부차적인 것으로 취급하였다. 자크 데리다(Jacques Derrida)는 이러한 서양 철학의 이성중심주의, 대화언어중심주의를 비판하고 글쓰기 언어(서기언어)의 중요성을 강조하였다. 데리다는 서기언어는 적혀 있는 것이면서 내면의 진실로서 글쓰기 언어 역시 매우 중요하다고 하였다. 데리다에 의하면 글쓰기 언어는 흐르는 시간 속에 지속해서 존재하면서 상황과 사람들에 따라 다른 의미로 해석될 수 있으며, 고정된 의미를 파괴하고 새로운 의미를 부여함으로써 더 풍부한 의미를 가질 수 있다. 데리다는 이성중심주의의 해체를 주장하면서 말과 이성이 문자, 감성보다 더 가까이 있다는 환상을 버릴 것을 요구하였다.

글쓰기의 중요성

- 글쓰기는 휘발되는 기억을 붙잡아 두어 시간적·공간적 제약을 극복하게 함으로써 인간 정신을 확장시킨다.
- 글쓰기는 인간의 의식을 체계화하고 아름다움을 표현함으로써 인간의 잠재 능력을 고도로 발휘하게 한다.
- 글쓰기를 통한 인쇄물과 책의 보급은 지식의 민주화, 민주주의, 근대화에 기여하였다.

13. 텍스트 밖의 세상은 없다 - 자크 데리다

textile (직물)

세상 모든 것은 기호의 집합, 텍스트 이다.

text

① 글, 문자
② 본문, 문서
③ 교과서, 교재
④ 문자를 보내다

자크 데리다

* 단 하나 뿐인 정확한 해석은 없다.

音聲言語 음성언어	spoken language
書記言語 서기언어	written language

의미가 고정되어 있지 않다.
다양한 해석이 가능하다.

〈고전의 현대적 해석〉

- 맥베스의 욕망 - 마녀 - 타인의 욕망
- Othello의 질투 - 망상적 질투
- 리어왕 - 재산을 미리 나눠주었을 때
  생기는 부정적 결과

종이 문서		① 수고롭다 ② 과정, 사고의 흔적, 추억과 향기가 있다.
디지털 문서		① 편리하다 ② 결과만 있다, 사고의 흔적이 없다, 추억과 향기가 없다.

직물(text)은 실이 서로 교차되어 있다. 언어도 여러 단어와 의미들이 명확하지 않게 직물처럼 짜여 있다. '텍스트 밖의 세상은 없다'는 말은 모든 것이 문맥 속에 존재한다는 뜻이다. 데리다에 의하면 세상, 현실, 역사, 정치적 상황, 육체, 춤 등 모든 것이 텍스트로 해석될 수 있으며, 텍스트는 하나의 흔적 또는 끝없이 이어진 흔적들을 남길 뿐 단 하나뿐인 정확한 해석은 없다. 텍스트는 끝없이 무언가를 가리키면서 얽혀 있는 기호들의 집합이며, 텍스트 중 어떤 부분이라도 나름대로는 모두 중요하다. 데리다는 글쓰기 언어는 차연(差延, difference)의 방식으로 존재한다고 하였다. 글쓰기 언어(기록된 말, 서기언어)는 고정된 정체성을 지니는 것이 아니라 흐르는 시간 속에 지속해서 존재하면서 정확한 의미로 고정되지 않고 그 의미의 확정을 끝없이 연기시킨다. 데리다는 이러한 존재 방식을 차연(差延, 디페랑스, difference: 차이와 연기·지연)이라고 하였다. 한 단어나 문장은 그 의미가 고정된 것이 아니라 상황과 사람들에 따라 서로 다른 의미로 쓰이고 해석된다. 예컨대 자유는 처음에 유산계급의 특권을 의미하는 혁신적인 의미로 파악되었으나, 후에는 민중의 보편적 권리로 해석되었다. 텍스트는 그 자체로 완결된 것이 아니라 차연(디페랑스, difference)을 통해 우리 앞에 열려 있다. 한 작품이 지닌 의미는 저자의 의도를 벗어나고, 그 시대마저 벗어나 다양한 해석을 가능케 한다.

14. 염화미소(拈華微笑), 이심전심(以心傳心)

拈華微笑 염화미소 Flower Sermon 꽃 설교	마음에서 마음으로 통하는 경지	以心傳心 이심전심

- 언어 - 불완전성, 표현에 한계가 있다
- 마음 - 경계, 장애가 없다

敎外別傳(교외별전)	— 경전 외에 따로 전하는 것
不立文字(불립문자)	— 문자에 얽매이지 않는다.

진리는 삼라만상 속에 있다

* 진리는 말, 글(말씀, 책) 에만 있는 것이 아니다.

* 자연은 글씨 없는 책, 현과 건반이 없는 악기이며 진리는 삼라만상 속에 있다.

* 마음은 진리로 열려있는 문이다. 문자에만 집착하지 말라.

설법을 마친 석가모니가 꽃 한 송이를 내보이자 대중들은 무슨 뜻인지 몰랐으나, 가섭만이 미소를 지었다. 그 모습을 본 석가모니는 기뻐하면서 가섭의 깨달음을 인정하였다. 영취산에서 있었던 이 일을 염화시중의 미소 또는 염화미소(拈華微笑)라고 한다. 미소로 대답한 경지는 언어로 표현하지 않더라도 맑고 깨끗한 정신으로 서로 통할 수 있는 이심전심(以心傳心)의 경지이다. 마음으로 통할 수 있는 경지는 때 묻거나 경계, 장애가 있는 마음이 아니라 너와 내가 완전히 통하는, 간격이 없는 절대적인 경지이며, 마음과 마음이 하나의 세계를 이룬 상태를 말한다. 언어, 문자는 의사를 전달하고 진정한 통찰을 할 수 있는 수단에 불과할 뿐 그것은 불완전하다. 언어나 문자를 통하지 않더라도 의사가 전달될 수 있고, 언어 이외에도 우리를 일깨워 진리로 유도할 수 있는 다른 수단들이 많다. 진리에 이르기 위해서는 언어나 문자를 통한 이론적인 학습만으로는 부족하고, 열려 있는 마음으로 깊이 사유하고, 성찰하며, 전체를 종합적으로 아우르는 태도가 필요하다.

교외별전(敎外別傳), 불립문자(不立文字)

교외별전(敎外別傳)은 경전 이외에 따로 전하는 것을 말한다. 경전(글자)은 진정한 통찰을 할 수 있도록 하는 수단에 불과할 뿐 경전(글자) 이외에도 우리를 일깨워 진리로 유도할 수 있는 다른 수단들이 있다. 불립문자(不立文字)는 언어·문자에 얽매이지 않는다는 뜻이다. 문자는 진리를 가리키는 한 방편일 뿐이므로 문자에만 집착해서는 안 되고, 자신의 마음을 들여다보아야 한다는 것이다.

15. 시적 언어

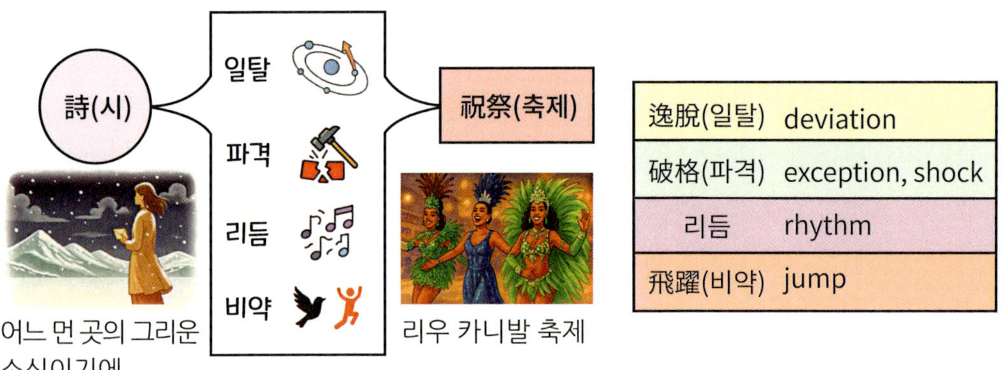

시적 언어

비논리적	사과가 나를 먹는다
대상이 말한다	귀뚜라미 사랑의 노래, 타전소리

마음으로 본다 → 꿈, 상상력, 사고의 유연성

현대언어, 과학의 언어

숫자, 표, 통계, 사용설명서

이용가치, 정보교환 중심의 언어
→ 기술과 권력에 집착한다.

시와 정치

시	기쁨, 위로, 희망 무력(無力), 빈 숟가락
정치	기아, 질병 등에 대한 실질적 해결책 제시

* 시는 마음을 풍요롭게 하는 것, 정치는
   생활을 풍족하게 하는 것
* 시를 쓰는 것처럼 정치를 한다면 선동꾼,
   위선자가 될 가능성이 많다.

시인의 타락

좋은 말, 빈 숟가락, 추상적 정의
거대 담론, 큰 목소리, 위선

* 시인이 좌파 정치꾼들과 합세하여 큰 목소리를
   낼 때 그들은 나쁜 시민이 된다.
* 좋은 시인은 큰 진실, 추상적 정의를 따르는 것이
   아니라 작은 진실의 울림을 전해야 한다.
   - 올리브 하우게

시는 현실과 언어의 관계가 고정된 것이 아니라는 것을 보여 준다.

장 뒤비뇨(Jean Duvignaud, 프랑스 인류학자, 사회학자)는 저서 『축제와 문명』에서 "시는 일탈, 파격, 리듬, 비약이 있고 혼돈 속에서 새로운 의미를 구축한다는 점에서 축제와 비슷하다"고 하였다. 시는 일상의 문법과 논리 법칙으로부터의 일탈이며, 말이 안 되는 말들이 모여 새로운 의미를 구축하고 사물과 삶을 새롭게 보게 한다. 시는 외계어처럼 낯선 느낌을 준다. 시는 현실과 언어의 관계가 고정된 것이 아니라는 것을 보여 주며, 닫힌 사고를 유연하게 한다. 시는 사랑과 그리움, 온기를 전하고, 설렘과 감동, 기쁨과 위로, 희망을 주어 삶을 풍요롭게 한다.

- 하이데거는 정보 교환 중심의 언어, 기술과 권력에 집착하는 현대 언어는 삶에서 근본적인 것을 놓치게 한다고 하였다. 과학의 언어는 물의 요정을 강에서 떼어내고, 달에서 토끼를 쫓아내고, 한여름 밤의 꿈을 빼앗아 간다.

좋은 시인과 나쁜 시민

시는 작은 것을 담고자 하는 그릇이다. 시는 배고픈 이의 주린 배를 채워 줄 수 없고, 병든 자를 살릴 수 없다. 시는 무료한 일상에서 약간의 기쁨을 주고, 상처받은 마음에 약간의 위로를 줄 수 있을 뿐이다. 시는 무력하다. 시는 진실의 작은 부분을 드러낼 수 있고, 어둠에서 한 줄기 빛이 될 수 있으면 족하다. 이것을 아는 시인은 좋은 시인이다. 시와 달리 정치는 배고픈 이의 주린 배를 채워 주어야 하고, 병든 자를 살리는 등 실질적 해결책을 제시해야 한다. 그런데 시인들이 자신과 비슷한 성향의 정치인들, 즉 좋은 말을 일삼으며 빈 숟가락으로 먹여 주는 사람들의 편에 가담하거나 큰 진실, 큰 목소리를 담으려고 할 때, 그들은 악과 위선에 동조하는 나쁜 시민이 된다.

- 노르웨이의 시인 올리브 하우게(1908-1994)는 『내게 진실의 전부를 주지 마세요』라는 시집에서 작은 진실, 소박한 갈망을 표현했다. 좋은 시인은 큰 진실, 추상적 정의를 떠드는 것이 아니라 작은 진실의 울림을 전한다.

16. 언어는 살상용 무기, 정치 투쟁의 수단이다

마르크스

부르주아, 자본가,
기득권 세력,
나치스, 파시스트

* 상대에게 모멸감을 주고
상대를 비하함으로써
상대를 악마로 만드는
마르크스적 언어

〈 사회주의적 좌파운동 〉

언론기관 여론조사기관 시민단체 노동조합	민주투사 인권운동가 환경운동가 통일운동가	선심성 포퓰리즘 노동자 편향정책 자본가 억압 사회 엘리트 공격
활동 기관	투사, 운동가 행세	활동 내용

평등의 언어로 질투심, 증오심 유발 → 사회여론 주도, 정치권력 장악

좌파운동은 생산력 증대와 경제발전 대신 언어를 이용한 권력의 획득, 유지에 중점이 있다

거짓말, 비방,
가짜뉴스, 음모, 괴담
궤변, 요설
→ (사회여론 주도 정치권력 장악) → 갈등과 분열
사회 퇴보

분열시켜 지배하라!
좌파 전체주의
운동권의 권력 독점

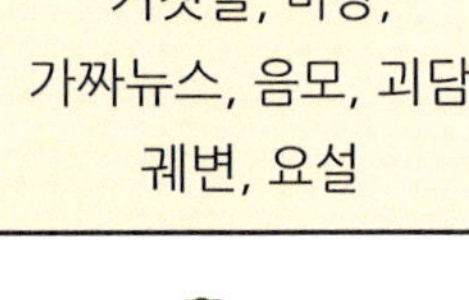

좌파 운동권의 언어

마르크스는 논쟁 상대에게 '부르주아'라는 말을 자주 내뱉었는데, 이것은 '정신적·도덕적으로 타락한 가증스러운 인간'이라는 경멸적 의미로 쓰였다. 마르크스는 "비판은 살상용 무기가 되어야 하고 적을 파괴하는 것이어야 한다"고 하였다. 비방은 오늘날 더 기술적이고 악랄하게 진화되었다. 사회주의자들은 논쟁 상대를 비방하여 추악한 요괴로 만든다. 논리적으로 설득이 불가능하면 상대방에게 "당신은 부르주아, 부자 편"이라는 말로 피해 나가며 자신의 주장을 정당화한다. 사실 왜곡과 날조, 거짓말을 이용한 비방은 좌파운동권의 가장 중요한 공격 수단 중 하나이며, 이것은 오늘날에도 그들이 별다른 생산적인 일을 하지 않고도 손쉽게 선거에서 승리하여 정치권력과 각종 이권을 획득하는 매우 효과적인 수단이 되고 있다.

언어활동을 통한 정치 권력의 획득

사회주의적 좌파운동권 세력은 언어를 주된 무기로 사용하여 정치 권력을 획득하고자 한다. 좌파운동권 세력은 주로 언론, 여론조사기관에서 일하거나 여론 형성을 위한 시민 단체 활동, 정치 활동에 참여하고 때로는 민주투사, 인권운동가, 환경운동가, 통일운동가로 행세하고 있다. 이들의 경제 활동은 생산적 활동보다 주로 언어와 이미지를 이용한 정치 활동에 중점이 있고, 사실 왜곡과 날조, 거짓과 궤변으로 자기 진영을 옹호하고 거짓말, 비방, 가짜 뉴스, 음모론, 괴담으로 상대방에게 타격을 가하여 선거를 통한 정치 권력 획득으로 경제 활동을 한다. 언어활동, 즉 거짓말, 선전선동을 주된 무기로 하는 사회주의 운동권 세력이 정권을 장악하면 진실과 과학보다 음모와 괴담이 사회 여론을 주도하게 되고, 가짜 뉴스와 궤변, 요설이 국민을 농락하고, 범죄를 저지른 자가 오히려 큰소리치고 의인 행세를 하는 등 윤리적 혼란 상태에 빠지게 된다. 그 결과, 국민의 갈등과 분열이 심해지고, 사회는 퇴보하게 된다.

17. 오웰적 언어, 이중 화법

Owellian language
오웰적 언어

조지 오웰

Newspeak
인간의 사고를 지배하는 신어(新語)

모호하고 기만적인 표현을 사용한 신조어

double speak 이중화법
속이는 정치언어

- the ministry of peace(평화성)
  - 지금은 전쟁중이라고 선동
- the ministry of truth(진리성)
  - 역사를 왜곡, 조작
- the ministry of love(애정성)
  - 당에 대한 애정과 충성

〈 이념과 구호로 가득한 북한사회 〉

* 견인불발 : 굳게 참고 견디며
마음이 흔들리지 않음

카툰 논술과 교양

신어(新語, Newspeak)라는 용어는 조지 오웰의 소설 『1984』에 등장한다. 조지 오웰은 신어가 지배하는 디스토피아(dystopia)를 묘사하고 있다. 이 소설에 나오는 전체주의 국가인 오세아니아는 당이 국민의 자유로운 생각을 억제하고, 당에 대한 불순한 사고 자체를 불가능하게 하는 것을 목표로 기존 언어를 대체하기 위해 신어(Newspeak)를 만들었다. 신어는 '자유', '평등'이라는 말을 없애고 표현을 단순화함으로써 인간 사고의 폭을 줄이고, 국민의 비판 능력을 없애 버리려고 한다. 『1984』에 나오는 전체주의국가에는 '전쟁은 평화', '자유는 예속', '무지는 힘'이라는 슬로건이 여기저기 붙어 있다. double speak(속이는 정치 언어)로 국민을 세뇌시켜 권력자가 원하는 태도를 갖추게 만드는 것이다(국민으로 하여금 전쟁, 예속, 무지를 선호하도록 만든다). 오늘날은 오웰적 언어가 현실 세계를 지배하고 있다. 북한 같은 전체주의 국가는 온 사회가 선전 선동의 구호로 가득 차 있다. 선거에서는 이성과 논리보다 감성과 열정으로 호소하는 사람이 유리하다. 가슴(감성)이 머리(이성)를 이기는 것이다. 이 때문에 정치 권력 획득에 혈안이 된 정치꾼들은 허위 정보, 날조된 정보로 사람들을 속이고, 감성을 자극하는 신어를 만들어 인간의 이성을 마비시키고, 분노를 유발함으로써 반사적 이익을 얻는다.

18. 좌파적 언어

레닌

부르주아, 착취, 소외
혁명, 연대, 투쟁

분노, 시기심, 적개심, 투쟁심을
고취시키는 용어

기득권, 수구꼴통, 반동
적폐세력, 친미 사대주의,
친일파, 토착왜구,
민주, 정의, 진보

갈등과 분열을 조장하고
선의로 위장한 기만적 언어

혁명성
전투성
충성심

마르크스

〈 감정을 자극하는 신어(newspeak) 제작법 〉

- 이성과 논리보다 감성과 열정에 호소하라!
- 이성을 마비시키고 분노를 유발하라!
- 기만적 언어로 증오심을 부추겨라!
- 부분적 사실을 감상적 미사여구로 확대 포장하라!
- 사회적 약자의 시기심을 자극하라!

〈 선동의 요령 〉

- 대중의 분노와 시기심을 자극하라!
- 적을 날조하고 희생양을 만들어라!
- 다 해 줄것처럼 약속하라!
- 크고 모호한 것을 약속하라!
- 간단 명료한 구호로 주술처럼 반복하라!
- 지도자에 신비의 색깔을 입혀 무조건적,
  감성적으로 지지하게 하라!

* 좌파 선동가들은 거짓말, 가짜 뉴스, 괴담 유포,
이미지 조작 등 비생산적 언어활동으로 쉽게
권력과 자본을 획득한다.

프랑스 대혁명 이후 각종 구호를 사용하여 언어를 점유해 온 것은 좌파운동권 세력이다. 부르주아, 착취, 소외, 혁명, 해방, 사회 정의, 진보 등의 용어가 그것이다. 사회 엘리트, 기득권 세력, 자본가 등은 그 노력과 상관없이 부르주아 청산의 대상이다. 좌파적 언어의 특징은 부분적 사실을 감상적 미사여구로 확대 포장 하여 사람들을 허무감, 절망감에 빠지게 하는 것이다. 좌파운동권 세력은 민주, 평화, 인권, 진보, 정의 등의 좋은 말들을 선점하여 언어 싸움에서 우위를 차지하고, 좋은 이미지를 확보하고자 한다. 그러나 그 실상을 들여다보면 좌파운동 세력은 비민주적, 독선적이고 전체주의적, 위선적, 폭력적이며, 퇴행적인 구태의연함을 보여 준다. 좌파운동권의 추종자들은 지도부에서 만들어 준 일정한 구호를 외치며 다른 의견을 가진 사람들을 공격하고, 표현의 자유를 억압함으로써 획일성을 강요하는 전체주의적 성향을 보여 준다. 좌파운동권이 사용하는 언어를 보면 그들은 항상 깨끗하고 정의로운 사람들이고, 상대방은 오염되고 사악한 사람들이다.

인간 분노의 근원에는 시기심이 있다. 사람들은 시기심을 바탕으로 쉽게 단결할 수 있다. 많은 사람들이 시기심을 나눠 가지면 하나의 정치 세력이 될 수 있다. 좌파선동가들은 생산적인 일을 하지 않으면서도 거짓말, 비방, 가짜 뉴스, 괴담 유포 등의 언어활동으로 사회적 약자들의 시기심을 자극하여 권력과 자본을 손쉽게 획득한다.

선동의 기술

- 대중의 분노와 시기심을 자극하라!
- '내가 다 해 줄게', '공짜'라고 약속한다.
- 크고 모호한 것(정의, 평등, 평화, 인권, 공정 등)을 약속한다.
- 메시지는 쉽고 간단명료하게 하라!
- 날조한 적, 희생양을 만들어 증오심을 부추거라!

19. 거친 언어는 좌파운동의 지도자가 갖추어야 할 덕목이다

좌파 운동의 공통된 신념

샤르트르

• 혁명적 사회주의의 잔인성은 시대의 요구
• 부르주아 현실을 산산조각 내라!
• 선은 환상에 불과하다.
• 악과 동맹을 맺어라!

        - 샤르트르

* 좌파운동에는 폭력, 살인 등의 부정행위가 있어도 그 목적이 정당하면 상관없다.

샤르트르

거친말 비속어 욕설 무례한 말	(계급의식 혁명성 프롤레타리아와 하나가 되었음)

사실을 날조하여 퍼뜨려라!
반대세력을 비웃고 조롱하고 모욕하라!

* 거친 언어는 좌파 지도자의 계급성, 혁명성, 과단성, 민중과 하나 되었음을 보여주는 미덕이다.

* 좌파 지도자의 거친 언어는 소박함, 과감성을 보여주는 미덕이다.
* 좋은 말로는 기득권 엘리트들을 혼내줄 수 없다. 거친 언어를 사용하는 자가 좌파진영 내에서는 인기가 있다.

'좌파'라는 용어는 프랑스 삼부회에서 왼쪽에 제3계급(평민)이 자리하였다는 데서 유래한다. 세상의 재화는 불평등하게 분배되어 있고, 그것은 인간 본성의 문제가 아니라 지배계급의 강탈로 야기된 것이므로 혁명으로 기득권을 타파하고 평등한 세상을 이룩해야 한다는 것이 좌파운동의 공통된 믿음이다. 샤르트르는 "민중을 착취하고 억압하는 기득권 부르주아들에게는 좋은 말로 해서 안 되고 그들과의 전면전이 필요하다.", "프롤레타리아와 지식인이 손잡고 부르주아 질서의 사악한 마법을 풀고 세계를 온전하게 해야 한다."라고 하였다. 민중은 기득권층에 분노하고 증오심을 가지고 싸워야 하기 때문에 좌파운동권에서는 거친 말을 하는 것은 계급의식, 혁명성을 나타내고 프롤레타리아와 하나 되었음을 보여 주는 것이다. 부르주아에게는 거칠고 무례한 말, 비속어, 욕설로 공격해도 무방하다. 잘난 척하는 기득권 엘리트, 보수주의자들에게 거친 말을 쓸수록 좌파운동권 내에서는 인기를 얻고, 그럴듯한 거짓말을 퍼뜨리고, 사실을 날조하여 반대 세력을 공격하고, 비웃고 모욕하고 낄낄대며 조롱하는 사람이 지지자들의 인기와 신임을 얻는다. 좌파운동권에서는 무례함이 그들 세계에서 갖추어야 할 하나의 덕목인 것이다.

비판을 하는 사람들은 자기비판에도 엄격해야 한다. 자신의 생각에 대해서도 똑같이 의심해 보아야 한다. 비판은 생산적 비판, 자기비판의 통제를 받는 비판이 되어야 한다.

샤르트르는 자유와 평화를 위하여 싸우는 행동하는 지성인으로 알려져 있다. 그러나 그는 부르주아적 질서를 경멸하는 마르크스주의에 매료되었다. 그는 공산주의를 행동으로 판단하지 말고 목적으로 판단하라고 하였는데, 이런 사고방식은 사회 정의라는 명분만 내세우면 모든 좌파운동에 면죄부를 부여하는 치명적 결과를 초래한다.

20. 언어를 점유하라!

세상의 재화는 풍부하다
분배가 잘못되었다
문제의 원인은 가진 자들의
더러운 욕망에 있다

좌파의 공통된 신념

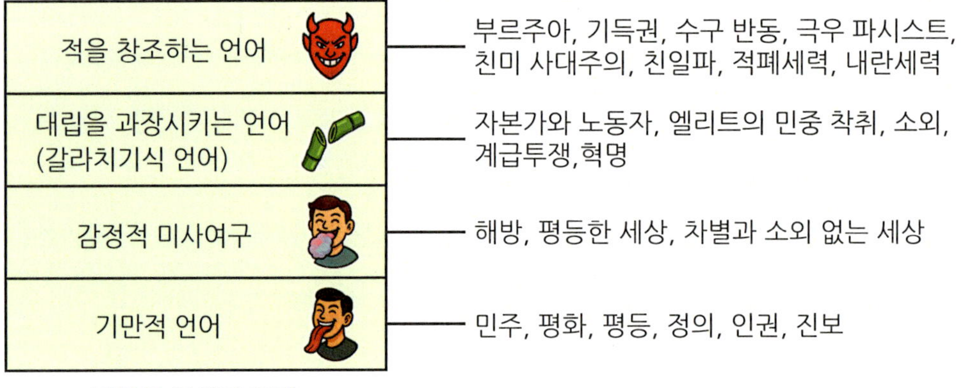

좌파적 언어의 특징

좋은 말은 실천하기가 어렵기 때문에 좌파는
위선자의 의미로 사용되기도 한다

카툰 논술과 교양

세상의 재화는 불평등하게 분배되어 있고, 그것은 부르주아의 더러운 욕망 때문이므로 기득권을 타파하고 평등한 세상을 이룩해야 한다고 주장하는 좌파운동권 세력은 생산적 활동보다는 언어를 점유하는 데 주력하고 있다. 이들은 대립을 과장시킬 수 있는 언어를 사용한다. 착취, 계급 투쟁, 혁명, 해방, 수구반동 척결 등 좌파적 언어는 그들의 이데올로기를 보호하고, 추종자들의 행동을 조작한다. 좌파운동권 세력은 반대자들에게 오명을 씌우고, 축출을 정당화할 꼬리표를 붙이거나 낙인을 찍는 일에 아주 유능하다. 그들은 상대방을 따돌림받는 소수자, 손가락질받는 존재로 만들고자 한다. 노동자와 자본가 등 다수자와 소수자로 나누어 자기들은 항상 다수의 약자 편이라고 주장한다. 그 목적은 완벽한 적을 창조하여 다수의 지지를 확보하고, 좌파운동의 동력을 지속적으로 유지하는 것이다. 좌파운동권 세력은 프레이밍(framing, 틀 짜기)을 통해 사람의 믿음과 선호도에 영향을 주는 방법, 특히 감정이 실린 단어로 대중을 자극하여 분노를 유발시키는 수법, 날조된 거짓말을 계속적으로 반복함으로써 진실과 혼동하게 만드는 수법을 자주 사용한다. 그들이 언어를 점유하려는 목적은 현실에 대한 힘을 행사하고 권력을 장악하기 위한 것이다.

- 좌파운동권 세력이 언어를 점유하게 된 것은 프랑스 대혁명과 그 구호들에서 시작되었다. 언어를 점유하고 정적의 이미지에 타격을 가하는 것은 최소의 노력으로 최대의 효과를 거두는 효과적인 투쟁 방법이다.

21. 언어의 주술적 기능

* 좌파의 선전 선동 구호는 주술적 구호처럼 계속 반복되어 사람들의 뇌리에 선명하게 각인된다.

좌파적 언어의 주술적 기능

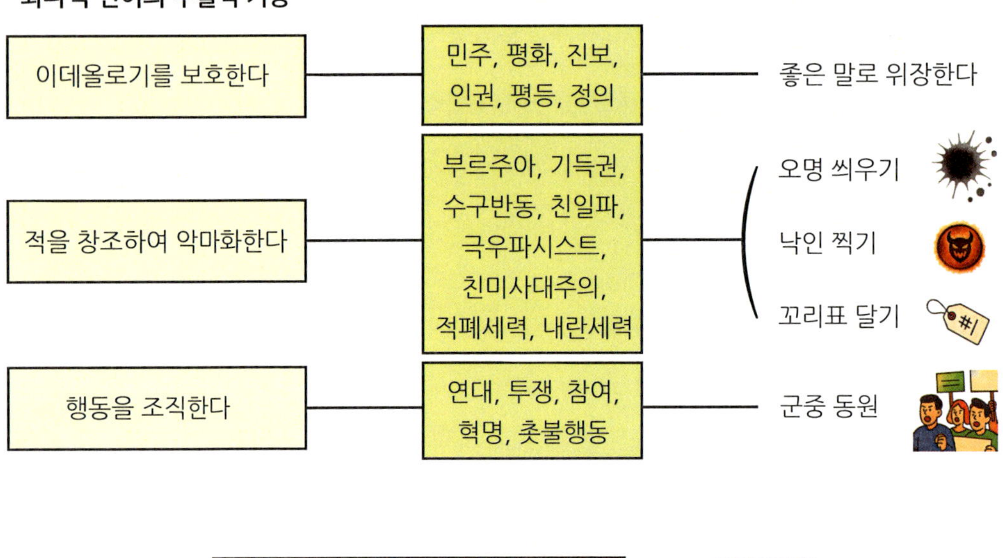

* 땀흘려 힘들게 노력하기보다 언어로 손쉽게 권력을 획득하자!

카툰 논술과 교양

좌파운동권에서는 단순 명료한 선전 구호를 만들어 주문처럼 반복하여 외친다. 좌파의 선전 선동 구호는 현실과 동떨어져 있고 비합리적이지만, 그것은 계속 반복됨으로써 사람의 뇌리에 선명하게 각인된다(거짓말이 계속 반복되면 인지적 편안함을 느끼게 되고, 그것이 진짜처럼 인식된다). 그것은 주장처럼 들리지만 일종의 주술이며, 현실과 합리적 논쟁을 회피하는 것이다. 좌파적 언어는 선전, 선동, 경쟁자에 대한 비방과 모욕·조롱을 주된 내용으로 하는데, 그것은 현실에 대한 힘을 행사하고 헤게모니를 장악하기 위한 것이다.

좌파운동은 약자를 위한다는 명분을 내세운다. 그 지도자들은 평등과 분배를 중시하며 자유와 능력주의에 대해 부정적 시각을 가지고 있다. 좌파운동은 사회적 약자를 속여 각종 시위와 선거에 동원함으로써 정치 권력을 획득하고자 하는 운동으로 변질되어 왔다.

좌파운동의 지도자들은 지적 노동을 통해 사회 엘리트, 자본가 등을 공격하는 글과 이미지를 생산하면서 노동자들의 지지를 얻어 풍부한 사회적 혜택을 누리고, 귀족의 안락한 위치를 즐긴다. 대다수 노동자들은 그들의 강연을 듣고, 방송을 시청하고, 저서를 구입하고, 그들이 만든 단체에 회비를 내고 시위나 투표에서 동원의 대상이 된다. 좌파운동의 지도자들은 겉으로는 노동자를 칭찬하지만, 실제로는 노동자들의 행동을 억압하고 조종·이용하는 교활한 지혜를 보여 준다. 그들은 자본가를 비난하면서 자본을 축적하고 미국과 자본주의를 비난하면서 자녀를 미국에 유학 보낸다. 이 때문에 좌파는 '위선적'이라는 의미로 쓰이기도 한다. 조지 오웰의 소설『동물농장』의 돼지들은 동물을 선동하여 인간을 몰아낸 후 다른 동물들을 노예로 삼고, 자신들은 인간의 안락한 생활을 누린다. 좌파운동권 지도자들의 행태도 이것과 유사하다.

좌파운동가들은 생산적인 일보다는 언론기관, 여론조사기관, 시민단체 등 주로 언어를 다루는 직종에 많이 종사하고 있다. 언어를 통해 영향력을 행사하는 것이 그들의 가장 중요한 활동이 되고 있다.

각종 시위 현장에서 등장하는 반미·반일 구호('이게 나라냐', '국민이 죽어 간다', '퇴진이 추모다' 등의 구호)는 북한에서 전송하여 민노총 등 남한의 동조자들이 받아서 유포한 것들도 있다. 북한에서 내려보낸 댓글과 시위 구호에 대한민국 국민이 동원되고 놀아난 것이다.

22. 정치가 언어생활을 통제한다- 정치적 올바름

political correctness
정치적　　　올바름

guideline

PCism
PC주의

편견, 차별에 저항, 시정하려는 운동

* progressive view

guideline 사용지침 → **CENSORSHIP** 검열 → (언어생활 / 사상) 통제, 억압

* 올바름의 기준은 누가 정하는가?

| 올바르지 못한 정치적 올바름 | 사용어휘 제한 | → 고유언어 파괴, 전통문화 파괴, 창작물 질 저하 |
| | 높임말 인플레 | → 단어의 지속적 폐기 |

Anti PCism
반 PC주의

PC를 거부

PC는 사회적 약자 선동, 갈라치기
정치적 이득 노린 좌파의 전술

익살, 해학, 농담이 허용되지 않는 재미없는 세상

좌파, 공산주의에 유리한 PC주의

* PC주의를 혐오하는 사람들도 있다.

정치적 올바름(political correctness)은 말의 표현이나 용어 사용에 있어서 인종, 민족, 언어, 종교, 성별에 있어 편견이 배제된 언어를 사용하자는 주장을 말한다. 오늘날은 정치적 올바름이 언어 사용의 가이드라인이 되고, 검열 수단이 되어 언어생활을 통제하는 수단으로 쓰이고 있다. 그런데 올바르다는 기준을 일방이 정하게 될 때, 이것은 사상 통제와 억압 수단으로 쓰일 수 있다. 정치가 국민의 언어생활을 통제하고 숨 쉴 공간을 없애 버리게 되는 것이다. 또 정치적 올바름은 사용할 수 있는 언어에 제약을 가함으로써 고유 언어를 파괴한다.

정치적 올바름이라는 잣대를 고수하게 되면 프랑스어, 독일어처럼 단어에 성(性)이 있는 언어는 그 자체를 바꾸어야 하고, 문법도 바꾸어야 한다. 언어는 역사를 담고 있고 속세의 언어에는 비하적·경멸적 표현이 포함되어 있을 수밖에 없다. 모든 인간은 어떤 면에서 나름대로 우월감을 가지고 있고 그것은 자신감의 토대가 된다. 비하는 익살의 주된 요소가 되고, 웃으며 재미있게 살아가야 하는 인간 세상에서는 비하적 표현이 없을 수가 없다. 정치적 올바름의 잣대를 들이대면 고유의 언어를 사용할 수 없게 되고, 익살, 해학, 코미디, 개그는 사라져야 하며 웃자고 한 농담 한마디에 인생이 취소당하는 끔찍한 결과를 가져올 수도 있다.

중국 공산당, 북한의 세습 독재 왕조 체제에 우호적인 시각을 가진 사회주의 운동권 세력이 정권을 장악하게 되면 반공이라는 말이 정치적으로 올바르지 않은 것으로 취급되고, 공산주의 세력의 위험성을 경계하고 안보를 튼튼히 하자는 사람들이 전쟁광, 극우주의자로 매도되기도 한다.

비하를 피하기 위해 새로 만든 용어가 또다시 비하적 표현이 되고 이것이 반복됨으로써 단어를 계속 폐기해 버리게 된다. 편견을 배제하고자 하는 언어 사용 노력이 사용할 수 있는 언어에 제약을 가하고, 고유언어와 역사를 파괴하는 부작용을 초래한다. 특정 단어를 못 쓰게 하고, 압력을 가하기보다는 고운 말을 쓰고, 사람을 진심으로 존중하고 배려하는 태도가 바람직하다.

23. 언어는 권력이다

롤랑바르트

베르나르 앙리 레비

* 언어의 권력적 성격을 나타내는 말들

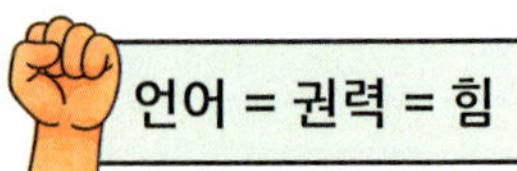

언어를 독점하라 - 민주, 진보, 평화, 인권 → 권력 쟁취

강자의 언어를 익혀라 → 선진 문화와 기술습득, 고급정보, 고임금

5. 18 역사왜곡 특별법

5년 이하 징역
5000만원 이하 벌금

과잉입법
표현의 자유억압

이집트의 서기

이집트 상형문자

이집트 서기는 엘리트 중의 엘리트, 주인이 되는 직업
모든 중요한 것은 서기의 뜻대로 된다.

Pax 평화
Lux 빛
Amor 사랑
Carpe diem
현재를 즐겨라
Memento mori
죽음을 기억하라

라틴어는
중세유럽
귀족의 조건

서양문화의
뿌리

미국 명문대
입학에 유리

카툰 논술과 교양

언어는 파시스트다. 이 말은 언어의 권력적 성격을 단적으로 나타내는 말이다. 언어를 독점하는 자는 권력을 갖게 된다. 특정 계급의 언어를 사용하는 사람들은 사회적 지위가 공고해지고, 그 언어를 사용하지 않는 사람들은 차별과 불이익을 당하기도 한다. 역사적으로 볼 때 지배자의 언어를 말할 수 있다는 것은 신흥귀족이 되는 조건이었다(라틴어 능력은 유럽 귀족에게 그들만의 리그를 형성하게 하는 접착제였다). 강자의 언어를 구사하는 자는 권력 질서에서 우위를 차지하게 되고, 특수한 언어가 금지되었다는 것은 그 언어를 사용하는 사람들의 자유가 억압받고 사회적 불이익을 받는다는 것을 의미한다. 지배 계층은 언어를 통해 그들의 이데올로기를 대중에게 전파하고 그것을 진실로 받아들이게 한다. 권력은 폭력을 사용하지 않고도 언어를 통해 금지와 차단의 그물을 만들어 사회를 통제하는 것이다.

- 언어를 강제하는 것은 그 사람의 정신과 세계관을 받아들이게 하는 것이다. 지배자는 자신의 언어와 논리, 자신의 관점으로 세상을 보는 관점과 가치관을 요구한다.
- '여편네, 암탉이 울면 집안이 망한다', '여자는 머리는 길지만 지혜는 짧다', '결혼한 여자는 악마다' 등의 여성 비하적 표현은 남녀 간의 권력관계에서 여성이 역사적으로 억압받아 왔음을 보여 준다.
- 고대 이집트의 서기는 고급 관리, 신관이 될 수 있었고, 파라오에게도 영향력을 행사했다. 모든 중요한 일은 서기의 뜻대로 되었고, 서기는 주인이 되는 직업이었다.

Q. 인간은 대부분 단어 때문에 싸운다. 그 이유는?

언어는 인간의 사고에 큰 영향력을 행사하기 때문이다. 그것은 결국 사유의 싸움이며, 자신이 이익 확대, 영향력 증대를 노리는 인간들 사이의 치열한 경쟁이다(2019년 11월 중국 우한에서 발생한 신종 감염병의 명칭은 '우한폐렴'에서 'COVID-19'로 결정되었다).

24. 인간의 현실은 언어적 현실이다

인간은 사고를 언어로 표현한다.

우리는 언어라는 창을
통해 세상을 바라본다.

언어는 세상을
보는 안경이다.

언어는 현실을 창조한다.

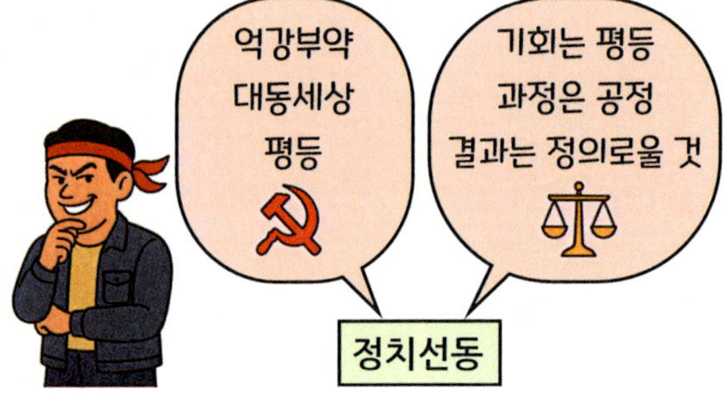

좋은 말로 위장하라. 속여야 권력을 얻는다.

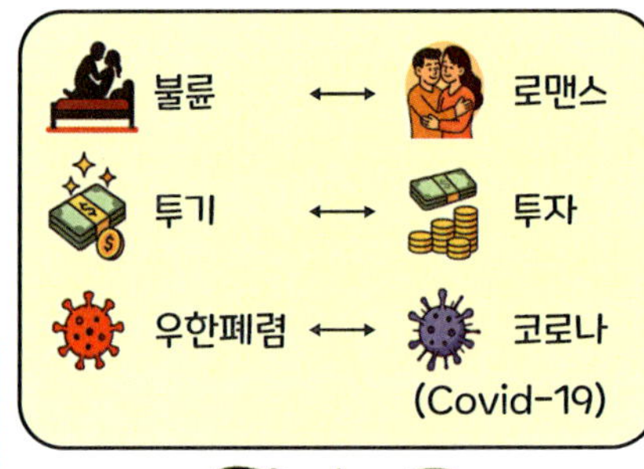

광고 선전

* 인간들은 대부분 단어 때문에 싸운다.

인간의 사고는 언어를 통해 표현되기 때문에 우리는 언어라는 창(窓)을 통해 세상을 바라본다. 신, 천사, 악마는 인간이 언어를 만들지 않았다면 인간의 현실에 영향력을 미치지 못했을 것이지만 언어로 표현되기 때문에 현실에 영향을 미친다. 언어는 현실을 창조하기도 하고, 파괴하기도 한다. 결국 우리가 바라보는 현실은 어떤 언어를 사용하느냐에 따라 달라지며, 인간의 현실은 언어로 만들어 낸 것, 즉 언어적 현실이다.

Q. 언어에 대한 지식만으로 번역이 가능한가?

언어는 민족의 사고와 감정을 담고 있고, 언어에는 한 민족의 삶과 역사가 반영되어 있다. 언어의 번역은 단순히 단어와 단어를 교환하는 작업이 아니라 하나의 사고 시스템을 다른 사고의 시스템으로 변경하는 것이며, 언어 안에 농축되어 있는 세계관이나 감성의 틀까지 재현하여야 하는 것이다. 번역은 언어에 대한 지식뿐 아니라 두 문화권에 대한 충분한 이해가 있어야 가능하고, 외국어 의미 전달에는 한계가 있으므로 잘못될 경우, 번역은 반역이 될 수도 있다(번역은 반역이다).

Q. 언어를 통일하는 것이 바람직한가?

언어는 단순한 의사 전달 수단이 아니라 각 민족의 고유성, 독창성, 세계관이 담겨 있는 그릇이다. 언어가 통일되면 다양한 표현이 단순해지고, 세계를 이해하는 다양한 시각이 협소해진다. 언어의 통일은 다양한 표현 방식, 문화와 사고의 다양성을 포기함으로써 표현력의 빈곤, 사고의 빈곤, 문화의 빈곤과 획일화를 초래할 우려가 있다. 편리함을 위해 다양성과 풍요로움을 포기하는 것은 장미 정원을 갖기 위해 다른 모든 꽃을 뽑아 버리는 것처럼 바람직하지 않은 결과를 초래할 수 있다.

- 세계 공통의 이상적 언어를 만들어 언어를 통해 평화를 이루겠다는 목표로 만들어진 에스페란토어는 오늘날 거의 사용되지 않고 있다.

제6장

문화, 종교

1. 인간에게 있어 문화는 거미의 거미줄과 같은 것이다

거미가 거미줄에서 살아가듯 인간은 문화 속에서 살아간다.

문화는 인간사회가 만들어낸 의미의 그물망이다.

문화는 인간의 모든 것을 담고있는 그릇이다.

라틴어 cultura 경작, 돌봄 → culture 문화, 배양하다
라틴어 cultivare 경작하다 → cultivate 경작하다, 재배하다
라틴어 ager 밭, 땅 → agriculture 농업

* 자연(땅)에 인공을 가미하면서 문화가 시작되었다.
* 농사 - 농기구 제작, 관개 치수, 농경지 정비 - 조직동원의 필요성 → 문명 발전

인간은 자연에서 홀로 살아갈 수 없는 열등한 존재

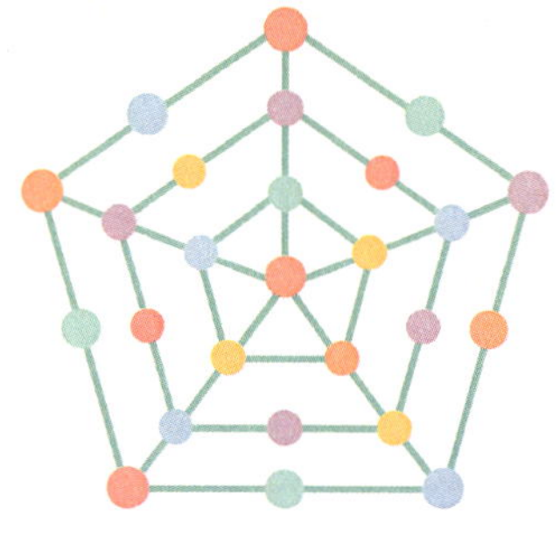

인간은 문화라는 의미의 그물망에 참여하여 서로 협력하는 가운데 살아갈 수 있다.

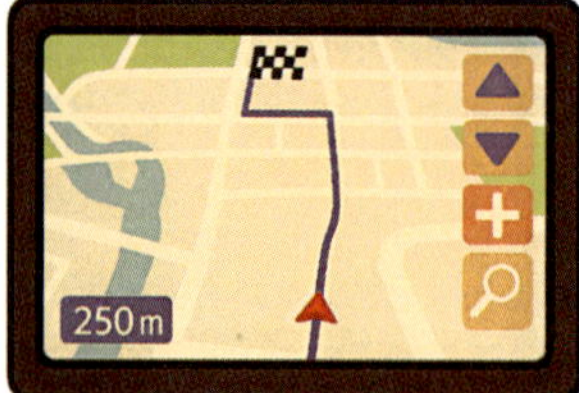

문화는 지도, 네비게이션, 프레임이다.

막스 베버는 "인간은 자신이 뽑아낸 의미의 그물 가운데 있는 거미와 같다"고 하였다. 문화는 인간 사회가 만들어 낸 의미의 그물망과 같은 것이며, 인간은 그 의미에 참여한다. 거미가 거미줄에서 태어나 거미줄에서 살아가는 것처럼 인간은 문화에서 태어나 문화 속에서 살아간다. 인간의 모든 생활은 문화와 불가분의 관계에 있다. 문화는 인간의 모든 생활 양식, 개인이 집단으로부터 물려받은 유산, 생각하고 느끼고 믿는 방식, 행위로부터 얻은 추상물, 문제에 대한 표준화된 대응 방향, 행위에 대한 규범적 규제, 외부 환경에 대한 적응 기술이며, 문화는 하나의 지도, 모체, 그릇으로서 인간의 모든 것을 담고 있다. 그러므로 문화를 이해하면 그 문화권 사람들의 행동을 이해할 수 있게 된다.

자연에 인공적인 힘을 가하여 더 나은 성과를 거두려고 하는 데서 문화가 시작되었다. 자연을 떠돌며 채집과 사냥을 하다가 정착해서 농사를 짓게 되면서 인간의 생활에는 근본적 변화가 일어났다. culture는 밭을 간다는 뜻으로, 문화의 대표는 농사이다. 농사-농기구 제작-토기 제작-관개 치수의 필요성, 농경지 정비를 위한 조직 동원의 필요성으로 인해 문명이 발전하게 되었다.

비버는 제방을 쌓고 새는 둥지를 만들고 꿀벌은 양식을 찾아낸다. 그러나 인간은 육체적 능력이 특화되어 있지 않고, 생존에 필요한 본능도 약하다. 인간은 여러 사람들의 경험과 지식을 코드화하여 개념을 만들고, 교과서를 만들어 그 방면의 전문가가 댐을 쌓고, 집을 짓고, 당분을 만든다. 인간은 자연에서 혼자 살아갈 수 없는 열등한 동물이다. 그러나 문화라는 의미의 그물망에 참여함으로써 서로 협력하는 가운데 살아갈 수 있다. 문화가 없으면 인간은 생존력의 면에 있어서는 동물보다 약한 존재이며, 문화가 없으면 고등 동물로서의 인간도 있을 수 없다.

2. 문화는 행위로 기록된 문서이며 공적인 것이다
- 클리퍼드 기어츠

문화는 행위로 기록된 문서다.

기독교 패턴

이슬람 패턴

불교 패턴

유대교 패턴

문화는 패턴이다.

문화는 정신적 틀(mental frame) 이다.

신전과 극장

윙크는 단순한 동작이 아니라
하나의 제스처, 문화의 일부다.

문화는 공적인 것이다.

카툰 논술과 교양

문화는 누군가의 머릿속에 존재하는 것이 아니다. 또 보이지 않는다고 하여 불가사의한 것도 아니다. 문화는 공동체 속에서 관찰할 수 있는 패턴화된 행동 또는 정신적 틀로서 공동체 구성원들의 행위로 나타난다. 이슬람 세계에서 양의 목을 자를 때 쿠란(Quran)을 암송하는 것, 인도에서 갠지스강에서 목욕을 하는 것은 다른 세계의 사람들에게는 하찮은 일이지만, 그 문화권의 사람들에게는 공적인 의미가 있다. 문화는 사회적으로 설정된 일련의 의미 구조로 이루어져 있으며, 사람들은 그 의미에 참여한다. 어떤 문화권의 사람들의 행위 하나하나에는 그들만이 공유하는 신호로서의 의미가 담겨 있다. 따라서 문화는 행위로 기록된 문서이며, 공적인 것이다.

예컨대 윙크는 단순한 눈의 깜박임이 아니라 의사를 전달하는 특별한 수단이다. 그것은 다른 사람들이 알아채지 못하도록 의사를 전달하는 것으로서 공모의 신호이며, 공적인 코드이다. 하나의 행위는 단순한 동작이 아니라 하나의 제스처로서 문화의 일부가 되는 것이다.

인간이 사는 곳은 마당, 시장, 도심의 광장이다. 따라서, 문화는 공적인 것이며, 인간에게 제어 기제(control mechanism)의 역할을 한다. 즉, 문화는 우리의 생활에 형식, 질서, 지향성을 부여하며, 행동을 통제하기 위한 하나의 상징적 장치가 된다.

3. 문화적 패턴이 인간의 삶을 지배한다
- 클리퍼드 기어츠

동물	— 신체기능 전문화	— 본능, 규칙성	— 생존에 문제없다
인간	— 신체기능 불완전	— 미성숙, 자유의지	— 생존에 어려움

* 인간은 문화로 육체적 능력의 부족함을 극복해 나가야 한다.
인간에게는 학문과 예술, 규범과 질서 등 문화패턴이 필요하다.

* 동물은 건축학, 토목학, 식품영양학을 모른다.
동물은 본능에 의해 집을 짓고 먹이를 구한다.

* 인간은 본능으로 집을 짓거나 먹이를 구할 수 없다.
인간에게는 개념, 설계도, 교과서가 필요하다.

인간에게는 설계도와
교과서가 필요하다

동물의 행동 패턴은 육체의 구조와 본능에 의해 결정된다. 동물들은 행동의 범위가 협소하고 규칙성이 철저하여 육체적 능력이 생존에 적합하다. 그러나 인간은 유전적으로 프로그램 된 신체 기능이 동물에 비하여 전문화되어 있지 않기 때문에 생존 능력이 동물에 비해 훨씬 열등하다. 인간이 생존하기 위해서는 육체적 능력의 부족함을 극복할 수 있는 문화적 프로그램을 만들어야 한다. 비버와 새는 유전자가 제방 쌓는 일과 둥지 만드는 일을 알려 주지만, 인간의 유전자는 건축법에 대하여 아무것도 알려 주지 않기 때문이다. 인간은 댐을 쌓고 건축물을 세우기 위해 개념, 청사진, 교과서를 만들어야 하고, 언어로 체계를 만들어 문화 패턴을 학습함으로써 건축을 한다. 이렇게 패턴화하는 과정은 인간에게만 부여된 능력이며, 이러한 문화적 패턴이 인간의 삶을 결정하는 것이다. 인간은 문화 패턴의 도움으로 비버보다 댐을 잘 만들고, 새보다 집을 잘 지으며, 꿀벌보다 양식을 잘 만든다. 문화적 패턴이 인간의 삶을 지배하며 인간은 문화를 생산·전승함으로써 환경에 적응하여 나간다. 인간은 지식, 신념, 법, 제도, 도덕, 관습 등을 교육을 통해 전파하고, 학습을 통해 획득함으로써 종족 차원에서 진화가 이루어졌고, 문화적 존재로 살아가게 되었다.

- 문화가 인류의 미래와 지구의 운명을 결정한다.

  새뮤얼 헌팅턴은 1960년대 초반 한국과 아프리카의 가나는 사회·경제적 지표가 비슷했으나, 30년 후 현격한 차이가 발생하였는데, 이는 문화의 차이에 의한 것이라고 하였다. 문화의 차이는 교육, 연구 개발, 정치 민주화, 사회 근대화로 이어져 결정적 차이를 만들어 낸다. 결국, 문화적 가치가 국가와 인류 발전을 좌우하며, 문화가 인류의 미래와 지구의 운명을 결정한다는 것이다.

4. 문명은 풍속을 타락시킨다 - 루소

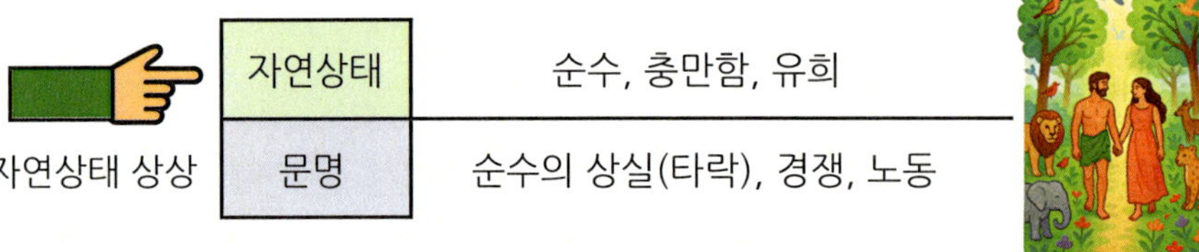

자연상태 상상

자연상태	순수, 충만함, 유희
문명	순수의 상실(타락), 경쟁, 노동

실상은 이렇다

자연상태	거칠다, 결핍, 단명, 더럽다, 불편하다.
문명	세련, 풍요, 장수, 위생적, 편리하다.

문명발전의 부작용

- 순수의 상실, 자연에서 멀어짐
- 이기심↑, 탐욕↑, 정신적 빈곤
- 기술의 위험성 증가, 생태계 파괴, 환경 오염

루소

- 자연상태는 잃어버린 낙원이 아니다
- 고상한 야만인은 없다
- 인간의 선한 본성을 신뢰하지 마라
- 인간에게는 후천적 경험, 학습, 사회화가 필요하다

<조화로운 삶>

개인적 자유 개성 추구	사회질서, 규범준수 공동체 내에서 협력, 미덕을 실천

사회 밖으로

개인적 삶

사회 속으로

사회적 삶

　루소는 1749년 학술 문학 아카데미가 논제로 제시한 '학문과 예술의 진보는 사회 풍속을 타락시켰는가 아니면 향상시켰는가?'라는 질문에 대하여 "문명은 풍속의 향상에 기여하지 않았고, 타락시키기만 했다"고 대답하였다. 인간의 본성은 선하고 인간은 타고난 욕구와 본능에 따라 살았으나 문명화됨에 따라 끊임없이 남과 비교하고 경쟁 의식, 질시, 잘못된 조작 속에서 살아간다. 사회 속의 인간들은 자기 자신으로 살지 못하고, 다른 이들의 의견, 타인의 판단, 관습에 따라 늘 자기 자신 밖에서 살아간다. 인생을 살아가는 데는 지식보다 덕망과 인성이 중요한데, 인간은 사회에서 기대와 규범, 사회 적응을 강요당하며 살아간다. 사회적 관계들은 인간의 자유와 즉흥성을 억압하고 사회는 질시와 불신, 반사회적 자기애로 가득 차게 된다. 이 때문에 루소는 "건전한 자기애를 가진 자연 상태의 인간은 행복하고 자유롭다.", "문명은 풍속을 타락시킨다.", "자연은 인간의 스승이다. 그러므로 인간은 자연으로 돌아가야 한다."라고 하였다.

　문명은 발전이기도 하지만 순수의 상실, 타락이기도 하다. 문명의 발전에 따라 우리는 물질적 풍요를 얻게 되었으나 정신적으로 빈곤해지게 되었고, 속도를 얻게 되었으나 더 바빠지게 되었다. 과학 기술의 발달은 위험을 증가시켰고, 자연 개발은 생태계 파괴, 환경 오염을 일으켰다.

　자본주의 발달에 따라 인간의 경험과 문화도 상품화되고, 모든 것이 거래 대상이 되어 상업주의가 인간의 삶과 정신을 지배하게 되면 비인간화를 초래한다.

5. 문명과 야만이라는 표현은 자기중심적 사고에 기인한다

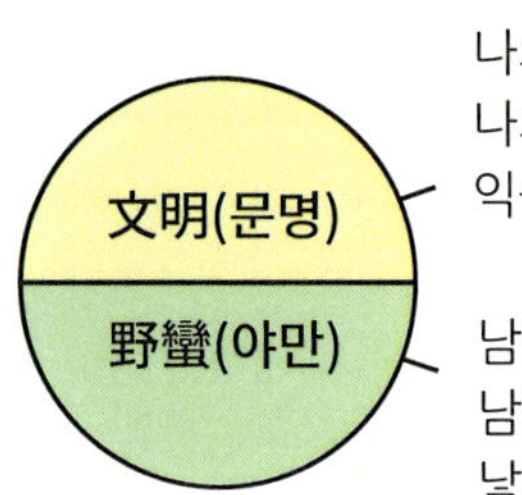

나의 것
나의 방식
익숙한 것

남의 것
남의 방식
낯선 것

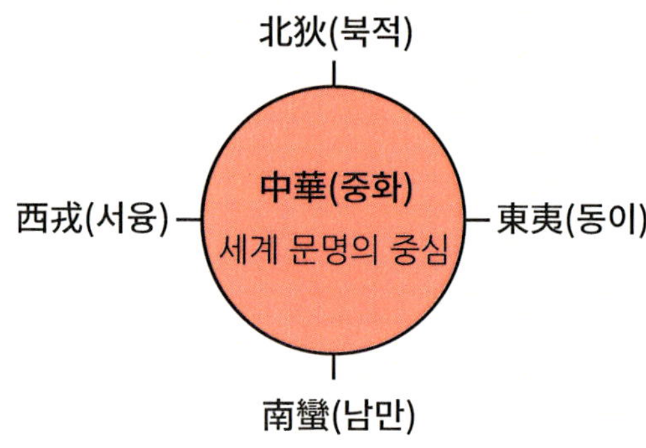

* 중화사상 - 자기중심적 사고

위험한 이분법 → 따돌림, 차별, 편견

文化相對主義(문화상대주의)
cultural relativism

다양성 존중, 관용

문화는 특수한 환경과 맥락 속에서 이해해야!

* 도의 관점에서 보면 모든 존재는 귀천이 없으나 개별적 존재의 관점에서 보면 나는 귀하고 남은 천하다 - 장자

사람들은 자기 생활권에서 지켜지고 있는 규범을 따르는 것을 문명이라고 하고, 그에 따르지 않는 것과 낯선 것을 야만이라고 한다. 문명과 야만이라는 표현은 자기중심적 사고, 자민족 중심주의에 기인한다. 특정 문화권 사람들이 자신의 행동을 결정하는 데는 복잡다단한 배경이 있다. 인간이 된다는 것은 특정한 종류의 인간이 되는 것이다(클리퍼드 기어츠). 모든 문명은 고유의 특성과 나름의 정당성을 지니고 있다. 다른 문화는 우리가 알지 못하는 다양성, 인간의 무한한 가능성을 알려 준다. 우리는 이분법, 편 가르기에 근거한 따돌림, 차별을 배격하고 다양성을 존중하는 관용의 문화를 발전시켜야 한다. 문화를 이해할 때 그 사회의 특수한 환경과 역사적 맥락 속에서 그 문화를 이해하고자 하며 문화의 차이로 우위를 논할 수 없다는 문화상대주의적 태도는 고정 관념, 편견을 깨우치게 하고 다른 문화, 다른 사람들을 열린 마음으로 대할 수 있게 한다.

- 장자는 "우물 안 개구리에게 바다를, 여름벌레에게 얼음을 이야기해도 통하지 않는 것은 자신이 사는 장소와 때에 얽매여 있기 때문"이라고 하였다. 도의 관점에서 보면 모든 존재는 귀천이 없으나 개별적 존재의 관점에서 보면 자기는 귀하고 남은 천하다. 각자 자기의 편견에 따라 그것을 시비의 표준으로 삼아서는 안 된다는 것이다.

- 지네는 뱀의 골을 달게 먹고, 솔개와 갈까마귀는 쥐를 맛있게 먹는다. 장자는 인간을 잣대로 만물을 평가하려 들지 말고 인간중심주의와 도구주의를 넘어설 것을 주장하였다.

- 인간다움으로의 진보는 미숙한 과학으로 무장된 문화적 편견에 의해 파괴되고 성숙한 과학으로 무장한 문화적 보편주의에 의해 다시 파괴된다.

- 마빈 해리스는 저서 『문화의 수수께끼』에서 "문화적 특성은 주어진 환경에 의해 결정되고 문화의 다양성과 상대성이 인정되지 않는 상태에서는 우리의 제정신이 아닌 환상의 노예가 될 수밖에 없다"고 하였다.

6. 원주민 사회는 다른 종류의 사회일 뿐 야만의 사회가 아니다 - 레비스트로스

종교, 과학

미신, 주술

* 서구의 이분법

종교

과학

미신

주술

현대문명

· 과다경쟁 · 대량학살 · 전쟁

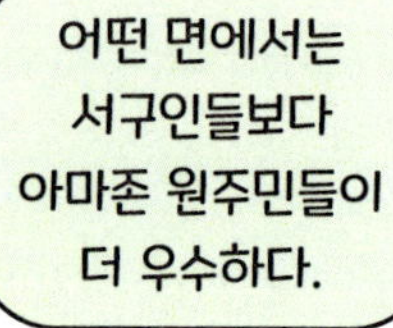

레비스트로스

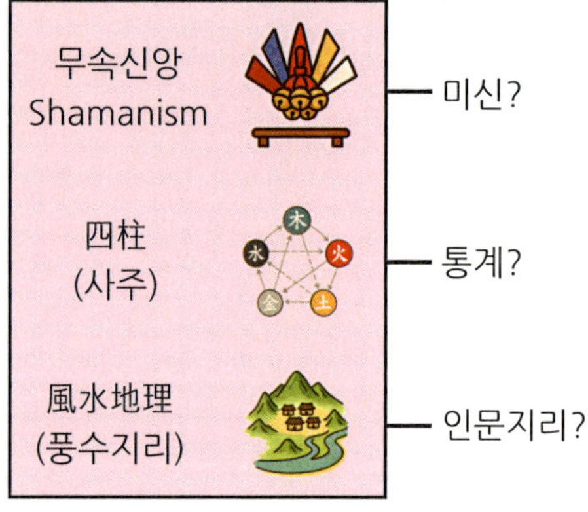

미신?

통계?

인문지리?

* 아직 과학적으로 검증되지
않았을뿐 미신이라고
단정할 수 없다

혈전증 치료

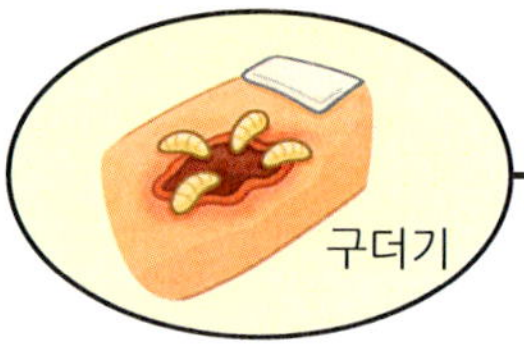

괴사조직 제거

* 거머리, 구더기를 이용한 치료법은
과학적 근거가 있는 것으로 판명되었다.

금줄 치기

이것은 산모와 아이를 보호하고자
하는 방역의 의미가 있다.

* 전통과 관습을 미신으로 단정하는
것은 잘못이다.

카툰 논술과 교양

인류학자이자 『슬픈 열대(tristes tropiques)』의 저자인 레비스트로스는 "과학을 맹신하고 자기들이 생각하는 범주에서 벗어나는 것들을 미신이나 주술이라고 생각하는 서구의 이분법적 사고가 야만이며, 자연을 존중하고 자멸을 초래하지 않는다는 점, 지나친 경쟁이나 욕심 없이 이웃이나 조상들에게 예의를 차리는 모습을 보면 대량학살, 전쟁, 파시즘 등을 야기한 서구인들보다 아마존에 사는 인디언들이 더 우수하다"고 하였다.

라다크 사람들은 식량을 만들기 위해 짐승을 죽이지 않고, 생존이 어려운 겨울에는 어쩔 수 없이 짐승을 잡는데, 이때 반드시 기도를 드린 후 짐승을 죽인다. 그들은 현대인들이 미신이라고 하는 행위를 통해 자연을 보호한다.

오늘날 사람들이 미신으로 여기고 있는 각국의 전통문화에는 생명을 존중하고 자연을 보호하는 정신이 깃들어 있으며, 합리성과 과학성을 갖추고 있는 예가 많다. 따라서, 이성만능주의, 과학지상주의에 입각하여 전통문화를 귀신 등 초월적 존재와 관련지어 함부로 미신으로 단정하는 것은 어리석은 일이다. 예컨대 우리나라에서는 신생아가 태어났을 때 문간에 새끼줄을 둘렀다. 이것은 새 생명이 태어난 곳에 함부로 드나들거나 시끄럽게 하지 못하게 함으로써 산모와 아이를 보호하는 배려였으며, 전염병의 침입을 예방하는 방역의 의미도 있었다.

7. 열대가 슬픈 것이 아니라 우리가 슬픈 현대 문명 속에 사는 것이다 - 레비스트로스

슬픈 열대

* 현대인의 시각으로 볼때 남미 원시부족은 더럽다, 가난하다, 비참하다.

현대 문명의 야만성

대량살상무기, 학살, 자연파괴
파시즘, 나치즘, 인종차별, 억압
도구주의, 물질주의, 이기심,
탐욕, 폭력성

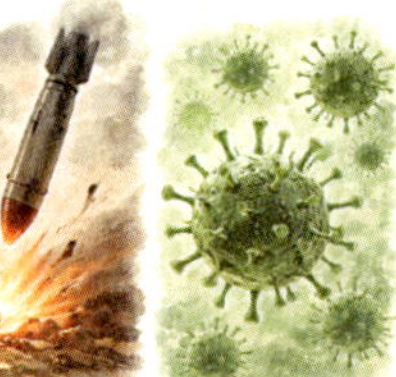

레비스트로스

문명과 기술발전

장점	기아, 빈곤으로부터 탈출 영아사망률↓ 평균수명↑
단점	윤리적 발전 X 인간 정신의 발전 X 이기심, 탐욕, 폭력성, 불평등↑

불일치 ≠

문화적 우수성

높은 윤리의식
삶의 기쁨과 마음의 평화
자연과의 조화, 공존

* 문명과 기술발전은 진보뿐 아니라 퇴보를 동반한다.

* 문명과 기술발전이 문화적 우수성을 의미하는 것은 아니다.

남아메리카의 원주민들은 나무껍질이나 깃털 하나로 기막힌 귀고리를 만들어 내고, 그 것을 진심으로 즐긴다. 어떤 원주민들의 마을에서는 가축들도 식사에 참여하고, 놀이에 끼어든다. 현대인들이 보기에 이들은 더럽고, 가난하고, 비참하다. 열대는 야만이자 슬픔, 눈물이다. 서구인들은 과학을 맹신하고 자신들이 생각하는 과학의 범주에서 벗어나는 것 들에 대하여 주술, 야만이라고 명한다. 그러나 서구 문명은 대량 학살, 전쟁, 파시즘, 나치 즘을 낳았고, 서구의 모습도 야만 그 자체였다. 보잘것없는 서구의 물질주의가 오히려 다 른 지역의 문화를 변질시키고 오염시키기도 한다. 인간과 인간의 관계, 인간과 자연의 관 계가 '얼마나 자유롭고, 평등하고, 조화로운가'라는 다른 관점에서 문명의 우열을 평가한 다면 열대가 슬픈 것이 아니라 자연을 파괴하고, 인간을 차별하고 억압하고, 도구와 물질 에 종속되어 살아가는 우리가 슬픈 현대 문명 속에 사는 것이다.

Q. 문명과 기술 발전이 문화적 우수성의 척도인가?

문명과 기술 발전은 경제 성장으로 삶을 풍요롭게 하여 인류의 복지, 문화 발전에 기여 하였다. 그러나 유대인 학살이 그 당시 가장 기술과 문명이 발달한 독일에서 자행된 것처 럼 문명과 기술 발전은 윤리적 발전, 인간 정신의 발전과 일치하지 않는다. 문명과 기술 발 전은 인간의 이기심, 탐욕, 폭력성, 불평등을 증대시킨 면도 있다. 문명과 기술 발전이 문 화적 우수성을 의미한다는 주장은 강대국이 기술이 덜 발달한 국가를 문명화한다는 구 실로 침략하고, 지배를 정당화한 논리로 활용되었다. '문명과 기술 발전 외에도 사람들을 차별하고 편 가르는 일이 없는가', '삶의 기쁨과 평화, 만족감을 느끼며 살아가고 있는가' 등 수량화할 수 없는 중요한 요소들을 고려한다면 문명과 기술 발전이 문화적 우수성의 척도가 된다는 주장은 극히 제한된 시각에 불과하며, 착각에 지나지 않는다.

8. 문명은 매우 복잡하게 된 하나의 메커니즘이다
- 레비스트로스

* 문명은 인간활동의 타성이 구조화 된 것이다

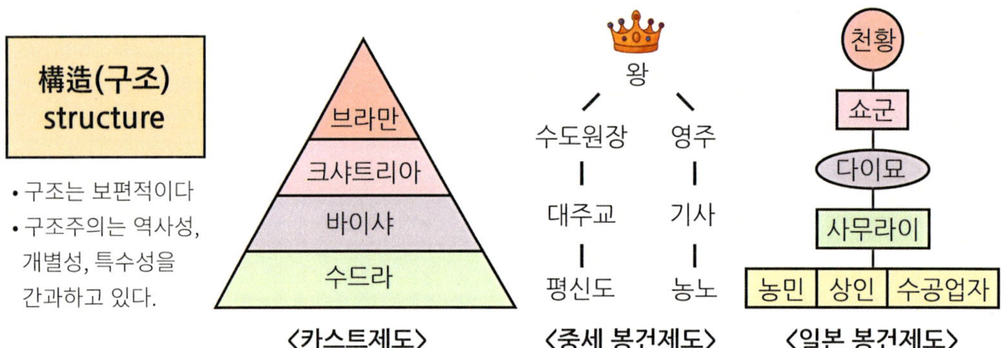

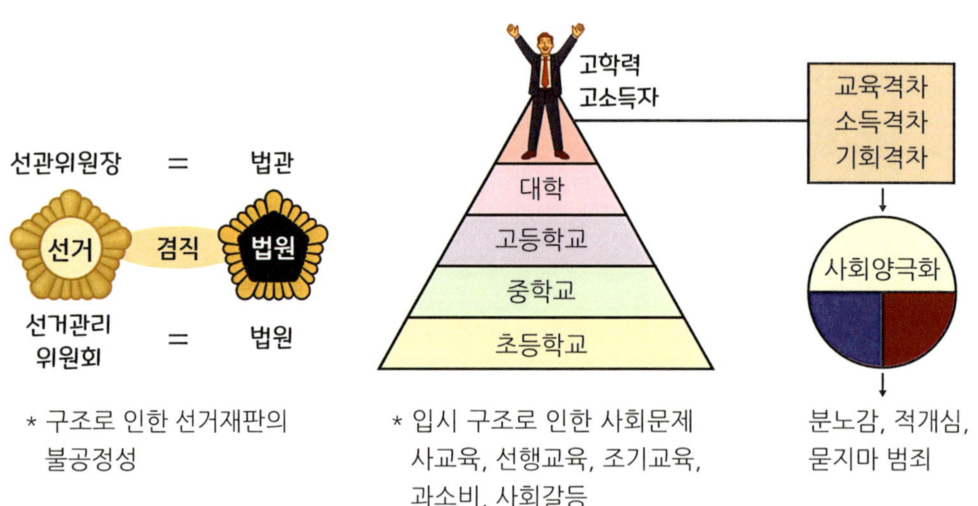

* 구조로 인한 선거재판의
불공정성

* 입시 구조로 인한 사회문제
사교육, 선행교육, 조기교육,
과소비, 사회갈등

분노감, 적개심,
묻지마 범죄

카툰 논술과 교양

레비스트로스는 "하나의 문명은 매우 복잡하게 된 하나의 메커니즘"이라고 하였다. 인간은 기계와 같이 모든 것을 분해하고 재결합하고 해체하는 활동을 하는데, 이러한 인간의 활동은 타성(오래되어 굳어 버린 습성)이 되고 타성적인 구조가 문명이 된다는 것이다. 레비스트로스는 문화를 커뮤니케이션의 체계로 보았으며, 그의 인류학은 문명이라는 타성적인 구조가 만들어지고 해체되는 과정을 연구하는 것이었다. 구조주의는 문화 체계에 관련된 엄청난 양의 정보를 몇 가지 핵심적인 형식적 관계들로 환원해서 이해하려고 한다. 구조주의 이론은 구조를 불변적이고 고정적인 것으로 상정하여 구조를 벗어난 부분에 대한 적절한 설명을 제시하지 못했으며, 구조의 보편성에만 중점을 두고 역사성과 특수성을 간과했다는 비판을 받는다. 라캉, 푸코 등 후기 구조주의자들은 구조는 모든 것을 포괄하는 완결된 체계가 아니라 특수한 힘에 의해 또는 외부 관계에 의해 변화되는 유동적이고 불완전한 것, 역사적으로 특수하게 성립하는 것으로 보았다.

- 문화는 인간의 사고방식을 지배한다.

  도마뱀의 알이 33℃ 이상에서는 대부분 수컷이 되고, 30℃ 이하에서는 거의 암컷이 되는 것처럼, 사람도 자신이 속한 문화권의 사고에서 벗어나기 어렵다. 리처드 니스벳은 저서 『생각의 지도』에서 인간의 사고 과정은 그가 속한 문화권에 따라 달라질 수 있으며, 문화의 차이는 세상을 이해하는 데 쓰이는 생각의 도구가 다르기 때문에 비롯된 불가피한 결과라고 한다. 리처드 니스벳에 의하면, 인간의 사고방식을 지배하는 것은 유전자가 아니라 문화이다.

9. 문화는 특정한 자연환경 속에서의 생존 조건과 관련이 있다 - 마빈 해리스

* 식인 풍습이 사라진 이유

Leviticus
구약성서 레위기
제 11장 3절

돼지는 굽이 갈라져 있으나
되새김질을 하지 않기 때문에
고기로 먹는 것을 금한다

Quran 꾸란
제 2장 173절

죽은 고기와 피, 돼지고기, 알라 외의
이름으로 바쳐진 것은 금한다
-Sharia(이슬람 율법)

* 돼지 - 농사일 X, 젖 X, 털로 옷감 X, 인간의 먹이와 중복
* 돼지 - 덥고 건조한 기후에 적응 X, 비위생적

실용적 이유를
신의 명령으로
포장

노동력 제공
소똥(땔감, 벽)
우유

* 인도에서 소를 신성시하는 이유

Oversea Foreign Worker(OFW)
해외노동자 송금

피임 금지   낙태 금지   필리핀

문화가 정신 활동의 산물인 것은 사실이나 인간의 정신 활동은 특정한 자연환경 속에서의 생존 방식에 영향을 받기 때문에 문화는 인간이 처한 사회적·물질적 조건과 관련이 있다.

예컨대 식인 풍습이 사라진 이유와 돼지고기를 금기시하는 문화는 특정 환경에서의 생존 조건과 관련이 있다.

문화인류학자들은 식인 풍습이 사라진 이유에 대하여 생산력이 발전됨에 따라 포로를 잡아먹는 것보다 노동력을 활용하는 것이 더 가치가 있게 되었고, 포로를 죽이지 않음으로써 피정복민의 저항 강도를 낮추는 부수적 효과가 있기 때문이라고 설명한다.

또, 쿠란이나 구약성서에서 돼지고기를 금기시하고 되새김질을 하는 동물만 먹을 수 있다고 한 것은 신의 명령 때문이 아니라 그것이 생존에 유리하기 때문이다. 즉, 돼지는 억센 털이 많고 땀샘이 없어 중동의 덥고 건조한 기후에 적응하기 힘들고, 쟁기를 끌 수도 없고, 젖도 짤 수 없고, 털로 옷감을 짤 수 없을 뿐더러, 되새김질을 하지 않아 밀, 옥수수, 감자, 콩과 같은 섬유소가 적은 사료를 먹기 때문에 인간과 먹이를 두고 경쟁해야 하기 때문인데, 이러한 생존 조건이 신의 명령으로 나타난 것이며, 도덕관념, 가치관에 의하여 그렇게 된 것이 아니라는 것이다.

소를 신성시하는 인도 문화

과거 인도에서는 소는 노동력과 우유를 제공하고, 소똥은 땔감, 벽을 바르는 데 사용되며, 생활에 없어서는 안 되는 존재이다. 이 때문에 소를 신성시한다.

과거 한국의 보신탕 문화

과거 한국의 보신탕 문화는 뜨거운 햇볕 아래 힘든 노동을 하면서 단백질 공급이 필요하지만, 소고기나 돼지고기를 사 먹을 형편이 못 되었던 가난한 농민들의 삶의 조건과 관련이 있다.

피임과 낙태를 금지하는 필리핀 문화

피임과 낙태를 금지하는 필리핀 문화는 많은 국민이 해외 노동자(OFW)로 일하고, 이들이 송금하는 외화가 국가 경제의 큰 비중을 차지할 정도로 노동력이 경쟁력인 나라에서 노동력 확보라는 생존 조건과 관련이 있다.

10. 유목문화와 농경문화

유목문화

농경문화

유목민

생활	이동, 가만히 있으면 죽는다. 호전적, 도전적, 정복적
자연	이용, 극복의 대상
윤리	부부중심, 수평적 윤리 노인과 아이들 경시
종교	내세를 중시한다. ✝ ☪ ✡ 옮겨다니지 않아도 되는 유토피아? (유대교, 기독교, 이슬람교)

농경민

생활	정착, 떠나면 죽는다. 평화적, 순응적, 타협적
자연	숭배의 대상
윤리	가장 중심, 수직적 윤리 경험 많은 노인 중시
종교	현세를 중시한다. 卍 ☯ ॐ 지금, 바로, 여기에서 최적의 삶 (불교, 유교, 도교)

nomad 유목민
nomadism 유목주의

- 도전정신
- 창조정신
- 기동성
- 열린 마음

→ 세계화 시대, 상황적응에 적합

Homo Viator 떠도는 인간
Digital Nomad 디지털 노마드
Business Gypsy 비즈니스 집시

→ 현대의 인간

카툰 논술과 교양

유목민들은 전사 집단으로서 이동하면서 노략질과 약탈을 일삼는 등 호전적이었다. 이 때문에 유목민들은 과거에 떠도는 인간, 문명의 언저리를 떠도는 주변적 존재로 인식되었다. 그러나 유목민들은 동서양을 넘나들며 길이 없는 곳에 길을 만들어(예: 실크 로드) 교류와 교역을 함으로써 동떨어진 두 세계를 연결하고, 불모의 땅에 생기를 불어넣음으로써 문명 발전에 기여하였다.

오늘날 노마디즘(Nomadism)은 문화 현상을 설명하는 말로써 제한된 삶이나 고정된 가치관 속에서 살아가는 것을 거부하고, 영토와 경계를 자유롭게 넘나들며 새로운 것을 창조해 나가는 삶의 방식을 뜻한다. 국경을 이동하며 언제든지 네트워크 시스템과 접속할 수 있는 현대의 인류는 디지털 유목민 또는 비즈니스 집시, 호모 비아토르(Homo viator, 떠도는 인간)이다.

노마드(Nomad)는 변화와 불안정 속에서 항상 새로운 가능성에 도전한다. 노마디즘은 도전 정신, 창조 정신, 기동성, 열린 마음을 특징으로 하기 때문에 나눔과 소통, 위험에 대한 능동적 대처가 요구되는 세계화 시대의 상황에 적응하는 데 적합하다.

정착민은 평화적·순응적·자연 친화적이었다. 정착민의 이러한 특성이 역사 발전의 주요 원인이 되었다는 사실 또한 간과해서는 안 된다.

유목문화와 농경문화의 차이

- 유목문화는 자연을 이용·극복의 대상으로 보고, 농경문화는 자연을 숭배의 대상으로 본다.
- 유목문화에서는 수평적 윤리가, 농경문화에서는 수직적·가부장적 윤리가 발달하게 되었다.
- 유목문화는 내세를 중시하고, 농경문화는 현세를 중시한다.

11. 고맥락사회와 저맥락사회

〈자기 소개〉

〈관련짓기〉

〈범죄의 원인〉

〈물건의 선택〉

저맥락 문화 low context culture	사물과 인간을 개별적으로 이해한다. 개별적, 개인주의적 문화
고맥락 문화 high context culture	사물과 인간을 전체적 맥락 속에서 이해한다. 관계적, 집단주의적 문화

변경 불가, 반드시 지켜야함
법은 과학이다(저맥락 사회).

상황에 따라 적용
법은 예술이다(고맥락 사회)

논쟁을 피하지 않는다.
시비를 분명히 가린다(저맥락 사회)

논쟁을 피한다.
중재, 타협(고맥락 사회)

카툰 논술과 교양

인류학자 에드워드 홀은 의사소통이 생겨나는 사회적·물리적 환경에 따라 사회를 고맥락사회와 저맥락사회로 분류하였다. 고맥락사회는 개인이 주변의 영향을 많이 받고, 개성 추구에 소극적이며, '모난 돌이 정 맞는다'는 속담이 적용되는 사회이고, 저맥락사회는 개인이 자유로운 행위자로서 개성을 추구하며, 주변에 속박되지 않는 사회이다. 고맥락사회는 상황, 상호 관계, 분위기를 중시하여 사물과 인간을 전체적 맥락 속에서 파악하고자 하고, 저맥락사회는 개성, 개인, 개별 사물에 초점을 맞추어 파악하고자 한다.

리처드 니스벳의 실험 결과(고맥락사회 동양, 저맥락사회 서양의 차이점)

- 자신에 대한 설명에서 동양인들은 자신이 속한 집단이나 그 안에서의 역할에 대해 언급하고 이름, 주소를 쓸 때도 국가, 집단 등 큰 단위부터 기재한다.
- 소와 닭과 풀을 연결 지으라고 할 때 동양인들은 소와 풀을 같이 묶고, 서양인들은 소와 닭을 같이 묶는다.
- 애니메이션에서 동양인들은 배경 화면을 잘 기억한다.
- 범죄가 발생하면 동양인들은 주로 상황을 탓하고, 서양인들은 개인을 탓한다.
- 갈등 해결 방식의 차이: 고맥락사회는 종합과 융화(both/and)를 지향하며 양비론, 절충안이 많고, 타협과 중재를 중시한다. 저맥락사회는 양자택일(either/or)을 선호하고, 시비를 분명히 가려 승패를 구분하는 것을 당연시한다.
- 계약을 대하는 태도: 고맥락사회에서는 상황이 변하면 계약 내용도 바뀔 수 있다고 생각한다(법은 상황에 맞게 따로 적용되어야 하며 법의 적용은 과학이 아니라 예술이 된다). 저맥락사회에서는 계약은 한번 정해지면 반드시 지켜야 한다고 생각한다.
- 논쟁을 대하는 태도: 고맥락사회에서는 논리로 상대방을 공격하는 것을 불쾌감을 주거나 미숙한 행동으로 여기는 경향이 있다. 그러나 저맥락사회(서양)에서는 논쟁은 제2의 천성이며, 자기 생각을 분명히 밝히고자 한다(서양에서는 논리학이 발달하였다).

12. 축제는 사회 통합에 기여한다

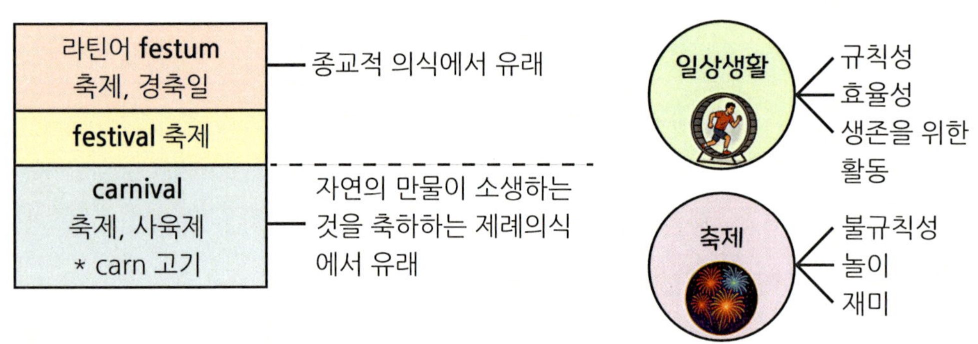

축제의 사회통합적 기능

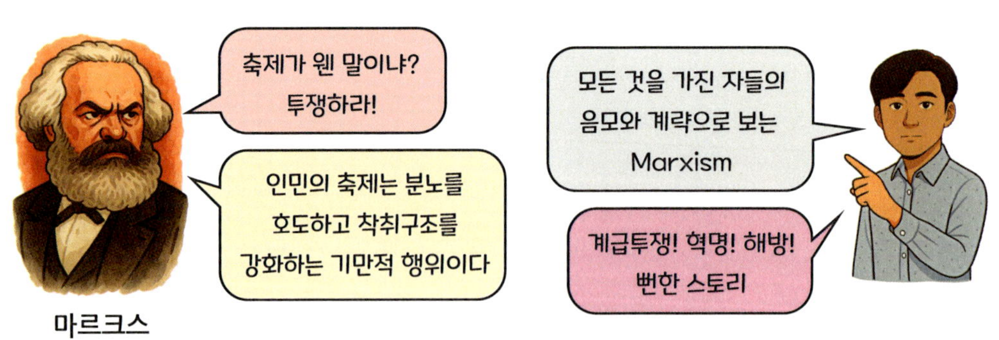

마르크스

카툰 논술과 교양

축제에서는 효용성보다는 재미를 추구한다. 축제는 놀이가 그 목적이며, 축제는 놀이의 결정판이다. 축제는 인간의 의식을 지상에서 가장 즐거운 상태로 끌어 올리고자 한다. 축제에서는 본능과 감정에 충실하고 유희를 쫓는다. 또 함께 놀고 음식을 나누면서 친밀감을 높이고, 서로 의사소통을 함으로써 에너지를 충전시키고, 삶의 활력을 찾는다. 축제에서의 일탈 행위, 본능과 감정에 충실한 유희를 쫓는 삶은 비사회적인 것이지만, 축제는 개인들을 공동체의 삶에 통합시키는 집단적 표현 양식으로써 사회적인 성격을 띠게 된다. 카니발에서는 다양한 패러디와 익살스러운 모방·비하·신성 모독으로 지배적 진리와 권위를 풍자·조롱한다. 축제에서는 일탈 행위를 통하여 불만을 공식적으로 분출하게 함으로써 스트레스를 해소하고, 해방감을 맛보게 한다. 또 욕망을 솔직하게 드러낼 기회를 주고, 하층민의 무례와 일탈 행위를 눈감아 줌으로써 계급 대립을 완화시키고, 기존 사회 질서에 대한 백신의 기능을 말한다. 이로써 축제는 사회 통합에 기여한다.

- 마르크스주의자들은 축제가 기존의 착취 구조를 강화하기 위해 인민의 분노를 호도하는 기만적 허위라고 주장한다. 그러나 축제는 계급 대립을 완화시키고, 기존 사회 질서에 대한 백신의 기능을 할 뿐 아니라 일상에 활력을 불어넣고, 재충전을 통해 생산성을 높이는 긍정적 효과가 있다.

13. 축제의 본질은 위반, 일탈에 있다 - 장 뒤비뇨

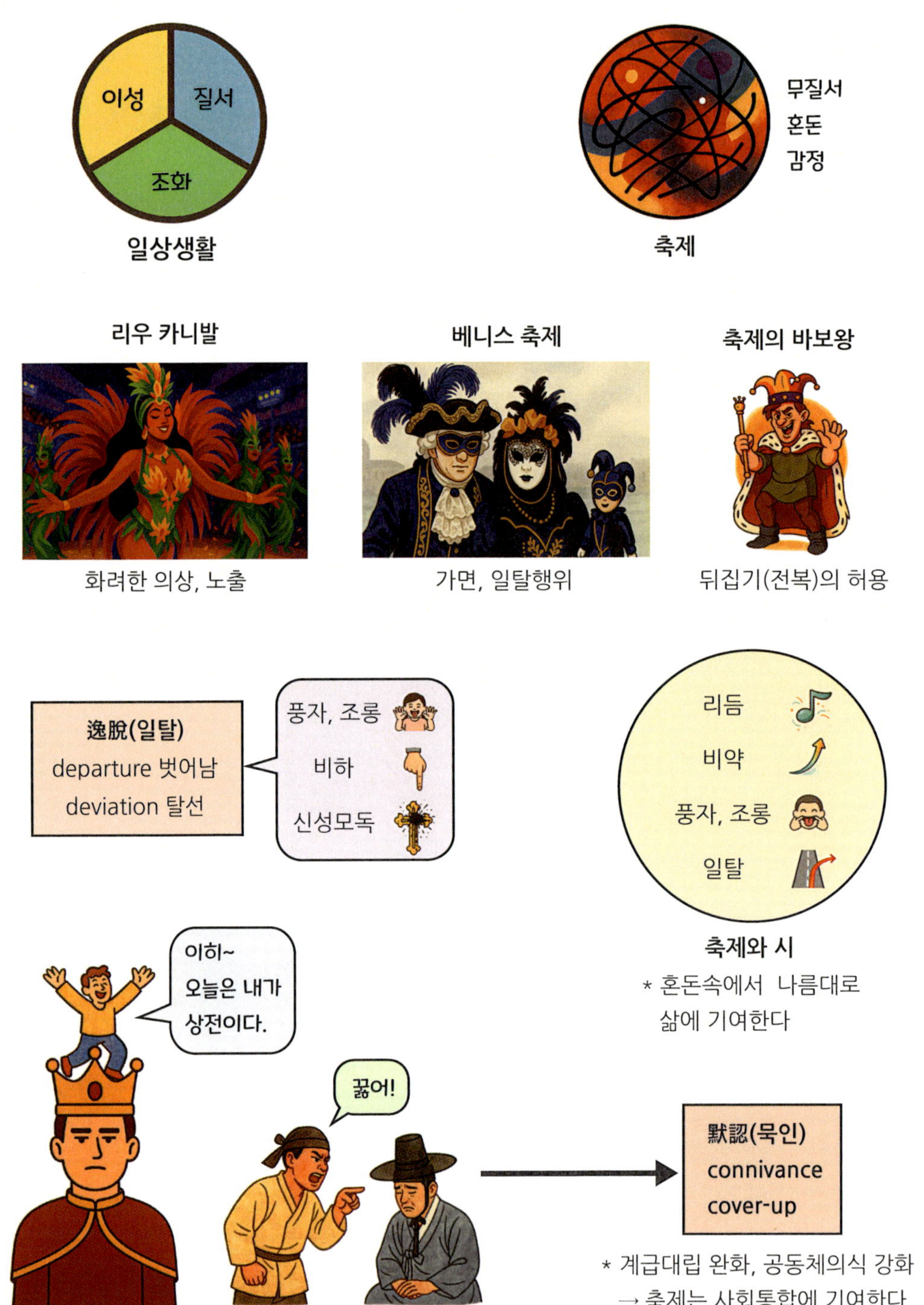

축제에서 대중은 질서와 이성에 의해 억눌려 있던 에너지를 분출한다. 장 뒤비뇨에 의하면, 축제에서는 모든 기호가 변조되고, 뒤집히고, 파괴된다. 축제가 지향하는 것은 조화가 아니라 혼돈이다. 축제의 본질은 위반, 일탈에 있으며, 축제는 조금 불온해야 한다. 그래야 사람들은 일탈 행위를 통하여 불만을 공식적으로 분출함으로써 스트레스를 해소하고, 해방감을 맛볼 수 있기 때문이다.

베니스 카니발에서는 축제 기간에 뽑힌 바보들의 왕에게 무조건 복종해야 한다. 또 축제 기간에는 가면을 쓰고 익명성을 확보하여 일탈 행위에 대한 보복이 없도록 하였다.

축제와 시(詩)

축제에는 리듬과 비약이 있고, 재미가 있다. 축제에서는 다양한 패러디와 익살, 비하적 표현을 사용하여 지배적 진리와 권위를 풍자·조롱한다. 시에도 리듬과 비약, 재미가 있고, 시적 언어는 문법과 논리에서 벗어나 있으며, 다양한 표현으로 사회를 풍자·비판한다. 장 뒤비뇨(Jean Duvignaud, 프랑스 사회학자, 인류학자, 1921~2007)에 의하면, 축제와 시는 일탈이라는 점에서 흡사하다. 축제는 관습으로부터의 일탈이며, 시는 일상의 문법과 논리성으로부터의 일탈이라는 것이다.

시에서 "눈물은 다이아몬드다"라고 할 때, 그것은 논리적으로는 말이 되지 않는다. 그러나 이 말은, 사람은 눈물 젖은 빵을 먹으면서 시련을 겪어 보아야 다이아몬드처럼 단단하고 빛나는 존재가 될 수 있다는 의미로 해석할 수 있다. 시는 말이 안 되는 듯한 표현으로 우리에게 세상을 보고 느끼는 새로운 시각을 제공한다.

14. 웃음은 통제의 대상

우월이론	우월감 - 비하, 조롱
대조이론	거리감 - 예상과 다른 결과 발생

웃음의 원인

현실 비판
체제 비판
풍자, 조롱, 비하

웃음은 통제의 대상

웃음은 불경, 천박

웃는 사람은
바보, 비신앙인, 이교도

중세 기독교 문화

웃음은 부패, 허약함,
육신의 어리석음,
타락한 신비

중세 기독교 문화는
웃음을 부정적으로
평가하였다.

기독교 문화는 엄숙함,
참회, 슬픔을 강조하였다.

수도사

웃음을 자아내는 원인에 대해서는 우월이론과 대조이론이 있다. 우월이론은 상대방보다 우월하다는 인식으로 심적 우위를 점하여 웃음이 생산된다고 하고, 대조이론은 예상과 결과의 불합리한 대조에 의해 웃음이 유발된다고 한다. 대조이론에 의하면 웃음은 예상과 다른 결과가 발생하였을 때, 익숙한 생각이나 고정 관념과 다른 현상과 마주치게 되었을 때 발생한다. 한편, 풍자·조롱에서 나오는 웃음은 거리감 또는 우월감을 통해서 발생하며 비판적·적대적이다. 웃음은 부패한 현실, 주류 문화를 비판하는 강력한 수단이 되며, 막대한 파급력을 가지고 있다. 이 때문에 독재사회, 전체주의사회, 종교의 율법이 지배하는 사회에서는 웃음이 통제의 대상이 되기도 한다.

Q. 중세시대까지 기독교문화에서는 웃음을 부정적으로 평가하였다. 그 이유는 무엇인가?

구약과 신약에서는 웃음을 부정적으로 평가하였다. 기독교의 율법은 공포, 신에 대한 두려움으로부터 부여된 것인데, 웃음은 신에 대한 두려움, 악마에 대한 공포로부터 벗어나게 하여 영혼을 타락시킨다는 것이다. 중세유럽 문화의 특성은 경직된 엄숙함 그 자체였다. 초기 기독교 교회는 웃음은 신이 아닌 악마로부터 온 것이고, 신에 대한 불경이라고 하여 웃음을 비난하였고, 엄숙함, 죄에 대한 참회, 슬픔을 강조하였다. 예수는 한 번도 웃지 않았고, 웃는 사람들은 바보들이거나 현명하지 못한 자들, 비신앙인, 이교도들이었다. 움베르토 에코의 소설 『장미의 이름』에서 호르헤 수도사는 "웃음은 허약함, 부패, 육신의 어리석음"이라고 말한다. 그에 의하면, 농노는 웃을 때 주인이 된 기분을 느끼며 악마에 대한 두려움에서 해방된다. 웃음은 천박한 것이고, 어리석은 사람을 옹호함으로써 악마의 불꽃을 튀겨 세상을 불 지를 수 있는 위험한 것이며, 대중을 세속화시키는 타락한 신비에 지나지 않는다.

15. 웃음은 삶의 활력소, 사회를 건강하게 한다

〈웃음〉 동질감, 연대감 강화 + 사회 비판기능 → 사회를 건강하게 한다.

풍자·조롱으로 인해 나오는 웃음은 대상과의 거리감을 통해서 발생하는 것으로 비판적·적대적이며, 그 대상에게 타격을 입힌다. 이러한 웃음은 비판의 대상에게는 적대적이지만, 같은 집단 내에서는 동질감, 연대감을 강화시킨다. 동질감에서 나오는 웃음은 베르그송이 말한 웃음의 눈덩이 효과(snowball effect)를 가져온다. 웃음은 같은 집단 내일수록 전염성이 강하며, 눈덩이 효과와 결합하여 강력한 사회 비판 기능을 수행한다. 나아가, 웃음은 엔도르핀을 생성시킨다. 엔도르핀은 잠시나마 현실의 고통을 잊게 하여 스트레스와 긴장을 완화시킨다. 따라서, 웃음은 즐거움을 주고, 일상의 활력소, 삶의 원동력이 된다. 전체주의사회, 독재사회는 비판을 위한 웃음, 건전하고 명랑한 웃음까지 억제하고, 비판 정신을 상실한 코미디로 망각을 위한 웃음을 유도하여 정치적 이데올로기에 봉사하도록 한다. 건전하고 명랑한 웃음, 비판적 목소리를 유지하는 웃음은 사회를 건강하게 한다.

2007년도 플로리다 주립대학교의 연구 결과에 의하면, 웃음은 유머에 대한 지적 반응이 아니라 사회적 동물로서 생존을 위한 본능적 수단이라고 한다.

웃음은 집단 내에서 친근감을 형성하고 동질감과 연대 의식을 높여 집단의 결속을 강화한다. 한편, 웃음은 어색한 분위기를 깨뜨려 분위기를 부드럽게 하고, 상대방의 공격성과 적개심을 무디게 하거나 부정적 태도를 완화시킨다. 결국 웃음은 사회생활을 유지하는 데 도움이 되며, 인간이 사회적 동물로서 생존하기 위한 본능적 수단이 된다는 것이다.

일반적으로 유아기의 웃음은 신체적·감정적이고, 아동기 이후에는 정신적·사회적 웃음이 많아지고, 청년기 이후에는 유머가 발달한다고 한다.

16. 문화진화론, 보편문명론

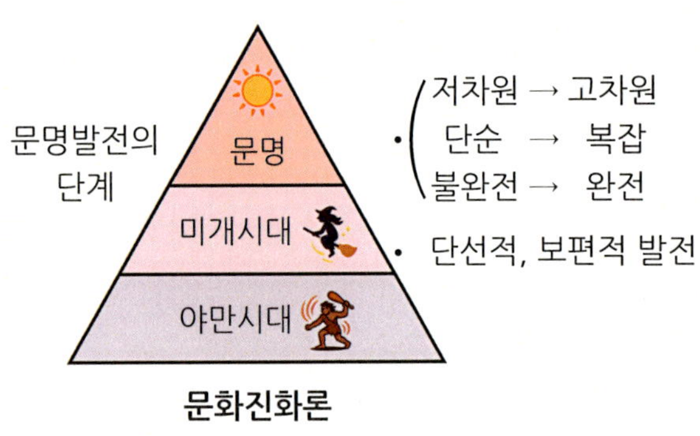

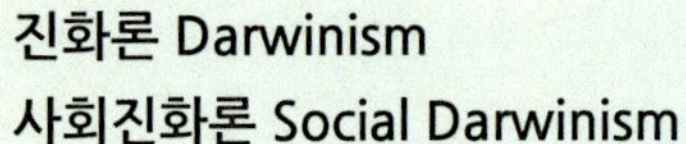

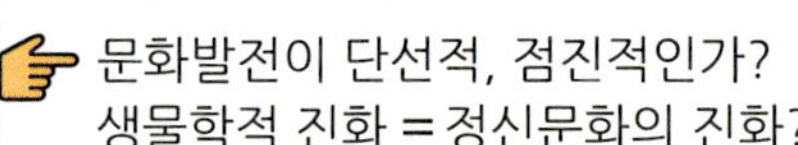

근대화된 서구문명	부정적인 면	문명의 공존

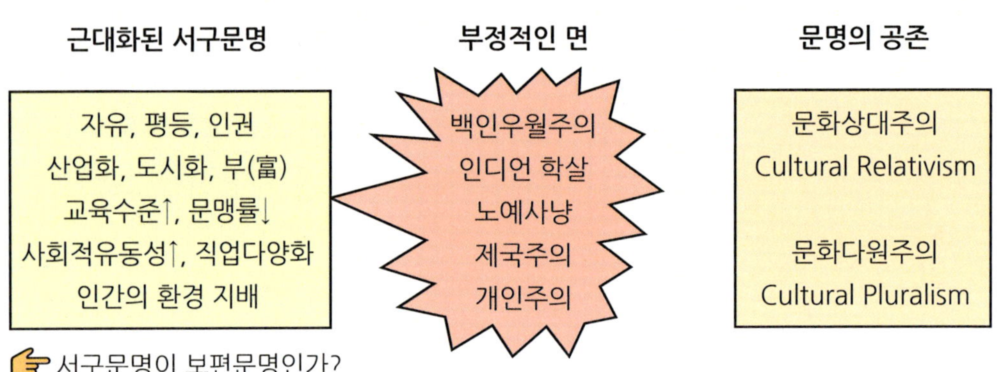

👉 서구문명이 보편문명인가?

문명화된 사회
(진리, 선, 아름다움, 평화, 진취성(모험)
자유와 질서, 이성과 신앙의 조화
힘에 대한 설득의 승리
양심과 도덕 > 이익과 자본)

👉 문화진화론, 보편문명론은 이러한 점을 간과하고 있다.

문화진화론은 지식·기술·경제 수준에 따라 문명의 진보 수준을 측정하여 인류 문화가 야만 → 미개 → 문명시대로 진화해 왔다고 주장하는데, 이러한 사고방식은 서구 문화에 대한 우월감을 기반으로 인류 문화의 발달 단계를 서구를 정점으로 서열화하고 있다. 새뮤얼 헌팅턴은 저서 『문명의 충돌』에서 18세기 이후의 산업화, 도시화, 문맹률 감소, 교육 수준 향상, 부의 증대, 사회적 유동성의 증가, 직업 구조의 다양화, 환경 지배가 가능하게 된 것 등 근대화된 서구 문명을 보편 문명으로 보고 있다. 보편 문명을 주장하는 사람들은 서구 문명이 진화의 마지막 단계이며, 비서구 사회를 무지와 야만의 상태로 본다. 문화진화론, 보편문명론은 백인우월주의로 인디언 학살, 노예 사냥 등의 폭력 행위, 제국주의적 수탈을 정당해 온 논리가 되어 왔다. 서구 문명에 자유, 평등, 인권 등 보편의 이름으로 받아들일 수 있는 많은 요소가 있는 것은 사실이나, 다른 문화에도 그 나름의 합리성과 타당성이 있기 때문에 보편 문명을 강조함으로써 폭력을 행사하거나 다양한 문화의 공존을 깨뜨리는 것은 바람직하지 않다.

디 브라운은 저서 『미국 인디언 멸망사』에서 "서구 문명이 백인인 앵글로 색슨족에 신의 선물로 부(富)를 안겨 주었고 인디언에게 멸족선고를 내렸다"고 하였다. 그러나 문명의 공존을 위해서는 문화상대주의, 문화다원주의의 입장에서 나와 다른 상대방의 존재와 고유 가치를 인정하되, 비인간적인 부분을 개선해 나가야 할 것이며, 다른 문명을 이해하고 존중하는 토대 위에서 교류를 확대시켜 나가면서 다양한 문명이 공존할 수 있도록 해야 한다.

17. 문명의 충돌

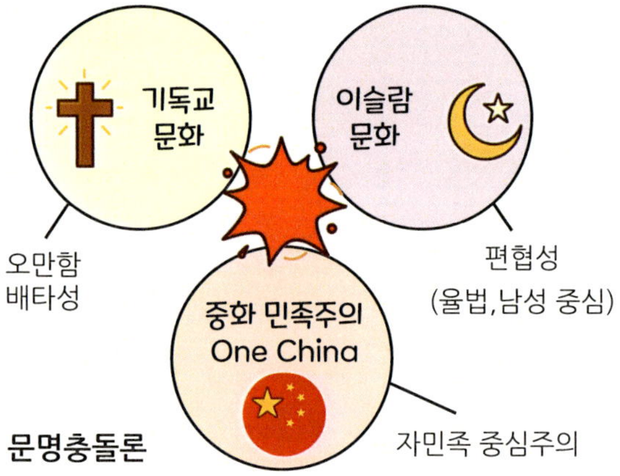

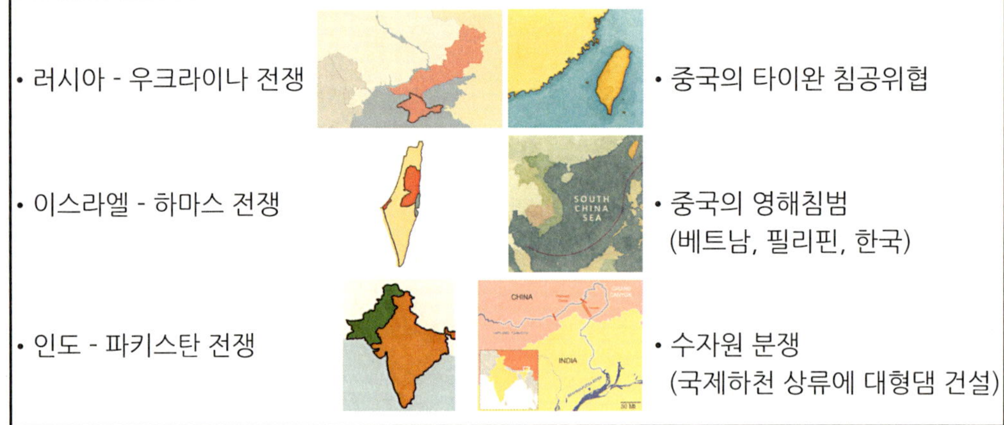

* 공산주의는 사멸하지 않고 새로운 권위주의 체제로 부활하였다.

* 오늘날은 중국의 부상으로 분쟁의 양상이 더 복잡, 광범위해졌고 냉전과 열전이 혼재되어있다.

카툰 논술과 교양

새뮤얼 헌팅턴은 저서『문명의 충돌』에서 냉전시대 이후의 분쟁은 자본주의와 공산주의의 이념 갈등에 의한 분쟁이 아니라 서로 다른 문명 간의 충돌이 그 핵심이고, 특히 종교가 중요한 세계 갈등의 요소가 될 것이라고 주장하였다. 그는 걸프전은 이슬람 문명과 기독교 문명의 자원 전쟁이고, 미래의 가장 위험한 충돌은 서구의 오만함, 이슬람의 편협성, 중화의 자존심이 복합적으로 작용하여 발생할 것이라고 하면서, 특히 이슬람의 호전성은 세계를 서구화하고자 하는 기독교 문명과 충돌하는 근본적인 요인이 될 것이라고 하였다.

문명충돌론에 대한 비판

- **문명충돌론은 비서구 문명에 대한 이해와 지식 부족에서 기인하는 것이라는 견해**

  문명충돌론은 서구 문화가 보편 문화라는 인식에 근거한 서구 중심의 시각(오리엔탈리즘)에서 이슬람과 비기독교 문명을 위협으로 간주하는 기독교 문명의 시각이 반영된 것이며, 서구 문명 대 비서구 문명의 이분법적 사고에 의해 미국과 서구의 입장을 대변하는 견해로서 비서구 문명권에 대한 이해와 지식의 부재에서 기인하는 무지의 충돌이다. 국제 관계에 있어서 대부분의 충돌은 문명의 충돌이라기보다 이해관계의 충돌이다(에드워드 사이드).

- **문명충돌론은 공산주의 몰락 이후 새로운 적을 찾기 위한 미국 정치권의 욕구를 합리화하기 위한 어용 이론이라는 견해**

  이슬람 문명은 서쪽으로 기독교 문명권, 동쪽으로 불교, 유교, 힌두교 문명권과 접해 있어 육로 경계가 길어 이웃 국가와 갈등에 빠지기 쉽다. 문명충돌론은 문명이 서로 교류하면서 변화·발전한다는 점, 문명 생성의 역동성을 간과하고 있으며, 주류 문화와 비주류 문화가 공존할 수 있다는 사실을 부정한다. 이는 비서구 문명권 국가들이 고유의 문명을 강화하고 있는 상황을 인식하고, 다른 문명권에 대한 두려움에 사로잡혀 분쟁과 갈등을 부추김으로써 공존의 가능성을 부정하는 것이다. 그러므로 세계 각국은 문명의 다원성을 받아들이고, 상호 이해를 통한 공존을 모색해야 한다(하랄트 뮐러).

18. 하이브리드 문화

실크로드

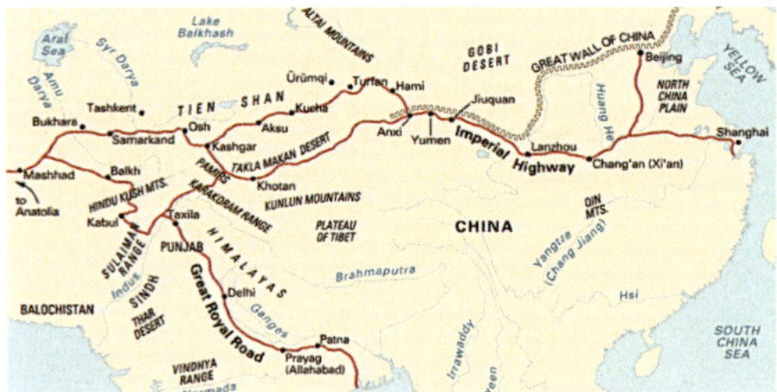

헬레니즘

그리스 문화 + 동양 문화

- 헬레니즘(Hellenism)
- 문화융합
  (그리스+이집트+
페르시아+인도 문화)
- 세계시민주의
(cosmopolitanism)

문명은 교류, 충돌하면서 발전한다

하이브리드 문화
Hybrid Culture

* hybrid 잡종, 혼성체, 혼합물

↳ 다양한 문화적 요소가 결합하여
새로운 형태를 이룬 문화

부대찌개, 김치우동, 치즈떡볶이, 돈가스
카레빵, 롤스시, 짜장면, 명란파스타,
로맨틱 코미디, 액션 코미디, 팝페라

장르혼합 Genre mixing
장르파괴 Genre destruction

퓨전요리(fusion cusine)
크로스오버 뮤직(crossover music)
퓨전재즈(fusion jaz)

하이브리드 문화

東道西器(동도서기)	동양의 도덕, 윤리 서양의 기술, 기계
和魂洋才(화혼양재)	일본의 전통, 정신 서양의 기술

문화는 서로 다른 문화끼리 교류·충돌하면서 발전한다. 세계화 시대에는 서로 다른 문화가 뒤섞이며 통합되는 경향이 있다. 하이브리드는 잡종, 혼성의 의미를 지닌다. 문화에 있어서 하이브리드는 장르 혼합, 장르 파괴적 경향을 가리키는 말이다. 장르를 파괴하는 것은 새로운 장르를 개척하는 것이며, 장르를 혼합하는 것은 새로운 문화를 창조하는 것이다. 이질적 문화 간의 교류와 융합은 새로운 사고, 융합적 사고를 가능케 하여 새로운 지식을 만들어 낸다. 현대 사회의 위험에 대처할 수 있는 새로운 지식을 만들어 내기 위해서는 서로 다른 요소들을 연관시킬 수 있는 융합적 사고 능력이 필요하다.

- 다민족 공동체는 자연스럽게 서로 다른 문화 속에 노출되고 융합되며, 자신의 문화적 정체성을 배타적으로 주장하지 않고, 다른 문화에 대하여 개방적이다. 세계화 시대에는 고유의 정체성보다 이질적인 문화 간의 교류와 혼합을 중요하게 여기며, 국경을 넘어 서로 다른 문화가 뒤섞이며 통합되는 경향이 있다. 다민족 공동체는 교류·융합을 통한 문화 발전의 조건이 된다.
- 팝페라는 팝과 오페라를 결합시킨 것으로써, 오페라의 고급스러운 정서를 유지하면서 대중적으로 친근한 팝의 감수성을 통해 대중에게 쉽게 다가가고자 한다.
- 크로스오버는 장르 간의 경계를 뛰어넘는 것으로, 바흐의 음악을 재즈로 재해석하거나 가야금으로 비틀즈의 음악, 파헬벨의 캐논을 연주하는 것 등을 그 예로 들 수 있다.
- 퓨전 요리는 서로 다른 요리들이 뒤섞이는 경향을 말하는데, 음식 문화의 장르 파괴는 세계화와 인구 이동에 따른 다민족 공동체의 성장과 밀접한 관련이 있다(예: LA갈비, 캘리포니아롤, 불고기버거, 김치피자, 치즈떡볶이 등).

19. 문화의 차이와 다양성에 대한 존중

문화 상대주의
cultural relativism

특수한 환경과
역사적 맥락을 고려한다.

인간존중 : 절대성

인종청소, 생체실험
명예살인, 할례
세습독재, 인신공희
카스트 제도, 불가촉 천민

결혼제도

전쟁 과부
남자 부족

출산 어려운 환경
인구소멸 방지

장례제도

조장(鳥葬) — 승천한다는 믿음
잘 썩지않는 자연환경

풍장(風葬) — 땅 오염 방지

수장(水葬) — 삶의 터전인
바다로 복귀

화장(火葬) — 묘지의 국토잠식
방지

순수
purity

불순
impurity

聖(성)
sanctity

俗(속)
secularity

순수와 불순, 성과 속의 구분은
역사적, 문화적이다

〈이분법적 사고〉

* 내 것은 순수, 성스럽고 남의 것은
  불순, 속되다
* 비정상, 일탈, 예외, 변칙을 질서체계를
  위협하는 불순물로 낙인찍게 된다.

monoculture economy
모노컬쳐 경제

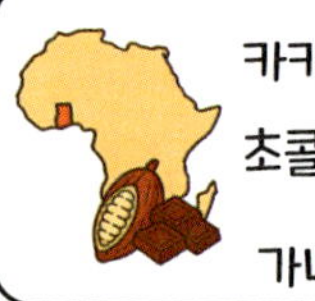

* 다양성 - (생존가능성↑ / 안정성↑) - 풍요와 활력

카툰 논술과 교양

다른 문화를 존중한다는 것은 다른 문화를 그 사회의 특수한 환경과 전통, 역사적 맥락 속에서 이해하고자 하며, 그 차이와 다양성을 존중한다는 것이지 모든 가치 판단을 중지하고 윤리적 판단을 유보한다는 것이 아니다.

이슬람 국가의 일부다처제 문화는 부족 간의 잦은 전쟁으로 인한 미망인들에 대한 경제적 지원의 필요성에서, 시신을 토막 내 새들에게 던져 주는 티베트의 장례 문화는 시신을 신성한 독수리가 먹어서 승천하게 해 준다는 티베트 사람들의 종교관, 윤회 사상, 땔나무와 물이 없고, 시체가 잘 썩지 않는 건조한 환경이라는 점에서 이해할 수 있다.

나치의 인종 청소, 일본의 생체 실험, 북한의 세습 독재, 가문의 명예를 훼손시켰다는 이유로 가족 구성원을 죽이는 명예 살인, 사람의 몸을 신에게 제물로 바치는 인신공희(人身供犧, human sacrifice), 수드라와 불가촉천민에 대한 비인간적 대우를 정한 카스트제도 등 인간을 인간으로 존중하지 않는 행위는 문화상대주의 입장에서도 용납되기 어렵다.

모노컬처 경제

단일 작물을 재배하면 식물에 전염병이 돌 경우, 모든 농작물이 죽게 된다. 1840년대 아일랜드에서는 감자에 역병이 돌아 대기근으로 백만 명가량이 굶어 죽은 사건이 있었다. 단일 작물을 재배하게 되면 병충해나 자연재해에 취약하게 되어 생존의 위협을 받게 된다. 브라질의 커피, 말레이시아의 고무·주석, 가나의 카카오 등은 모노컬처 경제를 보여 주고 있다. 이들 나라의 산업은 전염병과 선진국 수요에 큰 영향을 받고 있어 불안정하다. 생물학적 다양성이 확보될수록 사회는 생존 가능성이 커지고, 안정성을 확보하게 되며, 문화 역시 다양성을 갖추어야 인생에 풍요와 활력을 줄 수 있다.

20. 지리적·환경적 조건의 차이가 문명 격차를 초래한다 - 제러드 다이아몬드

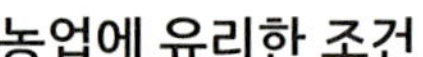

동서 이동에 유리한 유라시아 지형

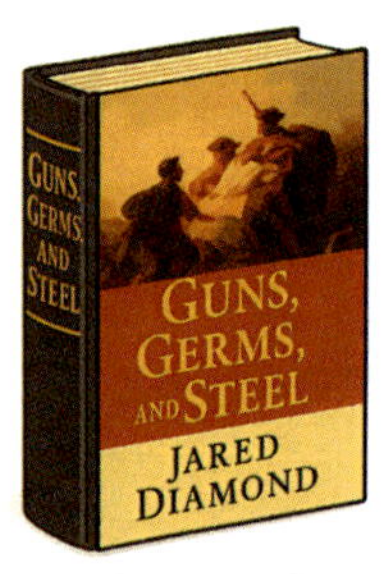

총, 균, 쇠

제러드 다이아몬드

식물의 작물화, 동물의 가축화에 유리한 환경 조건의 차이가 문명 격차를 초래한다는 주장의 요지

- 식량을 많이 생산하면 잉여 식량을 저장할 수 있게 되고, 잉여 식량으로 식량 생산에 종사하지 않는 기능 전문가를 양성할 수 있게 되어 기술이 발전하게 된다. 기술 발전은 전쟁에서 우위를 차지할 수 있게 한다.
- 식량을 생산하면 부수적 생산물인 사료를 이용하여 가축을 기를 수 있고, 가축에 기생하는 병원균은 정착민들이 병원균에 대한 면역력을 기를 수 있게 한다.
- 식량 생산과 관련하여 기록의 필요성이 높아지고 문자가 발달하여 기술의 발명과 전파가 용이하게 되어 사회가 발전한다.
- 확산과 이동 속도에 영향을 미치는 환경적 요인의 차이가 문명 격차를 가져왔다.
- 동서 이동에 유리한 유라시아의 지형 조건은 잦은 충돌과 전쟁을 야기하였고, 전쟁을 통해 금속 기술과 무기가 발전하였다.
- 동서 이동에 유리한 유라시아의 지형 조건은 기술과 제도의 전파를 용이하게 하였고, 이것은 다른 나라의 기술 혁신, 정치 혁신으로 이어져 문명이 발전하게 되었다.

21. 대중문화

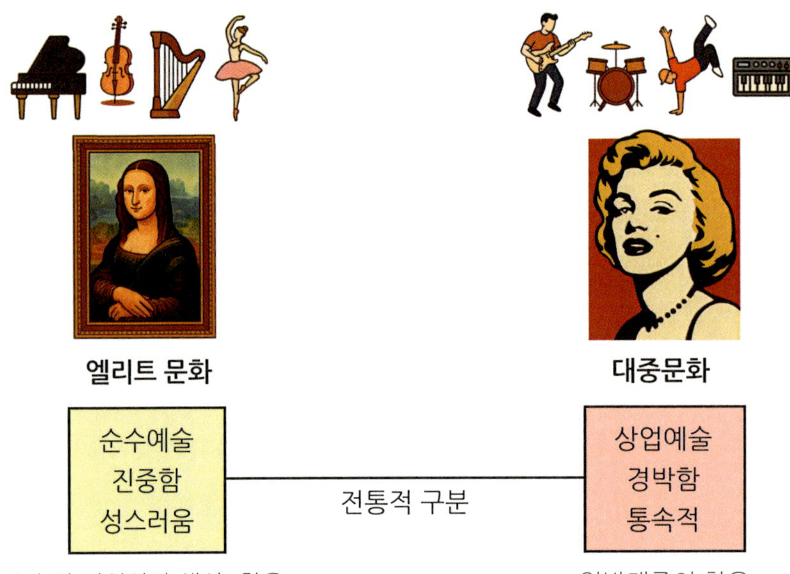

- 민주화, 자본주의 발달 → 교육보급, 생활수준 향상 → 문화접촉, 향유기회 확대
  → 예술의 대중화, 대중예술의 질 향상
- 미디어, 디지털 기술 발달 → 대량생산, 대량소비, 규격화, 획일화, 상품화
- 문화의 타락인가? 다양화인가?

카툰 논술과 교양

전통적인 엘리트 문화를 선호하는 계층에서는 고급문화와 순수예술은 깊이와 품격이 있고, 진지함, 예술적 가치를 가진 것이고, 대중문화는 가볍고, 저속하고, 통속적이고, 깊이가 없고, 말초적이고 위험하기 때문에 정화되어야 하는 대상으로 보았다. 그러나 민주주의와 자본주의의 발전, 미디어의 발달, 정보의 민주화로 문화에 대한 접촉 기회가 확대되고, 문화의 저변이 확대됨으로써 소수의 엘리트만이 즐길 수 있었던 예술은 대중화되었으며, 대중도 예술에 대한 안목과 비평의 능력을 갖추게 됨으로써 대중문화의 질도 높아지게 되었다.

대중문화 비판론

- 대중문화는 자극적 오락거리와 감각적 쾌락을 제공함으로써 현실 도피, 비판 능력 및 개선 의지를 상실케 하고, 지배 체제에 순응케 한다.
- 대중문화는 자본주의의 시장 확대 전략으로 발전하였고, 오늘날은 문화의 모든 영역이 상업화되었다.
- 오늘날은 대자본을 갖춘 자가 경쟁에서 유리하고, 대중문화는 대자본의 위력에 휘둘리게 된다.

대중문화 비판론에 대한 반론

- 오늘날 대중은 단순한 수동적 소비자가 아니라 자신의 기준과 가치관으로 평가하여 능동적으로 선택하고 편집하는 능력을 갖추고 있다. 인터넷의 발달은 개인을 문화 생산자와 공유자의 위치로 끌어올렸다.
- 예술의 상업화는 자본주의의 발달과 맥을 같이하며, 오늘날은 그 어떤 것도 상업성에서 자유로울 수 없으므로 상업성으로 대중 예술을 논박하기에도 무리가 있다.
- 이질성과 다양성이 광범위하게 이루어져 있는 사회에는 여러 종류의 심미적 기준이 있으므로 대중문화를 통하여 문화적 다양성 속에서 예술의 발전과 진보를 꾀할 수 있다.

22. 문화의 힘, Soft Power

롤프 옌센은 저서 『드림 소사이어티(dream society)』에서 "미래의 전쟁은 아이디어와 가치관을 내용으로 하는 문화와 이야기의 전쟁, 콘텐츠 전쟁이 될 것"이라고 하였다. 정보의 독점은 끝났고, 인터넷은 경계가 없으므로 뛰어난 이야기를 가진 전사가 세계와 세계시장을 지배할 것이라는 예측이다. 그에 의하면 정보화 사회 이후의 새로운 사회는 기술, 정보, 군사력보다 이야기, 감성, 아이디어, 디자인, 가치관 등을 담고 있는 문화 콘텐츠, 소프트 파워, 즉 문화의 힘이 세계를 지배할 것이며, 문화, 정치적 가치관, 대외 정책 등의 소프트 파워는 경제적·군사적 자산보다 중요한 것으로 미래 사회를 이끌어 갈 미래의 힘이다.

- 스토리가 경쟁력을 좌우한다.

  유발 하라리(이스라엘 역사학자)는 "인간은 자신들이 역사를 만든다고 생각하지만 사실 역사는 이야기, 허구의 그물을 중심으로 돌아간다"고 하였다. 인간의 역사는 상상 속에만 존재하던 것들에 대해 이야기하면서 시작되었고, 이야기의 그물은 힘을 키워 현대 문명을 구축하는 데까지 이르렀다는 것이다. 고대 그리스·로마 시대의 지배자는 올림푸스 12신과 신화 속 인물들이었다. 중세시대 유럽은 예수그리스도와 기독교 이야기가 역사를 지배하였다. 북한에서는 날조된 김일성 신화가 70년 이상 인민을 지배하고 있다. 인간이 만들어 낸 신의 이야기(종교)와 국가, 민족 등 상상의 공동체는 엄청난 위력을 발휘하여 수억 명의 인류가 그것을 중심으로 서로 뭉치고 협력하게 만든다. 유발 하라리는 21세기의 신기술은 허구의 힘을 더욱 성장시킬 것이라고 전망하였다. 독특하고도 뛰어난 스토리를 갖추는 것은 오늘날 개인과 기업, 국가의 경쟁력을 좌우한다.

23. 문화의 산업화

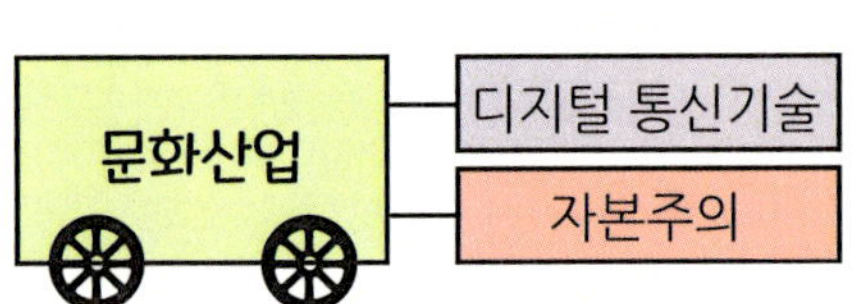

* 디지털 통신기술에 의해 모든 형태의
  커뮤니케이션은 상품화 된다

미디어는 모든 문화를 담는 용기(容器)

문화상품

* 문화상업주의는 모든 문화를
  상품의 형태로 만든다

자본주의는 악마의 맷돌인가?

문화 산업화의 문제점

자본가, 선동가의 플랫폼 장악	• 네트워크망, 플랫폼 장악 → 인간의 삶을 장악
문화생산자의 이데올로기 일방적 전달 지배적 가치와 이데올로기 수용	• 자본과 권력에 수동적인 인간 양성 • 문제인식능력X, 비판능력X, 개선의지X
오락과 유희를 즐기며 가볍게 산다	• 체험을 통한 공감, 정을 나누며 살아가는 인간적 삶X
	• 인생, 행복, 좋은 삶에 대한 진지한 고민X

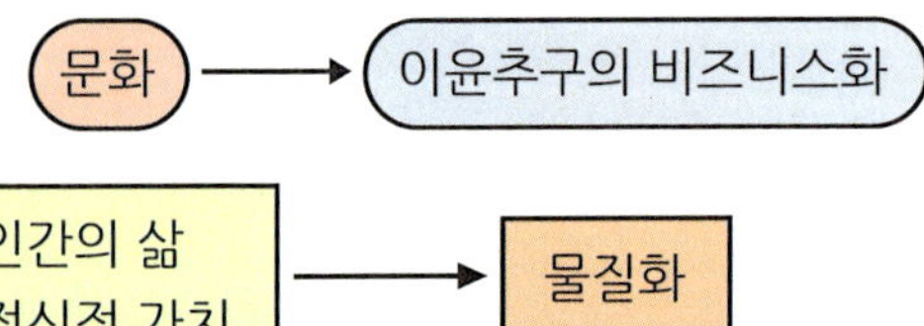

* 상업주의가 인간의 정신과 삶을 지배한다.

* 자본가, 선동가들이 지배하는 세상
  이미지 > 능력, 품성
  이익 > 양심

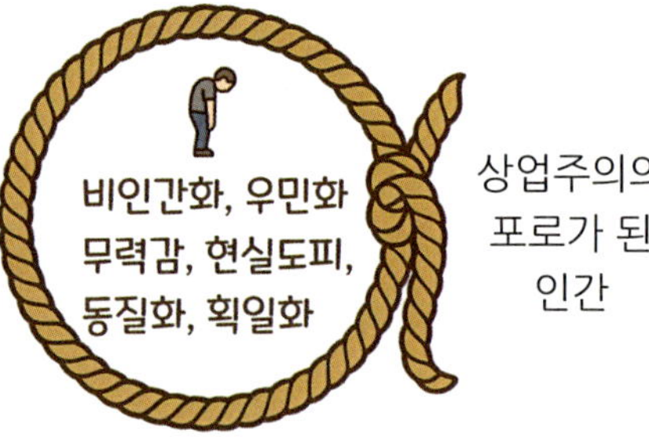

* 미디어를 장악한 자본과 권력이
  인간의 삶을 지배한다.

오늘날은 시장경제가 모든 것을 잠식하고 있고, 문화 면도 그 예외가 아니다. 문화 상품은 자연 자원을 소진하지 않고 복제만으로 전 세계에 수출이 가능하고, 그 콘텐츠는 파급 효과가 크기 때문에 경제의 핵심 동력이 될 수 있다. 오늘날 디지털 통신 기술은 거의 모든 문화 형태를 상품화할 수 있게 되었고, 문화는 네트워크 망을 통해 상업의 영역으로 빨려 들어가고 있다. 현대 사회는 네트워크 망을 장악하고 상업적으로 이용하는 사람들이 인간의 삶과 문화까지 장악하고 마음대로 재구성할 수 있는 위험에 직면하게 되었다. 칼 폴라니는 시장경제가 모든 것을 잠식하는 상황을 '악마의 맷돌'이라고 표현하였다. 모든 삶의 형태와 문화가 상업적으로 가공되어 상품화되고, 인류 문화가 상업 문화로 획일화·동질화되는 상황에서 인류에게는 상업 문명으로부터 인류 문명을 온전하게 유지하고, 문화적 다양성을 지키기 위한 노력이 요구된다.

Q. 스포츠는 대중문화, 상업주의와 결합하여 어떻게 변질되었나?

미디어 기술, 자본주의의 발달과 함께 스포츠는 대중문화, 상업주의와 결합하여 보는 스포츠, 소비되는 놀이가 되었고, 놀이 본래의 정신과 문화 활동적 요소가 퇴색하게 되었다. 스포츠는 대중문화, 상업주의와 결합하여 대리 만족의 수단이 되었고, 실제 삶과 유리되게 되었다.

Q. 기업들이 거액의 개런티를 지급하면서 스타 마케팅을 하는 이유는?

인기 스타는 대중적 인지도를 구축하고 있어 대중과의 감정적·정서적 연결 고리를 갖고 있기 때문에 상품의 소비자를 확보하여 이윤을 극대화할 수 있는 안전장치, 보조 장치가 된다. 또 인기 스타에게 지급되는 거액의 개런티는 상품 가격에 반영되어 소비자에 전가되므로 기업은 손해 볼 것이 없다.

24. 접속의 시대

휴대폰
없는 날

오늘은 무인도

* 네트워크 접속은
  오늘날 생활의
  필수적 일부분이
  되었다

부동산 / 동산

결혼

구독
subscription
렌탈
rental

파트너

* 소유에서 접속으로, 유형의 자산
  대신 접속할 수 있는 권리가
  상품화 되었다.

접속의 시대의 인간

제레미 리프킨

소유의 시대	접속의 시대
물질(딱딱함, 고정) —	비물질(부드러움, 유동성)
무거움(신중) —	가벼움(경솔)
이성적 사유 —	감성적 사유
* 분석적, 합리적	* 느낌을 중시
현실, 실제 체험 —	몽상, 환상, 가상 체험

접속의 시대

문제점

현실파괴, 현실도피
문제인식능력↓, 비판능력↓

사이버 공간에서 오락과 유희를
즐기며 가볍게 살아간다

비인간화

• 체험을 통한 상호 교감X, 친밀감X
• 인생, 행복, 좋은 삶에 대한 진지한 고민X

인간성 상실
도덕적 진보X

카툰 논술과 교양

제레미 리프킨의 저서 『접속의 시대』에 의하면, 오늘날 문화 산업이 판매하는 것은 현실을 모방한 세계와 의식을 고양시키는 세계로 잠시 접속할 수 있는 권리이다.

문화, 인간이 공유하는 경험은 점점 상업적 영역으로 끌려들어 가고 있다. 점점 더 많은 인간 경험이 사이버 공간 안에서 다각화된 네트워크들에 대한 접속의 형태로 구매되는 오늘날의 시대에 있어, 젊은이들에게 익숙한 세계는 이념적 세계가 아니라 연극적 세계이다. 접속의 시대에 있어 젊은이들의 의식은 노동 정신보다 유희 정신에 기울어져 있고, 네트워크에 대한 접속은 그들에게 이미 생활의 일부가 되었다. 리프킨이 말한 접속의 시대는 이성적이고 분석적인 사유가 지배하는 의식이 의심받고, 성적 욕망, 몽상, 환상에 이끌리는 무의식이 전면에 나서서 사실상의 현실이 아니라 하이퍼 현실(초현실)이 의식을 지배하는 시대이다. 그것은 진짜와 가짜가 전도되는 거꾸로 된 세계이다.

> 채팅과 전자오락에 쏟아붓는 숫자가 늘어나자, 젊은이들의 의식은 다중인격자에 가까워지고 있다. 그들의 의식은 가상 세계나 네트워크에 어울리기 위해 이용했던 짧은 토막의 파편들로 이루어져 있다.
> - 제레미 리프킨

오늘날은 오락 산업, 환상과 유희의 산업, 강렬하고 유쾌한 체험을 제공하는 산업이 삶에서 큰 영향력을 행사하고 있다. 사이버 공간에서 오락과 유희를 즐기며 가볍게 살아가는 삶은 문제 인식 능력, 비판 능력을 감퇴시킨다. 체험을 통한 상호 교감과 친밀감이 없는 것, 인생과 행복, 좋은 삶에 대한 진지한 고민이 없는 삶은 인간성 상실, 도덕적 퇴보를 가져올 수도 있다. 접속의 시대는 새로운 야만의 시대가 될 수도 있다.

한편, 빠르게 움직이고 정신없이 바뀌는 현실에 제대로 적응하기 위해서는 사람의 의식도 딱딱하고, 무겁고, 이성적인 것에서 부드럽고, 가볍고, 느낌을 중시하는 방향으로 좀 더 발랄하고, 유연하고, 찰나적으로 변할 필요가 있다는 견해도 있다.

25. 취향은 문화적 위계를 반영한다

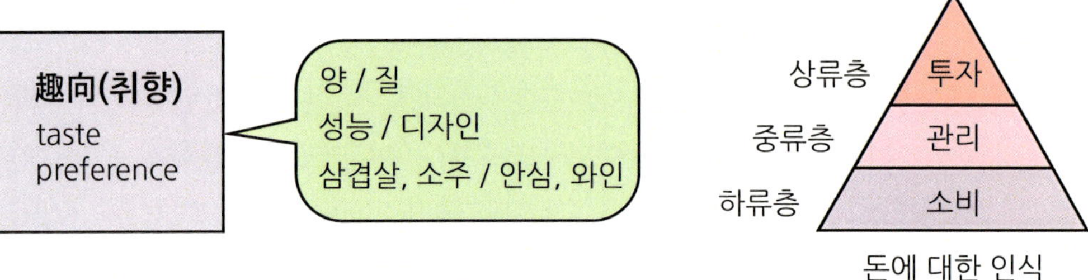

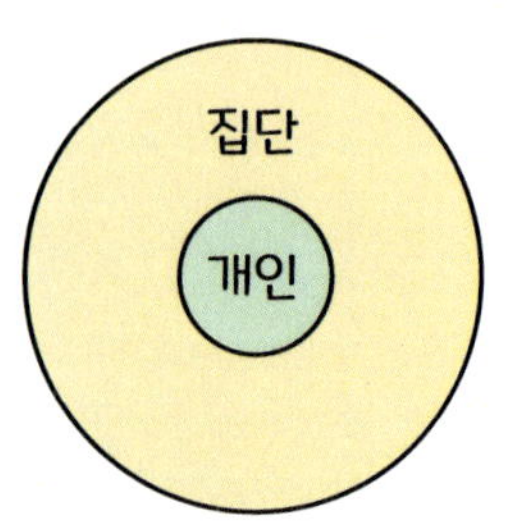

취향은 개인적이면서도
사회적이다

취향은 교육수준, 출신배경과
밀접한 관련이 있다

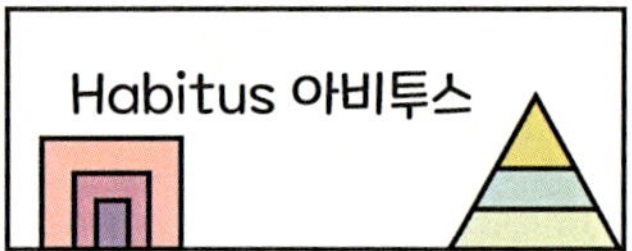

문화를 통해 획득된
후천적 성향

지배계급의 취향

차별화, 감각, 디자인
투자해야 얻을 수 있는 것

민중의 취향

성능, 가격, 실용성
빨리 얻을 수 있는 것

차별화된 취향이 사회적 지위와 계층 구분의 기준이 된다.

피에르 부르디외

프랑스의 사회학자 피에르 부르디외에 의하면 취향은 자연스럽게 타고난 것이 아니라 문화를 통해 획득된 후천적 성향(habitus, 아비투스)이며, 그것은 교육 수준, 집안 배경, 출신 계급과 밀접한 관련이 있다. 개인의 취향에는 집단의 성향과 감각이 녹아 있다. 지배 계급의 취향은 차별화, 감각을 특징으로 하고, 학습 시간을 투자해야 누릴 수 있는 것을 선호하고, 브랜드, 느긋함, 즐거움을 중시한다. 반면, 민중 계층은 필요를 중심으로 선택하고, 실용적인 것에 의미를 두기 때문에 대중음악, 패스트푸드를 선호하는 경향이 있다. 이처럼 차별화된 소비와 문화적 취향은 사회적 지위를 결정하는 기능을 한다. 결국, 취향은 문화적 위계를 반영하고, 문화는 또 하나의 권력으로 작용한다. 문화의 장에서 권력을 행사하고자 하는 자는 자신이 가진 문화 자본, 특별한 능력의 사회적 가치와 희소성을 증대시키기 위해 끊임없이 노력하고 투쟁을 벌인다. 상류 계층은 하류 계층의 문화를 조잡하고, 천박하고, 타산적이라고 비하한다. 상류 계층은 취향을 통해 스스로의 탁월함을 드러내고자 하며, 문화적 장벽을 만들어 사회적 차이를 정당화하고자 한다. 문화가 차별·배제의 수단이 되는 것이다.

Q. 예술 작품의 감상을 위해서는 공부와 훈련이 필요한가?

문화와 예술 작품을 보는 안목은 저절로 생기는 것이 아니다. 문화의 소비를 위해서는 판독이나 해독에 필요한 개념, 용어들을 숙지해야 하며, 볼 수 있는 능력을 갖추기 위해서는 지각을 위한 프로그램에 익숙해져 있어야 한다. 예술 작품은 문화적 능력, 해독의 기준이 되는 약호를 가진 사람에게만 의미가 있다. 예술 작품을 감상하면서 기쁨을 얻는 것도 인지 능력, 해독 작업을 전제로 하는 것인데, 그렇게 하기 위해서는 교육이나 유산으로 물려받은 안목과 감각이 중요하다. 예술 작품은 아는 만큼 보인다는 점에서 지식과 교육, 훈련을 받은 사람들에게 더 큰 의미와 지적 쾌감을 준다.

26. 문화는 계층 구분을 재생산한다

계급
힘 — 권력, 자본
특별한 의미 — 문화, 상징

문화자본 👉 학력, 자격, 교양
고상함, 품위, 세련됨
→ 구별짓기, 차별화
→ 계층구분, 문화적 장벽 형성

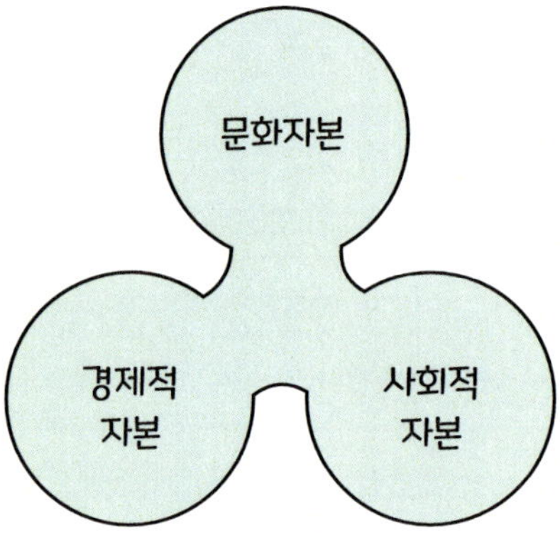

문화자본

경제적
자본

사회적
자본

자본의 유착관계

Q 명품소비의 이유는?

구별짓기

상징권력의
확보

피에르 부르디외

猝富(졸부)

parvenu
nouveau
riche

졸부

개밥에 도토리

Q 졸부가 대접받지 못하는 이유는?

피에르 부르디외(Pierre Bourdieu, 프랑스, 사회학자, 1930~2002)는 계급 관계를 경제적 관계로만 보지 않고 힘의 관계인 동시에 의미의 관계로 파악하고 상징적 관계와 계층 간의 관계에 관심을 가지고 사회 구조를 분석하였다. 부르디외에 의하면, 고상함, 품위, 교양, 세련됨 등으로 표현되는 취향 위계의 상위에 속할수록 특별한 이익이 있다. 학력, 자격증, 품위, 교양, 세련됨 등 문화 자본 중에서도 특히 학력(교육)은 교양의 차별적 재생산 메커니즘이 될 가능성이 크다. 이러한 문화 자본의 우위는 경제적 자본, 사회관계 자본(인맥), 상징 자본(위신, 명예)의 우위로 이어지게 되고, 결국 문화는 계층 구분을 재생산함으로써 문화적 장벽을 만들어 하위 계층에 상징적 폭력을 행사하게 된다.

- 명품 소비는 고가의 희귀재의 소비를 통해 상징 권력을 확보하는 것이 주 목적이다.
- 우리나라에서는 경제력 차이 → 사교육 차이 → 학력 차이 → 직업 격차의 순으로 계층 구분을 재생산한다.
- 노동 계급의 젊은이가 성공에 이르는 길에서 부딪치는 장벽은 물질적 불평등뿐 아니라 문화적 자본의 결여에 있다.
- 구별 짓기는 그것이 확산될 때 효력을 잃게 된다. 특히 유행은 변화에 민감하여 유행이 확산되면 그 가치가 떨어진다.
- 졸부가 인간적 대접을 못 받는 현상은 상류층 진입이 경제적·정치적 신분 상승만으로 가능하지 않다는 것을 보여 준다.

27. 종교의 발생

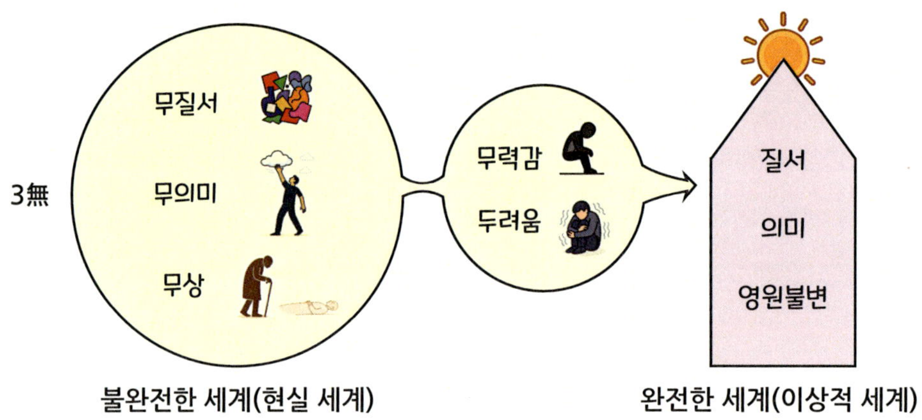

종교는 덧없는 인생을 의미있고 가치있는 것으로 만든다.

우리가 살아가는 세상이 질서와 의미로 가득 찬 세상이 아니라 무질서하고 무의미하다는 것은 무력감과 두려움을 안겨 준다. 그중 가장 두려운 것은 죽음의 공포인데, 죽음은 아무도 체험해 본 적이 없기 때문에 삶을 불안하게 만든다. 인간은 무질서와 무의미한 상태를 견디지 못하고 죽음 너머의 세계까지도 질서와 의미로 가득 찬 세계로 만들고자 한다. 인간은 죽음에 대한 공포를 몰아내고, 인생의 무상함을 극복하기 위해 초월적 상상의 세계로서 종교를 만들었다. 종교는 세상에 질서와 의미를 부여하는 거대한 기획이다. 종교는 신의 작품이 아니라 인간에 의해 구조화된 인간의 작품으로서 인류의 위대한 자산이다. 인간은 이성적 존재지만 한편으로는 위로를 필요로 하는 나약한 동물이며, 마음에 위안을 주는 환상을 필요로 한다. 인간은 인생의 무상함, 유한성을 극복하기 위해 완전한 세계, 영원한 기쁨과 행복을 누릴 수 있는 세계, 초월적 상징의 세계로서 종교를 만들었다.

물질세계, 보이는 세계에 속하는 육체는 언젠가는 소멸한다. 그러나 비물질세계, 보이지 않는 세계에 속하는 정신이 반드시 소멸되는지에 관해서는 아직까지 밝혀지지 않았다. 여러 종교에서는 인간의 정신은 불멸이라고 믿고 있으며, 정신은 우주의 에너지와 연결되는 초월성을 가진다고 한다. 이 때문에 인간은 종교를 통해 완전한 세계, 이상적 세계, 영원의 세계, 초월적 세계를 지향한다.

28. 종교에 대한 부정적 견해

니체는 "종교는 인간의 욕망에 근거한 환상이며, 신은 인간의 욕망이 만들어 낸 허상"이라고 하였다. 니체는 "종교는 신이라는 허황된 존재를 근거로 현실을 부정하게 만들고 삶을 살 만한 가치가 없는 것으로 만들어 버리는 것"이라고 함으로써 종교(기독교)의 가치를 부정하였다. 종교는 냉혹한 세상에서 고통과 슬픔에 빠져 있는 약한 존재들에게 천상의 보상을 약속함으로써 기쁨을 주고, 약자를 위로함으로써 약자들의 불만을 잠재우고, 운명에 순응하게 만드는 노예의 도덕이라는 것이다.

종교에 대한 기타 부정적 견해

누군가 망상에 시달리면 정신이상이라고 하고 다수가 망상에 시달리면 종교라고 한다.
- 로버트 퍼시그

종교는 묻지도 따지지도 말고 신을 기쁘게 하기 위해 아들 이삭을 제물로 바치라는
신의 명령에 따르는 것과 같은 일종의 광기이다.
- 자크 데리다

종교는 진화의 질병이며 무지의 소산이다.
- 리처드 도킨스

종교가 삶의 가치에 대한 부정이고 약자의 도덕이라는 니체의 견해는 부분적 진실에 지나지 않는다. 종교는 생물학적 삶을 초월하는 삶, 영원한 행복, 완전한 세계를 지향하고, 그 세계로 도약하기 위해서는 자비와 선행을 베푸는 등 도덕적 삶을 살아야 한다고 가르친다. 신앙을 가진 사람들은 생물학적 삶을 초월하는 가치가 있다고 믿기 때문에 당장 손해를 입더라도 생물학적 삶을 희생해 가면서까지 더 열정적으로 도덕적 삶을 살아가고자 한다. 자신의 이익을 포기하고서라도 윤리적 삶을 살아가는 것, 가난한 사람을 돕고 약자를 위로하는 것은 약자가 할 수 있는 것이 아니라 정념과 욕망을 억제할 수 있는 강자만이 행할 수 있는 미덕이다. 따라서, 종교가 약자의 도덕(비겁자의 도덕, 노예의 도덕)이고, 삶의 가치를 부정한다는 니체의 주장에는 무리가 있다.

29. 종교에 대한 긍정적 견해

종교를 유용성의 차원에서 긍정하는 견해
- 종교적 열정, 헌신을 이끌어 내는데 한계가 있다.

종교가 추구하는 것

- 종교는 사랑과 자비, 선한 삶을 강조함으로써 윤리적·이타적 삶을 살아가게 한다.
- 종교는 이성에 의해 부풀어진 오만을 떨쳐 내고 경건한 마음으로 지혜롭게 살아가는 것이 행복한 인생이라고 가르친다.
- 종교는 이기심으로 분열되기 쉬운 인간 사회에 질서를 부여함으로써 사회를 통합·결속시킨다.
- 종교는 현실적 어려움을 극복할 수 있는 힘과 마음의 평화를 준다.
- 종교는 죽음에 대한 불안을 안고 살아가는 사람들에게 위로가 되고, 삶이 다하는 순간까지 열정적 삶을 살게 한다.
- 종교적 명상이나 기도는 정신 건강에 유익하고 영감을 주는 등 인간의 능력을 최대화하는 효과가 있다.

종교를 유용성의 견지에서 긍정하는 견해

종교의 정당성은 그것이 우리의 삶을 얼마나 풍요롭게 하는가 하는 유용성에 달려 있다.
- 윌리엄 제임스

종교는 현실을 개선하고 더 나은 삶을 도모하기 위해 창안해 낸 하나의 메타포(은유)이다.
- 리처드 로티

위와 같은 도구주의, 실용주의는 종교적 열정과 헌신, 희생을 끌어내는 데 한계가 있기 때문에 종교가 삶의 유용한 도구가 될 수 없게 하는 측면이 있다.

30. 인본주의 종교

질서의 변천

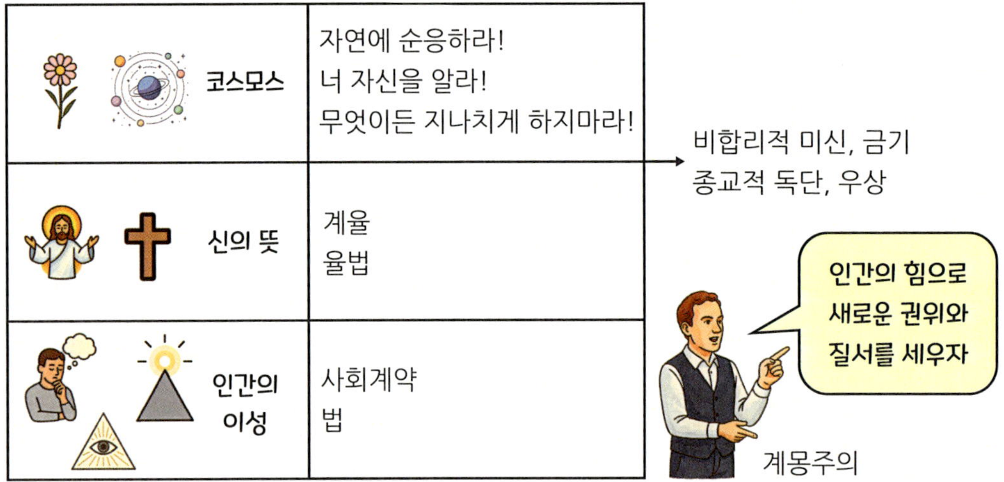

비합리적 미신, 금기
종교적 독단, 우상

계몽주의

루소

민주주의
공산주의 — 신성시 → 종교이념 우상 → 희생 강요, 숭배
인간을 억압

* 새로운 종교와 우상의 등장
* 좋은 정치는 삶의 조건을 개선하는 것 인데
  정치가 종교화 되었다(목적과 수단의 도치)

Humanism 휴머니즘
人本主義(인본주의)

근대의 휴머니즘 — 이타성, 보편성
(공동선 추구, 공덕 위주의 윤리관)

현대적 휴머니즘 — 자기 성찰, 확장된 사고
(과학과 이성에 대한 반성, 개별성 극복)

인간이 중심이 되는 세상의 문제점

휴머니즘

통제력 상실, 개인숭배, 우상화, 물신주의의 폐해
권위보다 권위의 부재가 더 문제가 된다.

카툰 논술과 교양

고대의 질서는 코스모스였다. 코스모스는 정당하고 아름다운 신의 질서이며, 조화롭고 합리적이다. 그러므로 고대인들은 자연에 순응할 때 평화와 질서가 유지되고, 인간은 행복을 누릴 수 있다고 믿었다. 중세의 질서는 '신의 뜻'이었다. 중세인들은 신의 계명에 복종할 때 사회는 평화롭고, 질서가 유지되며, 사후에 천국에서 영원한 행복을 누릴 수 있다고 믿었다. 그러나 근대에는 과학의 발달로 사람들이 변하지 않는 '코스모스'나 '신의 의지', '천국' 같은 것을 믿지 않게 되었다. 그 후, 삶의 방향을 잃은 인간은 스스로의 힘으로 질서를 세워 지상에 천국을 건설해야 했다. 이성 중심의 윤리관은 비합리적 미신과 금기, 종교의 독단에서 벗어나고자 하였고, 우상을 파괴하고, 인간이 중심이 되는 질서를 구축했다. 루소, 로크 등 사회계약론자들에 의해 법치주의에 기반을 두고 자유와 인권을 보장하는 민주주의가 종교를 대신하게 되었고, 계약과 법률이 종교를 대체하게 되었다. 그런데 시간이 지나면서 인간이 세운 질서인 민주주의 그 자체가 신성시되고, 성역과 우상이 되었다.

정치 이념과 체제는 인간이 좋은 사회를 이루고 행복하게 살아가기 위한 수단으로 생겨난 것인데, 그것이 목표가 되고 또 다른 종교, 우상이 되어 인간을 속박하고 억압하게 된 것이다. 정치는 어떤 체제와 이념을 수호하는 것이 아니라 국민의 삶의 조건을 개선해 나가는 것, 정치가 있는지 없는지, 신경 쓰지 않아도 되는 정치가 최선의 정치라고 할 수 있다. 그러므로 민주주의, 공산주의 등의 이념에 집착하여 또 다른 신화와 우상을 만들어 숭배하고 인간을 억압하는 것은 금기와 독단, 우상의 시대로 회귀하는 것으로서, 바람직하지 않다.

종교를 대체하고자 한 사상- 휴머니즘(humanism, 인본주의)

근대의 휴머니즘은 각 개인의 고유한 가치를 인정하고 인간을 수단으로 여기지 않는다. 그것은 인간이 중심이 되는 윤리이며, 이타성과 보편성을 특징으로 한다.

현대적 휴머니즘- 자기성찰, 확장된 사고

현대적 휴머니즘은 형이상학과 종교의 환상을 걷어 낸 휴머니즘이며, 과학의 폐해에 대한 진지한 성찰과 함께 자기비판, 자기성찰에 중점을 두고 있다. 현대적 휴머니즘의 핵심은 자기성찰과 확장된 사고에 있다.

31. 종교는 이성적 삶을 보완해 준다

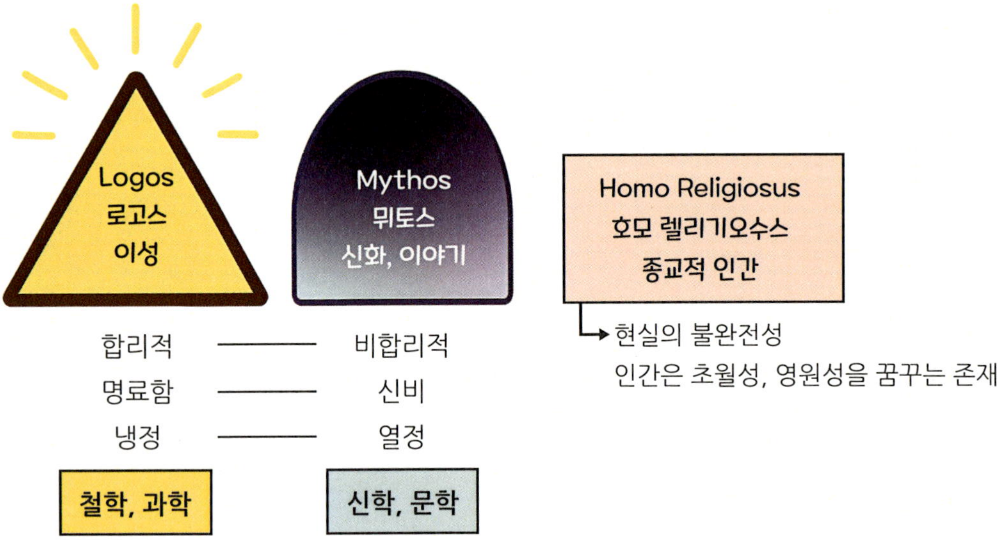

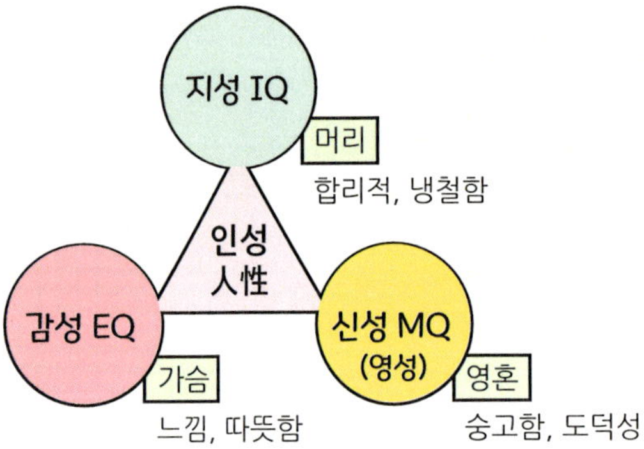

균형잡힌 삶 (행복)

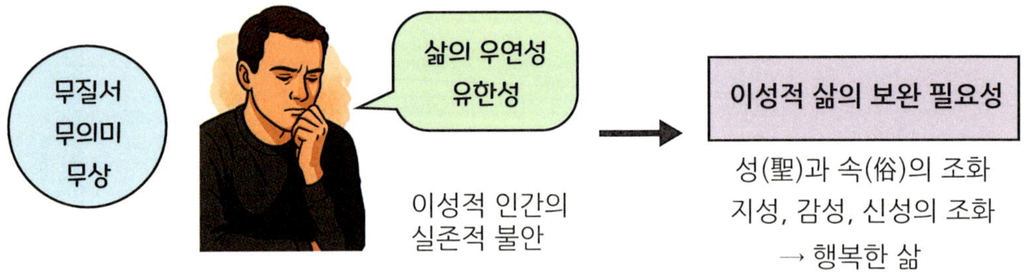

인간은 이성의 능력으로 자연의 법칙을 이해하고, 자연을 정복하고 문명을 이룩함으로써 생존에 성공해 왔다. 그러나 이성적 삶은 인간 존재의 유한성, 인생의 우연성에 기인하는 실존적 불안을 해결해 줄 수 없었기에 사람들은 신화, 이야기, 상상력을 바탕으로 설명할 수 없는 초월적인 힘, 신비적 힘을 믿고, 거기에서 영적인 위로와 힘을 얻고, 불안한 삶을 헤쳐 나갈 수 있었다. 종교는 뮈토스(신화, 이야기)의 영역에 속한 것으로서, 이성과 과학이 줄 수 없는 지혜와 양식을 제공함으로써 이성적 삶의 불완전성을 보완해 준다.

인간은 초월적 상징의 세계로서 종교를 만들었다. 초월성을 꿈꾸는 것은 인간이 동물과 다른 점이며, 이것은 창조성의 원천이 된다는 점에서 종교는 인류의 탁월한 발명품이자 위대한 자산이다. 인간은 종교적 동물(homo religiosus, 호모렐리기오수스)이다.

인간은 이성(합리성, 냉철함, IQ), 감성(느낌, 예술성, 따뜻함, EQ), 신성(숭고함, 도덕성, MQ)이 조화, 균형을 이룰 때 보다 행복하고 완전한 삶을 살아갈 수 있는데, 종교는 인간의 신성(영성)과 관련이 있기 때문에 인간의 삶을 보다 완전하게 한다.

Q. 무속신앙은 미신인가?

무속신앙이 기복성, 사람을 해치는 흑주술 등으로 자신의 이해관계를 관철하고자 하는 수단으로 이용된다면 그것은 종교가 아니라 미신으로 볼 수 있다. 종교는 속된 것이 아니라 성(聖)의 영역에 속하는 삶의 양식으로서 초월적 이상을 추구하면서 현실 속에서 삶의 의미와 가치를 찾는 것이어야 한다. 무속신앙도 삶의 의미와 가치를 찾고 참된 구원을 추구한다면 미신이 아니라 하나의 종교로 볼 수 있다. 반면, 공인된 종교도 기복성을 강조하거나 사람을 해치거나 성직자들의 탐욕을 채우기 위한 영리 목적으로 활용된다면 그것은 미신으로 볼 수 있다.

32. 종교 없는 세상

종교의 부정적 측면

리처드 도킨스

* 종교 부정론자들은 사이비 종교, 광신도의 부정적 열정에 초점을 두고 있다.

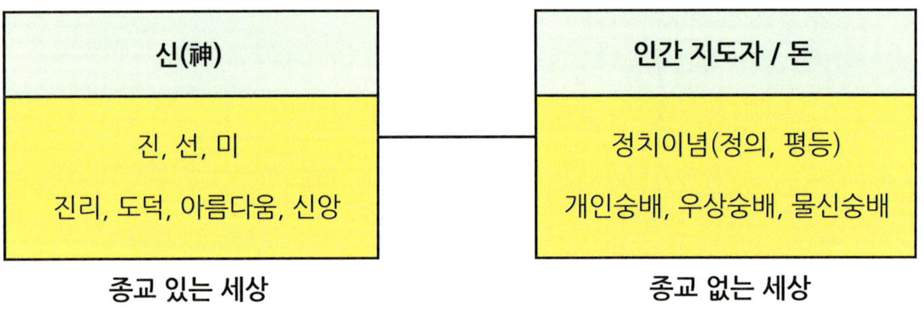

속물적 세상	초월적 이상 X, 신성한 가치 X
절망적 세상	죽음의 공포를 안고 희망 없이 늙어간다

종교 없는 세상

삶의 의미와 가치
참된 구원

종교가 추구하는 것

카툰 논술과 교양

마녀사냥, 십자군, 폭탄 테러, 대량 학살, 순진한 사람들의 돈을 우려내는 성직자 등 사이비 종교, 광신도의 부정적 열정 등 종교의 비합리적인 면을 강조함으로써 종교 없는 세상이 더 안전하고 정의롭고 평화로울 것이라는 가정은 근거가 희박하다. 신을 배제하고 인간의 힘으로 세운 세상, 인간이 중심이 되는 세상이 더 나은 세상인가? 인간은 자신이 즐겁다고 생각하는 것에 의해 고무되는 존재이며, 인간의 이성은 욕망을 충분히 억제할 수 있을 만큼 강하지 않다. 인간의 능력(이성)을 절대적으로 신뢰하여 인간이 중심이 된 세상에서는 나치스 정권, 공산주의 정권처럼 지도자를 우상화하고 신격화하여 오히려 인간을 억압하게 된다. 종교가 없는 세상에서는 인간의 신(독재자), 물신(돈), 과학이 신의 자리를 차지하게 된다. 종교 없는 세상에서는 진리, 도덕, 아름다움 등 고귀한 가치 대신 인간의 욕망과 이기심이 자리 잡게 되고, 이해관계가 모든 것을 좌우하는 세상, 도덕이 힘을 발휘할 수 없는 세상이 될 수 있다. 종교 없는 세상은 초월적 이상과 신성한 가치를 폐기 처분 한 속물적 세상, 죽음의 공포 속에 희망 없이 늙어 가는 절망적 세상이 될 수 있다.

Q. 삶의 조건이 개선되면 종교는 사라질 것인가?

인간은 육체적 삶의 유한성이 가져오는 일시적 행복에 만족하지 않고 영원한 행복을 꿈꾼다. 인간은 정신(영혼)의 불멸을 믿음으로써 육체적 삶의 유한성(죽음)을 극복하고자 하며, 완전한 세계, 이상적 세계, 영원의 세계, 초월적 세계를 지향한다. 이러한 인간의 욕망에 비추어 볼 때 사회적 조건이 개선된다면 종교의 중요성이 현재보다 줄어들 수는 있겠지만, 종교 그 자체가 사라지지는 않을 것이다.

제7장

시간

1. 크로노스와 카이로스

크로노스

물리적 시간(객관적)
절대적 시간
* 과거는 잃어버린 시간

카이로스

심리적 시간(주관적)
상대적 시간
* 과거는 현재의 일부

크로노스   사투르누스

* 자식을 잡아먹는 사투르누스.
  시간의 흐름은 거역할 수 없고
  구세대는 신세대에게 자리를
  물려줄 수 밖에 없다.

카이로스

* 찰나의 순간에 기회를 잡지 않으면
  다시 붙잡을 수 없다.

* 카이로스는 '결정적 순간', '기회'
  같은 특별한 의미를 가지는 시간을
  뜻하기도 한다.

카툰 논술과 교양

제이 그리피스는 저서 『시계 밖의 시간』에서 "시계로 재는 시간과 개인이 느끼는 주관적 시간은 다르다"고 하였다. 시계의 시간은 기계적 규칙성으로 움직인다. 그러나 삶에서의 시간은 기계적 규칙성으로 움직이지 않는다. 나이 든 사람은 시간이 너무 빨리 지나간다고 한숨 쉬지만, 어린이들은 잠시도 참지 못해 안달한다. 시간은 주관적·상대적이며, 개인의 감정과 상황에 따라 시간의 길이는 다르게 느껴진다. 시간은 우리의 경험이 구성한 주관적 체험의 산물로서 각자에게 다르게 느껴지고, 다른 의미로 나타난다.

크로노스(Kronos)와 카이로스(Kairos)

크로노스는 물리적 시간, 객관적 시간, 절대적 시간, 앞으로만 일방적으로 흐르는 시간, 돌아오지 않는 시간, 잃어버린 시간이다. 크로노스는 대지의 여신 가이아(Gaea)와 하늘의 신 우라노스(Uranus) 사이에 태어난 아들로서, 아버지 우라노스로부터 지배권을 빼앗았다. 크로노스는 우라노스처럼 자식들에게 권력을 빼앗기지 않기 위해 자식들이 태어나는 대로 삼켰지만, 그 역시 자식인 제우스로부터 쫓겨나게 된다. 크로노스는 시간의 흐름은 거역할 수 없고, 구세대는 새로운 세대로 교체될 수밖에 없다는 것을 나타낸다.

카이로스는 심리적 시간, 주관적 시간, 상대적 시간, 과거와 현재와 미래가 마음속에 함께 있는 시간이며 초자연적 시간이다.

카이로스는 원래 기회의 신인데, 앞머리가 무성하고 뒷머리가 없고 발에 날개가 달려 있고, 왼손에는 저울, 오른손에 칼을 들고 있다. 이것은 기회는 순식간에 사라지고, 한 번 가면 다시 잡기 어렵고, 기회가 왔을 때는 정확히 판단하고 날카로운 결단을 내려야 한다는 것을 나타낸다.

2. 시간은 허구적 개념이다

우리는 지나간 과거의 그림자를
보고있다.

시간은 공간의 존재로부터 파생된 개념이다. 인류는 지구가 자전하는 것을 하루, 지구가 공전하는 것을 1년으로 정하였고, 달이 차고 기우는 것을 한 달로 정했다. 그러나 우리가 믿고 있는 공간이 에너지의 파동에 불과한 일시적인 것이라면 그것은 사상누각이자 허구의 세계이다. 우리가 보고 있는 별은 수백 년 전의 별이며, 공간이라는 허구의 기초 위에서 우리는 지나간 과거의 그림자를 보고 있는 것이다. 한편, 시간은 빛과의 관계에서 생성된 개념으로서, 우리가 사는 공간에서 일어나는 모든 운동이 빛보다 느리다는 전제 하에서만 시간이 흐른다. 그러나 빛과 같은 속도로 움직인다면 흐르는 시간이라는 것은 없고, 영원한 현재만이 존재한다. 빛의 속도에 가까운 세계에 사는 존재들은 느긋하게 움직여도 빠르게 이동하므로 시간이 느리게 흐르고, 빛의 속도에서 먼 세계에 사는 존재들은 바쁘고 번거롭고 많이 움직이면서 살아가야 하므로 시간이 더 빠르게 흐른다는 것이다. 인간에게 하루는 지구 끝까지 갈 수 있는 많은 시간이지만, 달팽이에게는 수 미터밖에 갈 수 없는 짧은 시간이다. 각 각의 세계는 제각기 다른 시간 체계를 가지고 있다. 이렇게 본다면 천국이나 극락에는 시간이 없다는 가설이 성립될 수 있다.

Q. 시간이 없다고 생각한 적이 있는가? 있다면 그 이유는 무엇인가?

- 시계는 시간을 편의적으로 공간화한 것이다.

- 공간이 없으면 시간도 없다.

- 시간은 분할할 수 없고, 측정할 수도 없다.

- 시간은 인간이 사유를 통해 고안해 낸 관념적인 것일 수도 있다.

- 시간이 관념적인 것이라면 계산, 측정이 불가능하고, 경험에 의해 주관적으로 느낄 수 있을 뿐이다.

3. 아우구스티누스의 시간론

시간은 무한히
나뉠 수 있다.

시간은 순식간에
지나가므로 측정이
불가능하다.

시간은 공간에 의존한다.

아우구스티누스

모든 시간은 영원한 현재
속에서 하나로 연결된다.

시간은 고정되어 있지 않고 금세 과거로 바뀐다. 지금 존재하는 시간은 1초, 그러나 그 1초도 그보다 짧은 단위로 무한히 나뉠 수 있고, 순식간에 지나가기 때문에 지속성이 없고 측정이 불가능하다. 아우구스티누스는 "과거가 더는 존재하지 않고 미래가 아직 존재하지 않는다면 과거와 미래는 존재할 수 없으며 우리에게는 영원한 현재만 남는다. 그러나 영원한 현재는 시간이 아니라 영원성일 것이다."라고 하였다. 아우구스티누스는 과거, 현재, 미래라는 세 가지 시간이 있는 것이 아니라 과거의 현재, 현재의 현재, 미래의 현재 이 세 가지가 영원 안에 있다고 하면서, 과거의 현재는 '기억'이고, 현재의 현재는 '직관'이며, 미래의 현재는 '기대'라고 하였다. 아우구스티누스는 시간이 태양과 달의 운행에 따라 결정된다는 주장에도 동의하지 않았다. 천체의 운행뿐 아니라 물레 같은 물체의 주기적 회전도 시간 측정에 이용될 수 있기 때문이다.

아우구스티누스는 시간을 천체의 운행과 결부시키는 가설을 배척하고, 시간은 영혼의 연장 또는 확장이라는 가설을 제시하였다.

아우구스티누스에 의하면 시간은 길이가 없어 측정이 불가능하고, 영원 속에서는 모든 것이 현재이다. 아우구스티누스에 있어서 시간은 신으로부터 받은 상기(想記)의 힘에 의해 분산되지 않는 하나의 통일체가 되며, 그 통일성 안에서 의미와 가치를 갖게 됨으로써 인간은 구원을 얻게 된다. 프루스트는 소설『잃어버린 시간을 찾아서』에서 "기억이 천상의 구원처럼 내려와 혼자서는 빠져나올 수 없는 허무로부터 나를 건져 주었다"고 표현하였는데, 기억은 신의 은총이며, 회상은 허무로부터 인간을 구출해 주는 구원의 손길이라는 시각은 아우구스티누스의 시간론과 일치한다. 이것은 심리적 시간이고, 초자연적 시간이다.

4. 시간은 공간적으로 분할되지 않으며 지속될 뿐이다

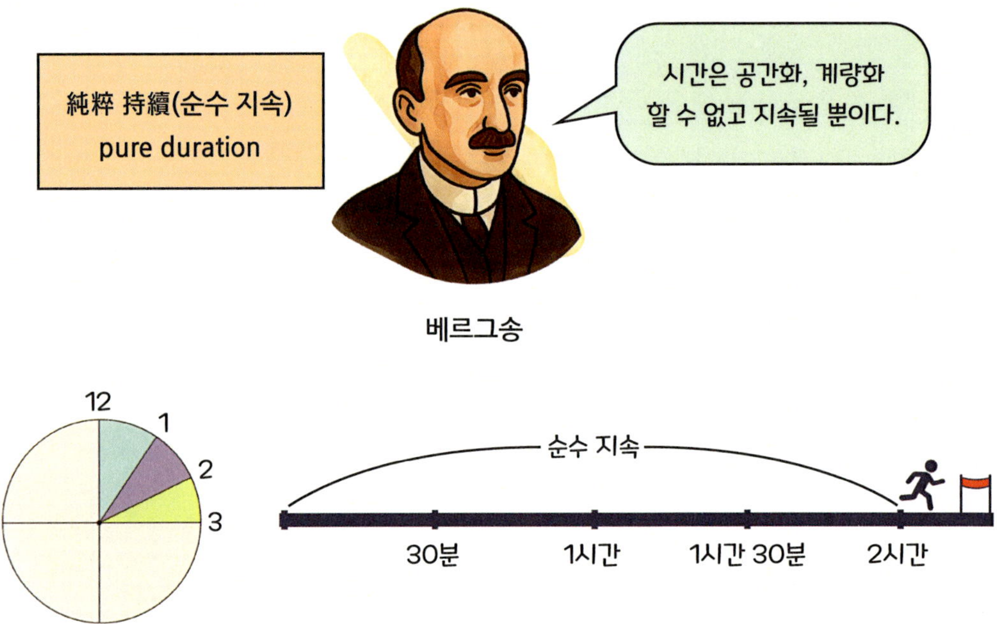

* 시간은 공간화, 계량화 할 수 없는 순수 지속이다. 공간화, 계량화는 편의적인 것일 뿐 시간 그 자체의 특성은 아니다.

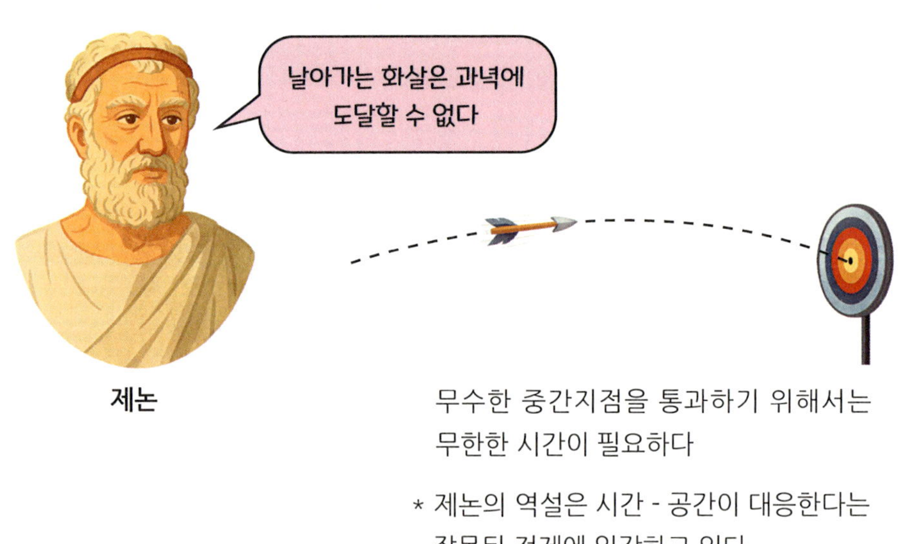

무수한 중간지점을 통과하기 위해서는
무한한 시간이 필요하다

* 제논의 역설은 시간 - 공간이 대응한다는
잘못된 전제에 입각하고 있다

카툰 논술과 교양

베르그송은 "순수한 시간은 공간적으로 분할되지 않으며 지속될 뿐이다."라고 하였다. 분할되지 않고, 공간화할 수 없으며, 계량화할 수 없는 순수한 시간을 베르그송은 순수 지속(pure duration)이라고 하였다. 베르그송에 의하면 시간을 계량화한 것은 우리의 생활을 위해서 편의적으로 공간화한 것일 뿐 시간 자체의 특성은 아니다. 또 운동은 시간적 경과를 거치며 이동하는 시간적 사건이며, 한 점에서 다른 점으로 이동하는 공간적 사건이 아니다. 베르그송은 "시간은 공간적으로 계량화할 수 없기 때문에 오로지 직관에 의해서만 파악되며 수치로 확인할 수 없고 오로지 느껴질 뿐이다."라고 하였다. 각자에게 느껴지는 시간의 길이는 다르다. 베르그송에 의하면 현실의 운동, 생명체의 근원을 이루는 것은 공간화·계량화할 수 없는 순수한 시간(순수 지속)이다.

제논의 역설의 문제점

제논의 역설에 의하면 날아가는 화살은 과녁에 도달할 수 없다. 활과 과녁 사이의 무수한 중간 지점을 통과하는 것이 무한히 반복된다면 무한한 시간이 필요하기 때문이다. 그러나 현실의 운동은 한 공간에 하나의 시간이 대응하지 않는다. 베르그송은 한 공간에 하나의 시간이 대응하고, 공간적 좌표와 같이 시간적 좌표도 무한히 분해할 수 있다는 생각, 모든 것을 분해하고 잘라서 계량화할 수 있다는 잘못된 믿음, 운동은 시간적 경과를 거치면서 이동하는 것인데, 운동을 하나의 점에서 다른 점으로 이동하는 공간적인 사건으로 잘못 생각한 데서 제논의 역설이 발생하였다고 한다.

5. 흘러간 시간은 잃어버린 시간이 아니다

차 한 잔은 과거와 현재를
이어주는 매개체가 된다

감동적인 순간

회상 속에서
되살아난다

마르셀 프루스트

* 과거의 순간 → 현재와 연결 → 영원성을 갖게 된다.
* 과거의 시간은 잃어버린 시간이 아니라 영원으로
  이어지는 시간이다.

아름다운 순간은 회상 속에서 되살아난다. 회상 속에는 영원이 깃들어 있다.

카툰 논술과 교양

프루스트의 소설 『잃어버린 시간을 찾아서』에 나오는 주인공은 외출에서 돌아와 마들렌 과자에 적신 홍차를 마신다. 차를 한 모금 마시는 순간, 원인 모를 감미로운 쾌감이 밀려들고, 벅찬 희열을 느끼게 된다. 지금 느낀 이 맛은 어린 시절 전원 마을 콩브레에서 일요일 아침마다 고모가 보리수차에 적셔 주던 마들렌 과자 맛이라는 것을 깨닫게 되고, 어린 시절 여름휴가를 보낸 아름다운 추억이 떠오른다. 홍차에 적신 마들렌 과자가 가져온 신비스럽고 지극히 행복한 순간의 비밀은 자신이 지금 느끼는 느낌과 과거의 느낌이 같은 데 있음을 알게 된다. 과거의 시간은 이미 지나가 버린 덧없는 시간이 아니다. 감동적인 순간은 회상 속에서 되살아난다. 회상 하나하나에는 영원한 무엇인가가 깃들어 있고, 과거의 쾌락이 영원히 살아 있다. 이렇게 하여 주인공은 순간을 통하여 영원한 시간에 이르는 길을 찾게 된다. 프루스트는 이 소설을 통해 새로운 시간, 초자연적 시간을 창조하였다.

Q. 흘러간 시간은 잃어버린 시간인가?

- 세월은 무상하게 흘러가지만, 순간적인 감동은 기억에 의해 또는 예술을 통하여 시간을 초월하여 다시 태어나 현재와 연결되며, 시간을 초월하는 영원성을 갖게 된다. 이때 인간은 삶의 의미와 가치, 잃어버린 시간을 되찾고, 시간에 묶인 실존의 한계를 벗어나 죽음을 초월하는 영원한 시간을 갖게 된다.

- 프루스트에게 있어서 흘러간 시간은 잃어버린 시간이 아니다. 그것은 미완성이고, 삶의 아름답고 소중한 것을 담을 수 있는 시간이며, 불현듯 되살아나 영원으로 이어지는 시간이다.

6. 존재와 시간

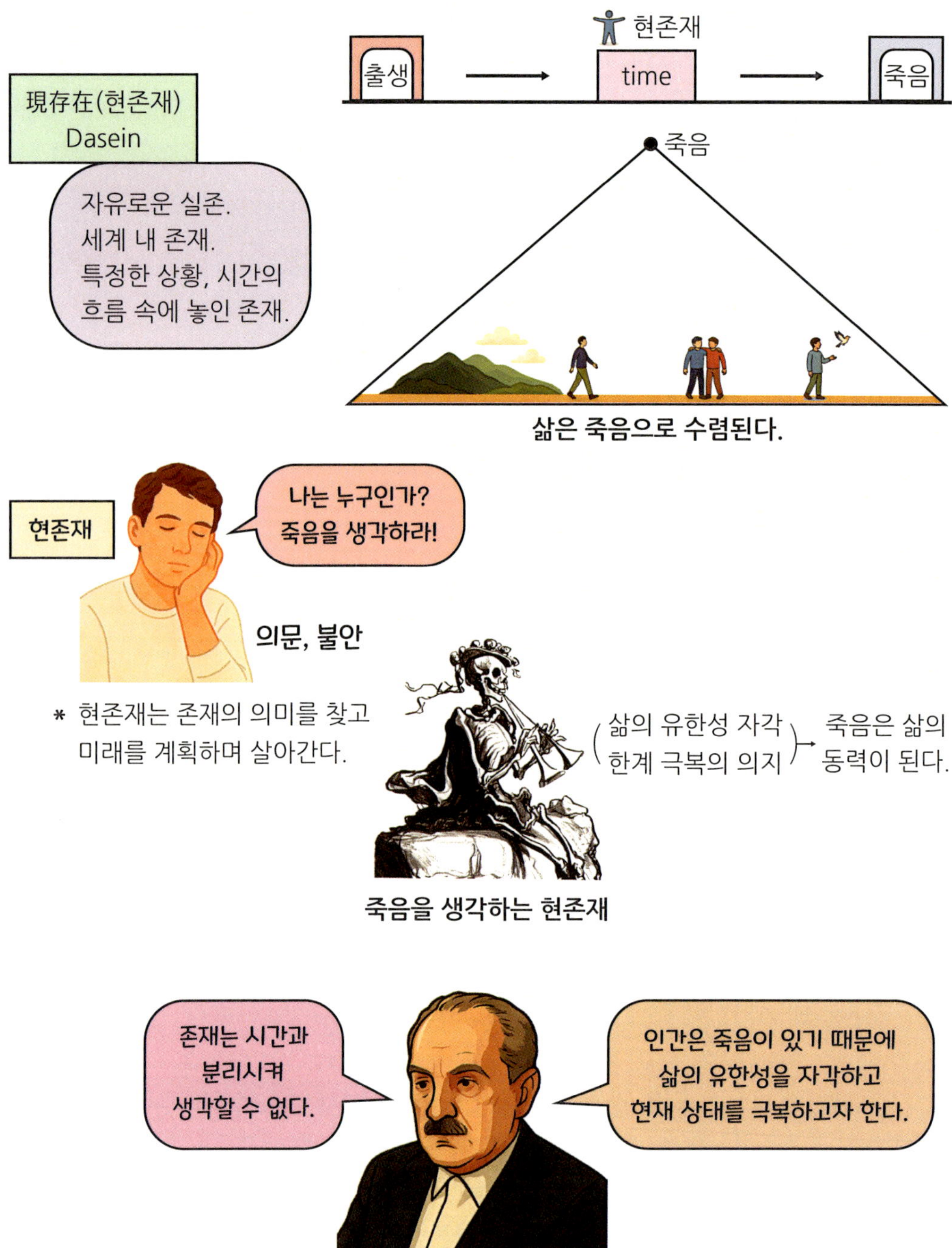

카툰 논술과 교양

실존주의 철학에서는 시간은 존재와 함께 파악된다. 하이데거는 저서『존재와 시간』에서 참된 존재를 이해하기 위해서는 존재와 시간을 분리시켜 생각할 수 없다고 하였다. 하이데거에 의하면, 미래가 있고 변화와 운동을 하는 존재, 시간과 함께하는 지금 실존하는 존재가 참된 존재이며, 특히 인간은 그냥 존재하는 것이 아니라 특정한 상황, 시간의 흐름 속에 놓인 '현존재'이다. 인간은 현재의 한순간에 머물지 않고, 과거의 삶을 반성하고, 새 삶을 기획하면서 현재를 살아간다. 또 이따금 죽음을 생각하면서, 살아 있는 순간에도 미리 죽음을 경험하게 된다. 죽음이 있기 때문에 인간은 현존재로서의 유한성을 자각하고, 자신의 존재에 대하여 의문을 제기하며, 불안을 안고 살아간다. 죽음은 인간을 현재 상태에 머물지 않고 끊임없이 변화하도록 만드는 계기가 되고, 인간 스스로의 한계를 극복하고 더 나은 상태로 나아가게 하는 동력을 제공한다. 현존재인 인간에게 있어서 죽음은 삶의 의미로 통합되는 것이다.

현존재(現存在)

인간은 구체적인 상황, 시간의 흐름에 놓인 현존재이다(하이데거). 현존재로서의 인간은 유한성을 자각하고, 자신의 존재에 물음을 제기하고, 죽음에 대한 불안을 안고 살아간다. 자기 자신을 시간과 분리시켜 생각할 수 없다는 점에서 인간은 현존재이다.

7. 시간은 사회적이다

근대적 시간
산업 문명의 시간

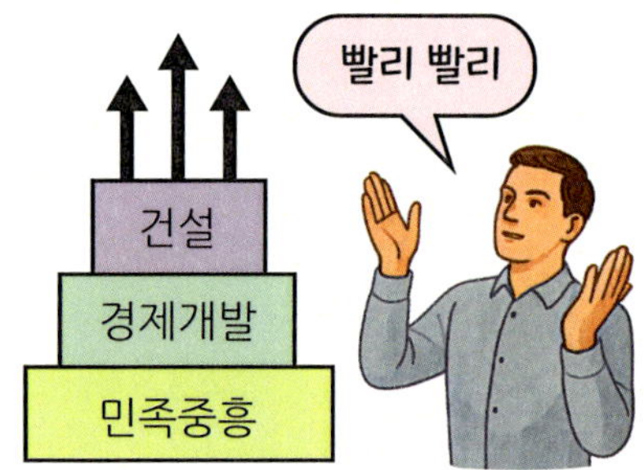

고도성장기의 시간

* 시간은 사회의 지배적 가치관, 사상을 담고 있다.

그러나 시계가
도입되면서
이누이트 족의
삶은 달라졌다.

학교시간표

	월	화	수	목	금
1	국어		국사	논술	도덕
2	수학	영어	물리		세계사
3	사회	생물		음악	
4			체육		
5	특활				동아리
6					

일과표

아침조회

1교시
2교시
3교시
4교시
점심시간
5교시
6교시

비행시각표

05:10	Fukuoka
06:30	Beijing
07:10	New York
08:30	Singapore
09:20	Bangkok
10:15	Paris

시간표, 일과표는 사회적 약속, 사회 작동의 원리가 된다.
시간은 인간의 삶과 사회체계를 변화시켰다.

카툰 논술과 교양

제이 그라피스에 의하면, 시간은 사회의 지배적인 가치관이나 사상을 담고 있다. 지역마다 고유의 시간 구분 방식이 존재한다는 것은 시간이 자연적·사회적 삶의 여건을 반영한다는 것을 보여 준다. 이렇게 본다면 시간은 물리적으로 실측되는 실체라기보다 문화와 종교, 의식의 산물로서 사회의 지배적인 가치관이나 사상을 담고 있는 것이며, 시간의 묘사 방식은 이데올로기적이다. 뉴턴의 절대적·수학적 시간, '시간은 돈이다'라는 생각은 시간을 강박적으로 나누고, 원자화하고, 측정한다. 서구의 근대적 시간, 산업 문명의 시간은 계산과 측정의 시간이다. 그것은 정확성, 효율성을 요구한다. 산업 문명 사회에서 시간은 곧 돈이며, 그것은 낭비하지 말고 아껴 써야 하는 재화이다. 산업 문명의 시간은 생산성, 효율성의 논리로 일상생활과 사회를 통제·규율하며, 느림, 한가하게 빈둥대는 것, 게으름은 악덕이자 단죄의 대상이다.

Q. 시간은 사회적인가?

시간은 개인의 주관적 느낌에 좌우되므로 개인적이지만, 그것은 사회적 약속이므로 한편으로는 사회적이다. 시간은 인간의 삶과 사회 체제를 변화시킨다. 이누이트족은 지역 특성상 달력이 없어 시간을 가리키는 말이 없었으나, 시계가 도입된 이후 그들의 생활은 크게 달라졌다고 한다. 학교 시간표, 일과표, 열차 시각표 등은 사회적 약속을 반영하며, 우리는 이 약속에 따라 시간을 준수하며 살아감으로써 사회가 운영·작동된다는 점에서 시간은 사회적 성격을 지닌다.

8. 농촌의 시간, 도시의 시간

농촌의 시간은 자연의 리듬과 함께 한다.
생체 리듬 = 일상 리듬

자연은 시간으로 충만하다.
시간은 넉넉하다.

도시의 시간은 자연의 리듬과 역행한다.
생체 리듬 ≠ 일상 리듬

도시에는 시계가 많다.

농촌에는 시간이 많다.

시계 밖의 시간은
자연으로 충만한 시간.
부드럽고 넉넉한 시간.
살아 숨쉬는 시간.

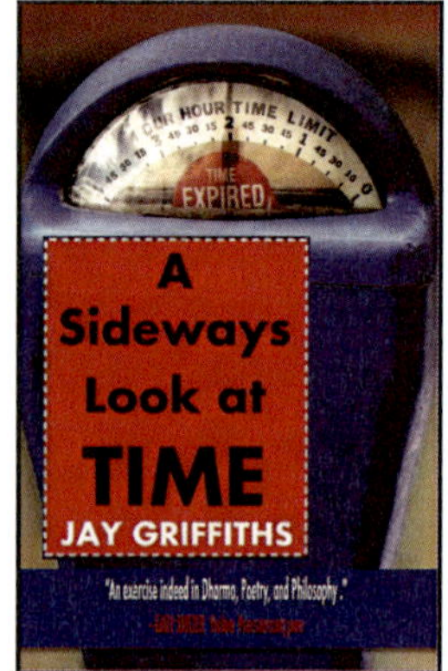

농촌의 시간은 자연의 리듬과 함께한다. 해가 뜨면 일어나고 해가 지면 잠자고, 봄에는 씨 뿌리고 가을에는 추수하며 때가 되면 양털을 깎는다. 농촌에서의 시간은 서두르지 않고 더 빨리, 더 많이 하려고도 하지 않으며, 정확성, 효율성을 요구하지도 않는다. 자연의 리듬에 따르는 시골 생활은 생체 리듬과 일상 리듬이 잘 일치한다. 자연은 시간으로 충만해 있고, 시골 사람들은 시간을 넉넉히 가지고 있다.

도시의 시간은 기계적 규칙성으로 움직인다. 도시의 시간은 산업 문명의 시간이며, 효율성, 정확성, 시간 엄수가 요구된다. 산업 문명의 시간은 시계로 재는 시간, 계산과 측정의 시간이고, 시간은 곧 돈이며 아껴 써야 하는 재화이다. 도시에서는 재화인 시간을 더 확보하기 위해서 더 빨리 움직여야 한다. 산업 문명의 시간은 사람들을 더 빠른 속도로 내몰았고, 시간의 노예로 만들었다.

병원 근무, 3교대 근무, 24시간 편의점, 심야 극장, 케이블 TV 방영 시간 등 산업 문명의 시간(도시의 시간)은 생체 리듬에 역행한다. 양계장은 항상 불을 켜 놓고 암탉이 낮으로 착각하게 만들어 알을 낳도록 유도하고, 백화점, 카지노는 창문이나 시계를 두지 않아 시간 파악을 어렵게 하여 고객이 오래 머물며 지갑을 열게 만든다. 산업 문명의 시간은 인간의 생체 리듬을 파괴하여 이익을 얻는다.

Q. 시계와 시간은 동일한 의미를 가지는가?

도시의 시간은 기계적 리듬에 맞춰야 하므로 시간은 시계와 동일한 의미를 가진다. 그러나 농촌의 시간은 자연의 리듬과 함께하기 때문에 시계는 시간의 대립물이다(제이 그리피스).

제이 그라피스가 말하는 시계 밖의 시간은 풍부하고, 여성적이며, 촉촉하고 둥근 시간이다. 그것은 자연으로 충만한 시간, 부드럽고 넉넉한 시간, 자연의 리듬에 맞춘 살아 숨쉬는 시간이다.

9. 인생의 시간 ① - 봄, 여름(초년, 중년)

청춘은 아름답지만
빨리 지나간다.

도연명

중년의 삶

청춘은 봄에 피는 꽃과 같이 짧고 우리의 봄날은 너무 빨리 지나간다. 아름답지만 짧은 청춘, 청소년들은 이 시기를 뜻있게 보내야 한다.

- 지식 쌓기에 열중하라. 그렇게 하지 않으면 자신이 원하는 모습으로 살아갈 수 없게 된다.
- 놀이는 내게 맞는 것, 진정한 즐거움과 위안을 줄 수 있는 것을 찾아서 하고, 나쁜 종류의 쾌락에 빠져 인생의 방향을 잃어버리지 않도록 하라.
- 목표를 높게 세우고, 끈기 있게 준비하고, 평생 사용할 수 있는 자신만의 무기를 갈고 닦아라.

젊음은 다시 오지 않고
새벽은 하루에 두 번 오지 않는다.
때에 이르러 마땅히 노력할지어니
세월은 사람을 기다려 주지 않는다.
- 도연명

어릴 때는 세상이 온전히 내 것으로 보이고, 생각하는 일이 마음대로 될 것 같지만, 사회생활을 하게 되면 자신의 삶을 온전히 살지 못하고, 부모로서, 직장인으로서 맡은 역할과 책임으로 살아가느라 주름이 생긴다. 중년은 시간의 보자기를 기우는 데 급급하다. 중년 이후의 삶은 미래를 덮지 못하는 처량한 조각보, 계속 갈라지는 조각보를 계속 기우며 쫓기듯 살아간다.

(…) 보자기는 조각나기 시작했지
어느덧 중년
(…) 시간의 보자기를 기우며 사네
- 김선우, 「보자기의 비유」 중

10. 인생의 시간 ② - 가을(노년)

노년은 성숙의 계절

하루 해가 저물었지만
연기와 노을이 아름답고
한 해가 저물었지만
귤은 더욱 향기롭다.

노년의 일반적 성향

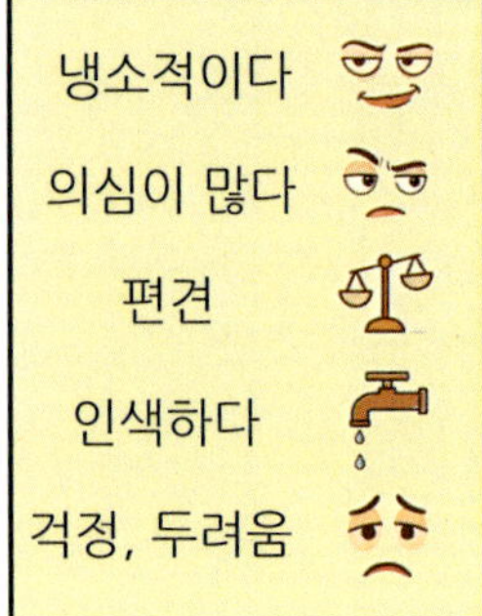

노년에 대한 편견

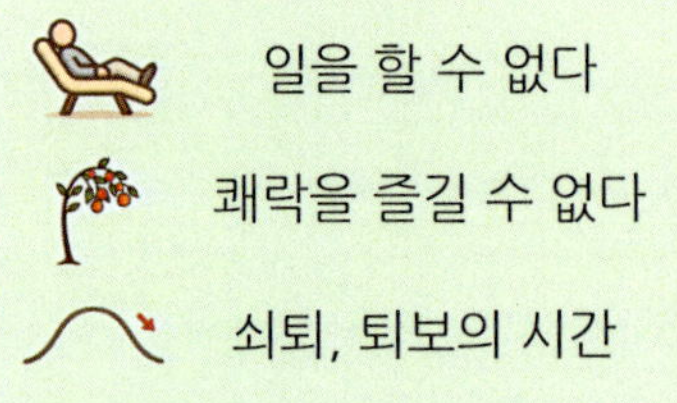

* 노년을 어떻게 보내는가 하는 것은
자기 관리에 달려있다.

청춘은 인생의 한 시기가
아니라 마음의 상태이다.

항해를 무사히 마치고 돌아오는
노년은 인생의 선물이다.

피카소

이병철

빅토르 위고

노년은 인생의 황금기

카툰 논술과 교양

떫고 비린 풋감이 가을이 되면 붉게 익듯이 젊은이도 나이가 들면 성숙해진다. 노년은 인생의 가을이다. 가을의 영혼에는 노련미와 원숙함, 삶의 경륜과 지혜가 담겨 있다. 노년은 풍부한 경험으로 젊은이들을 이끌고 자신의 인생을 아름답게 물들이고 사회 공동체에 기여할 수 있는 중요한 시기다.

노년의 일반적 성향은 대체로 냉소적이고, 의심이 많고, 편견이 강하고, 인색하고, 겁이 많다는 것이다. 사는 동안 실수와 쓴 경험을 많이 했고, 돈 쓰기는 쉽지만 돈 벌기는 어렵다는 것을 충분히 체험했고, 하는 일이 기대에 어긋난 경우가 많았기 때문이다. 그러나 늙는다고 해서 모든 사람이 괴팍하고 황량해지는 것은 아니다. 노년의 성향은 개개인의 성품에서 비롯되는 것이고, 그것은 자기 관리에 달려 있다. 노년에는 일을 할 수 없고, 쾌락을 즐길 수 없으며, 노년은 쇠퇴, 퇴보의 시기라는 것은 편견에 지나지 않는다. 나이가 들면 육체가 약해지는 것은 사실이지만, 정신은 나이가 들어도 닦을수록 고양된다. 노년은 쇠퇴(퇴보)의 과정이 아니라 생기 넘치는 삶의 한 과정이며, 노년에는 원숙함과 풍부한 경험, 지혜를 갖추고 열정적으로 살아갈 수 있는 시기다.

- 노년은 인생의 황금기다. 피카소는 70대에 새로운 회화 양식을 개척하였고, 이병철 삼성그룹 회장은 73세에 반도체 사업을 시작하였으며, 피터 드러커는 96세에 사망하기 5일 전까지 글을 썼다.
- 노년은 위험한 항해를 마치고 무사히 항구로 돌아오는 배, 결승점을 통과하는 마라톤 선수와 같다. 노년은 아무 쓸모 없고, 참고 견뎌야 하는 고통의 시기가 아니다. 노년은 꽃피는 청춘의 시기에 지니지 못한 것을 비로소 얻게 되는 인생의 선물이며 질병, 사고 등 수많은 삶의 위기로부터 살아남은 선택받은 사람들만이 누릴 수 있는 특권이다.

장자

노자

소크라테스

몽테뉴

톨스토이

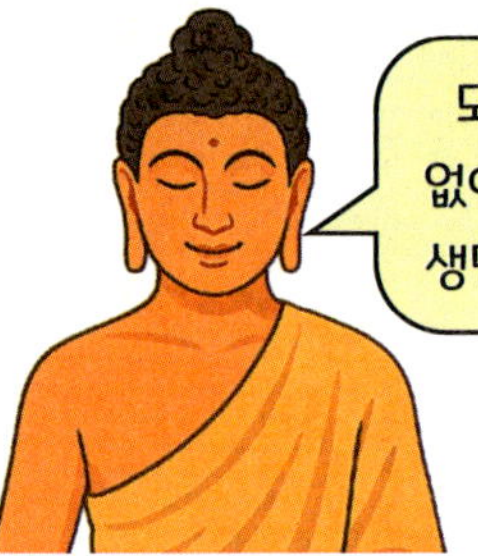

붓다

인생의 겨울은 죽음이다. 겨울에는 모든 것이 시들고, 활동을 멈추거나 움츠리게 되지만, 겨울은 봄을 준비하기 위한 휴식의 기간이고, 사계절의 순환 사이클의 하나일 뿐이다. 사람이 죽고 사는 것은 사계절이 바뀌는 것과 같은 것이고, 삶이 변하여 죽음이 되는 것은 봄, 여름, 가을, 겨울로 이어지는 사계절이 순환하는 것과 다를 바 없다. 장자는 "기가 변하여 형체가 되고 형체가 생명이 되어 죽음에 이르게 된다. 겨울이 오면 대자연은 쓸쓸하게 텅 비어 버리고 무(無)의 상태로 되돌아가는 것처럼 보이지만 봄이 오면 땅에서 싹이 돋고 풀이 나온다."라고 하였다. 겉모습만 보지 말고 진짜 모습을 보라는 것이다. 이 세상 모든 것은 자연에서 나오고, 자연으로 되돌아간다. 누구에게나 공평한 자연의 법칙 앞에서 무엇 때문에 죽음을 두려워하는가? 우주 만물은 태어났다가 사라짐이 필연적이며, 삶은 항상 죽음과 함께 있다. 이 세상을 떠나는 것은 처음 이 세상에 온 것과 같다. 죽음은 삶의 출구이자 또 다른 입구이다. 겨울이 봄의 출구이자 새로운 입구가 되는 것과 마찬가지다. 스토아 철학에서는 죽음은 다른 세계로 이동하는 것이라고 한다. 죽음은 코스모스의 질서에서 나와서 코스모스의 일부인 우주의 한 조각으로 돌아가는 것이며, 그것은 파괴가 아니라 변형을 통해 세계가 필요로 하는 다른 상태로 변하는 것이다.

말라비틀어진 무화과는 신선한 무화과에 자리를 내주고 시든 포도알은 잘 익은 포도알에 자리를 물려준다.
- 에픽테토스

인생의 겨울(죽음)은 삶의 순환 과정의 일부, 새로운 시작, 정돈과 배열의 과정이다.

아리에스

과학만능주의
기술숭배현상
죽음 = 패배

삶은 죽음의 길 위에 있다.

* 죽음은 우리 곁에 있는 친숙한 현상이다.

드라큘라

메두사

죽음은 삶의 가장 귀중한 선물이니
죽음이 없다면 영원히 이런 모습으로 살아야한다.

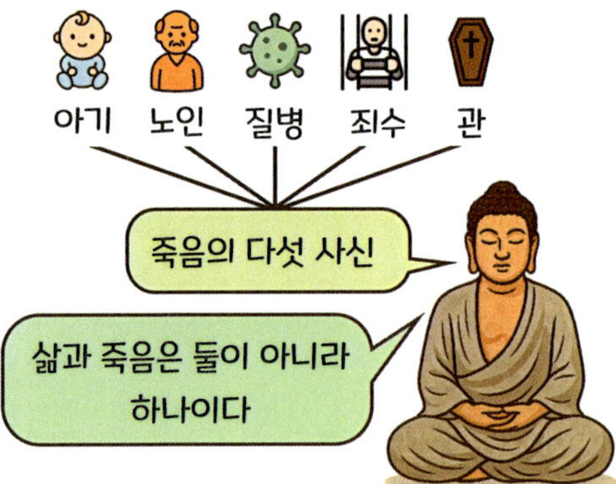

좋은 삶은 좋은 죽음으로
마무리 된다.

잘 죽었다 = 잘 살았다

좋은 죽음을 위한 준비

운동, 건강관리, 절제
사랑, 자비, 선행
빚 청산, 용서, 원한·복수심 저장 X
육신, 가족, 재산 에 대한 미련을 버린다

가야할 때가 언제인가를
알고 떠나는 이의 뒷모습은
얼마나 아름다운가.

– 이형기 '낙화'

근대 이전의 사람들은 죽음을 바로 옆에서 일어나는 일이자 친밀한 자연적 현상으로 받아들였다. 그 시대의 죽음은 가족적이고 친숙한 것이었다. 죽어 가는 공간에 사람들이 자유롭게 드나들었고, 죽지 않겠다고 버티거나 하지 않고 조용히 죽음을 받아들였으며, 청산해야 할 일들은 미루지 않고 조용히 처리하였다. 그 당시 사람들에게 죽음은 자연의 질서를 수용하는 것일 뿐 그것이 괴로움, 불쾌감을 주는 것이 아니었다. 그러나 의학이 발달하고 과학만능주의, 기술 숭배 현상이 나타나면서 죽음은 패배로 간주되었고, 죽음이 터부시되고, 격리되게 되었다. 이제 사람들은 병원에서 죽음과 싸우다가 거칠게 죽는다. 현대 의학은 생명을 연장시키는 데 주력하여 강력한 약과 주사로 마음의 평정을 해치고, 죽어 가는 사람을 편안하게 사후세계로 인도하는 것을 방해한다. 사람들은 전쟁터에서 총 맞아 죽는 것처럼 거칠게 죽는다. 이것은 아름다운 이별이 아니다. 그렇다면 죽음을 어떻게 맞이할 것인가? 먼저 죽음은 항상 삶과 함께 있다는 것, 삶은 항상 죽음의 길 위에 있다는 것을 알아야 한다. 그리고 죽음 자체가 인생의 선물이라는 것을 알아야 한다. 죽음이 없다면 인간은 늙고 추악한 모습으로 영원히 살면서 죽음을 갈망할지도 모른다. 죽음이 사계절의 변화처럼 변화의 한 과정이고 새로운 시작이라고 생각한다면, 새로운 출발을 위하여 아름다운 이별을 준비해야 한다.

좋은 죽음을 위한 준비

- 나이 들어 병으로 고생하지 않도록 운동, 음식, 건강 관리에 신경 쓴다.
- 사랑, 자비, 선행의 생활을 한다.
- 빚, 원한 등을 모두 청산하고, 원망이나 복수심이 마음속에 남아 있지 않게 한다.
- 육신, 가족, 재산에 대한 미련을 버린다.

제8장

소유 - 돈, 재산

1. 소유에 대한 욕구

게오르그 짐멜　　　돈의 철학　　　로빈슨 크루소

소유에 의지하는 삶　　　미다스 왕

게오르그 짐멜(Georg Simmel)은 저서 『돈의 철학』에서 "소유한다는 의미는 특정한 감정과 자극을 영혼에 불러일으키는 것이고 자아의 영역이 확장되어 그 대상과 하나가 되는 것"이라고 설명하였다. 소유는 사물에 대한 인간의 심리적 관계를 표시한 것이며, 재산에 대한 애착, 내 소유로 하려는 욕구는 자기 자신을 심리적으로 확장하여 자아실현의 기회를 확대하려는 생각에서 나온다는 것이다.

로빈슨 크루소는 무인도에서 누구의 간섭도 받지 않고 모든 것을 자기 마음대로 할 수 있었는데도 눈에 띄는 모든 것들을 자신의 것으로 만들기 위해 노력했고, 소유의 표시를 해 두었다. 그의 이러한 행위는 존재의 확장, 자아실현의 가능성을 높이려는 의도와 관련지어 생각해 볼 수 있다.

현대인들은 소유를 통해 자신의 부족함을 채울 수 있다고 생각한다. 소유를 통해 자신을 드러내고, 자기 정체성을 형성하려고 한다. 그러나 소유를 통해 정체성을 얻고, 자신을 과시할 수 있다는 것은 목발을 쓰지 않으면 쓰러진다고 믿는 물질 의존적 사람들, 정신적 빈곤에 허덕이는 사람들의 생각이다.

풍요로운 삶을 위해서는 돈, 재산 이외의 수많은 요소들(건강, 자유, 인간관계, 평화로운 마음 등)이 필요하기 때문에 정신적 빈곤을 물질로 채울 수는 없다.

인생은 소유에 의해서가 아니라 창조에 의해 드러나는 것이며, 소유를 통해 존재를 확장시키거나 자아를 실현할 수 있다고 생각하는 것은 착각에 지나지 않는다.

2. 항산(恒産)이 있어야 항심(恒心)이 있다- 맹자

* 가난은 혁명과 범죄의 온상이다

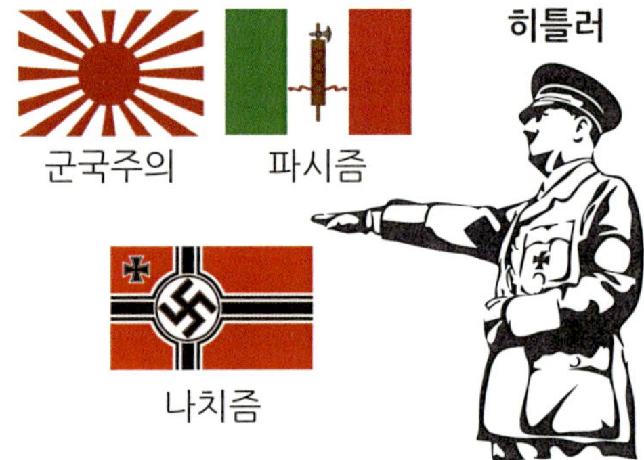

* 경제 대공황을 배경으로 군국주의, 나치즘,
  파시즘 등 억압적 통치체제가 대두되었다

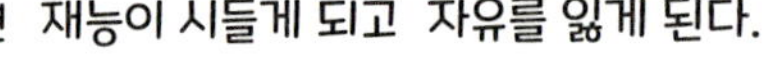

가난하면 재능이 시들게 되고 자유를 잃게 된다.

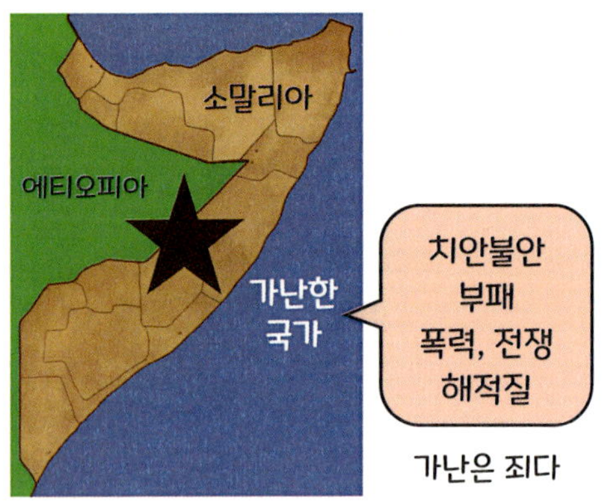

가난은 죄다

카툰 논술과 교양

생존을 위해서는 어느 정도의 물질적 조건이 필수적이다. "가난은 범죄와 혁명의 양친이다."라는 말처럼, 물질적 조건이 충족되지 않으면 삶이 불안정하다. 물질적으로 부족하고 삶이 불안정한 시기에는 선동가들이 노동자, 농민에 대한 착취를 이유로 증오를 불러일으키고, 대중을 선동하여 파업·시위를 유발하는 등 사회 불안이 고조될 수 있고, 빈곤 해방, 경제 위기 타개를 구실로 정권에 의한 정치적 억압이 행해질 수 있다. 1929년의 경제 대공황을 계기로 파시즘, 나치즘, 일본의 군국주의 같은 전체주의가 횡행하였던 경험은 이를 말해 주고 있다. 맹자는 "항산(恒産, 안정된 수입·직업)이 있어야 항심(恒心, 안정된 마음)이 있다"고 하면서, 인간의 생계 보장이 안 되고 안정된 직업이 제공되지 못하는 정치는 백성을 범죄로 몰아넣게 된다고 하였다. 가난은 죄가 아니다. 그러나 가난은 인간의 자유를 빼앗고, 범죄의 온상이 될 수 있다. 개인이 가난하면 재능을 꽃피우기 어렵고, 빚을 지고 자유를 잃게 되거나 영혼을 팔아야 할 수도 있다. 나라가 가난하면 치안을 유지할 재정도 없어 사회가 불안할 뿐 아니라 사회가 부패하게 되고, 나라를 지키지 못해 국민을 노예로 만들 수도 있다. 따라서 안전과 자유를 위해서는 부(富)의 구축이 불가피하다. 부(富)의 가장 중요한 가치는 그것이 인간에게 자유를 준다는 것이다.

돈이 없으면 시간은 우리의 것이 아니다.

돈이 없으면 시간이 우리를 감금한다.

3. 많이 소유할수록 풍요로움에서 멀어진다

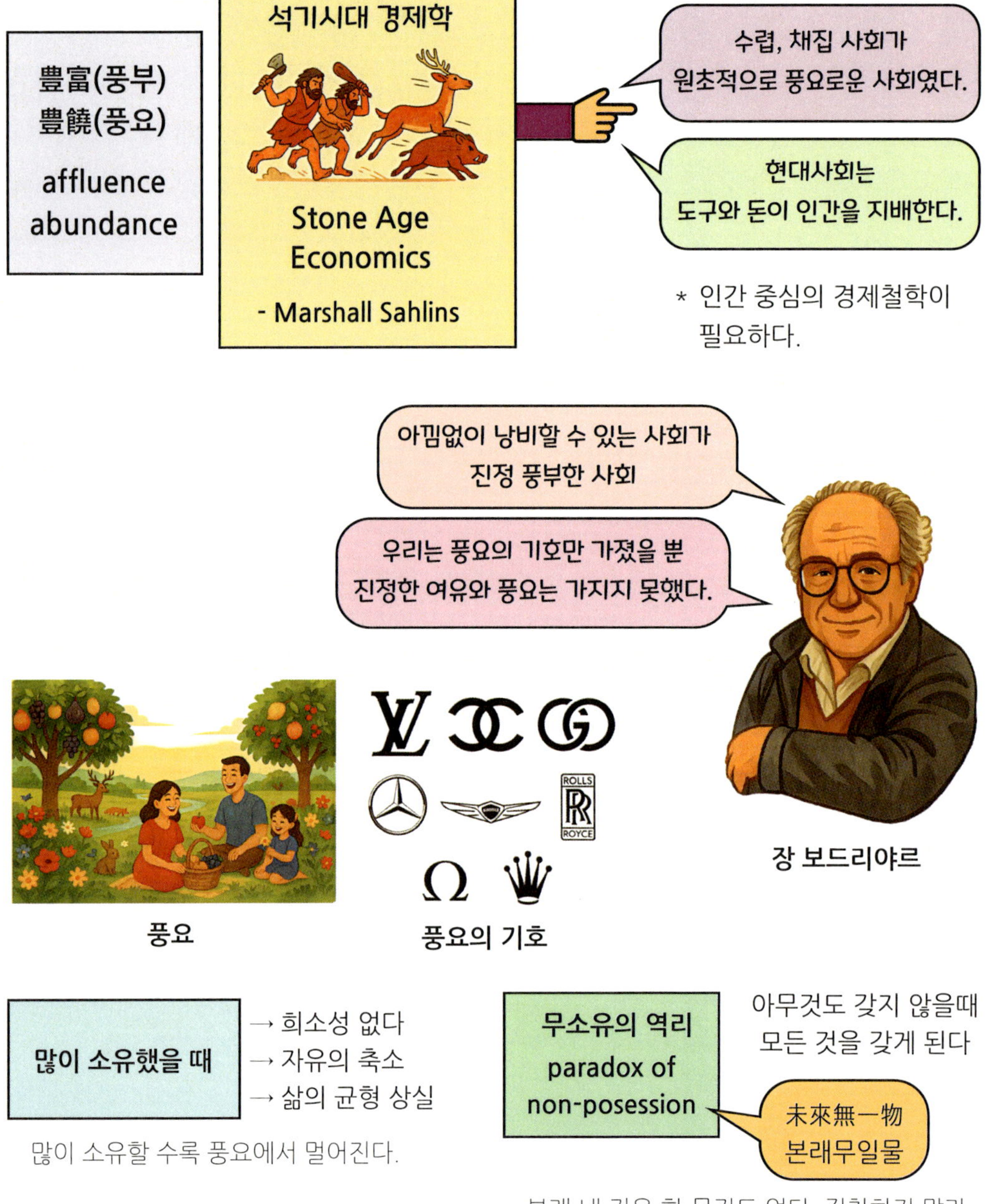

많이 소유할 수록 풍요에서 멀어진다.

마샬 살린스(Marshall Sahlins, 미국 인류학자, 1930~2021)의 저서 『최초의 풍부한 사회』에 의하면 "현대 사회는 희소성의 원리에 의해 지배되기 때문에 많이 생산할수록 오히려 풍요로움에서 더 멀어진다"고 하였다. 희소성이 있을수록 가치가 높아지는데, 많이 생산하면 희소성이 떨어져 오히려 욕구가 덜 만족스럽게 되므로 풍부함과는 거리가 멀어지게 된다는 것이다. 그에 의하면 "수렵 채취자들은 그 어떤 것도 소유하지 않았고 자신이 가진 것에 집착함 없이 자신들이 손에 넣은 모든 것을 나누어 가졌기에 절대적 빈곤에도 불구하고 진정한 풍부함을 알고 있었다"고 한다. 장 보드리야르(Jean Baudrillard, 프랑스 사회학자, 1929~2007)도 "미개 사회의 특징인 장래를 생각하지 않음과 낭비성은 진정한 풍부함의 표시"라고 하면서, "가진 것이 없더라도 아낌없이 낭비할 수 있는 사회가 진정 풍부한 사회이며 우리 사회는 많은 것을 소유함으로써 풍부함의 기호만을 가졌을 뿐 진정한 여유와 풍요는 가지지 못했다"고 하였다. 풍요와 빈곤은 재화의 양의 많고 적음에 있는 것이 아니라 인간 대 인간의 관계, 정신적 만족감, 마음의 평화에 있다.

많이 소유할수록 풍요로움에서 멀어지는 역설이 발생하는 이유

- 희소성의 상실 → 만족감이 감소한다.
- 소유 → 상실에 대한 두려움, 재산 유지·증식에 대한 강박감 → 자유의 상실

이것은 소유물이 늘어나면 부자유도 그에 비례해서 늘어나게 되므로 아무도 갖지 않을 때 온 세상을 갖게 된다는 무소유의 역리와 상통한다. 진정한 풍요는 정신적 만족과 마음의 평화가 함께하는 것이어야 한다.

4. 돈은 영혼의 구원을 방해한다

프란시스코 수도회

수도사들에게 가난은 영혼을 구원하는 매개체였다.

아무 것도 가지지 않았으나
모든 것을 소유한 사람

소유는 무겁다　　　선행, 덕 - 진정한 부(富)

인생은 내가 가진 모든 것을 잘쓰고 잘 살다가
모든 것을 돌려주고 떠나는 것이다.

- 가치있는 삶, 만족한 삶, 행복한 삶을 살아라!

카툰 논술과 교양

역사 기록에 의하면 프란시스코 수도회 수도사들은 돈을 소유하는 것은 영혼의 구원을 방해하는 것으로, 그 자체를 악이자 혐오 대상으로 생각하였고, 그들은 가난을 숭배하고 가난 속에서 안전, 사랑, 자유를 발견하였다고 전한다. 나아가 프란시스코 수도사들은 가난 속에서 가장 순수하고 귀중한 것을 소유하게 되었으며, '아무것도 가지고 있지 않으나 모든 것을 소유한 사람'이라고 불렸다고 한다. 이들에게 있어서 생존 유지에 필요한 이상의 소유는 죄악이자 악덕이었다.

게오르그 짐멜(Georg Simmel)은 저서『돈의 철학』에서 이 역사 기록을 토대로 "가난은 영혼의 구원이라는 신성한 재화의 획득을 매개하는 것으로 그 자체가 독자적인 가치와 권위를 지니는 심원한 내적 요구의 대상이었으며 적극적인 소유물이자 숭배 대상으로서 오늘날 돈이 가지는 것과 똑같은 역할을 수행하였다"고 기술하고 있다. 인간은 정신적·윤리적 존재로서 생명의 위협을 무릅쓰고라도 지켜야 할 가치와 이상이 있으며, 이러한 정신적 가치를 생명의 본질로 본다면 그들은 정신적 가치를 수호하기 위해 가난을 소유하고 숭배하였다.

여러 종교에서는 사후에 가지고 갈 수 있는 재산은 아무것도 없고 선행, 덕(德)만이 남는다고 가르치고 있는데, 이러한 관점에서 본다면 그들은 진정한 재산이 무엇인지 알고, 더 적극적으로 부(富)를 추구했던 사람들이라고 할 수 있다.

자본주의 사회라는 물속에 사는 우리는 물을 벗어날 수 없다. 무소유를 추구하는 사람들의 생활 태도는 현실을 모르는 문학가, 몽상가의 이상 또는 현실 도피로 평가 절하 될 수도 있다. 그러나 무소유를 추구하는 사람들의 외적인 사물에 대한 비의존성은 행복한 삶을 위한 엄청난 자산이 될 수도 있다.

5. 돈의 이중성

이슈타르 여신
* 돈의 양면성을 나타낸다.

고대 그리스의 동전

돈은 사람을	
살린다	죽인다
맺어준다	갈라놓는다
자유롭게 한다	속박한다

* 돈은 양면성이 있기 때문에 그것을 어떻게
  쓰느냐가 문제이다.
  수단과 목적이 도치되지 않도록 해야한다.

레닌

인신매매
노예제도
부활!

* 돈은 자유를 주고 재화를
  효과적으로 분배한다.

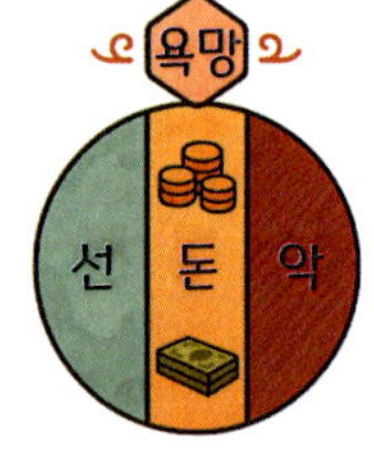

돈은 가치 중립적이다.

* 인간의 욕망, 인간의 악덕,
  정신적 미성숙이 문제이다.

돈을 과대평가하면
돈의 노예가 되고
돈을 과소평가하면
결핍에 시달린다.

돈의
철학

메소포타미아에서 숭배하는 이슈타르 여신은 다산(풍요)과 죽음, 사랑과 전쟁의 이원성의 여신이다. 돈은 이슈타르 여신처럼 삶을 풍요롭게 할 수도 있고, 사람을 죽게 할 수도 있다. 돈은 사람을 맺어 주기도 하고, 갈라놓기도 한다. 돈을 과대평가하면 돈의 노예가 되고, 돈을 과소평가하면 가난에 시달리게 된다. 돈은 천박하면서도 고귀한 것이며, 허구같으면서도 현실이다. 돈을 과대평가하여 돈의 노예가 되면 자유를 속박당하게 되고, 돈을 멸시하면 하고 싶은 것을 할 수 없기 때문에 자유를 잃게 된다. 돈은 너무 많아도 불안하고, 너무 적어도 불안하다. 돈은 선(善)이기도 하고, 악(惡)이기도 하다. 돈은 이중성을 가지고 있다. 돈은 그것을 어떻게 쓰는가가 중요한 것이며, 돈 그 자체는 가치 중립적인 것이다.

Q. 돈이 인간사회 악덕의 근원인가?

레닌은 "공산주의가 실현되는 그날이 오면 공중화장실에 황금 변기를 설치하겠다"고 하였다. 그때는 돈이 필요 없는 사회가 되어 황금은 아무런 가치가 없을 것이고, 대중이 사용하는 지저분한 공간도 호화롭게 꾸밀 수 있다는 것이다. 자본주의를 악덕으로 보는 사람들은 자본주의와 그 중심이 되는 돈이 없어져야 한다고 주장하기도 한다. 그러나 탐욕, 시기심, 인색함 등 인간의 악덕은 자본주의가 발달하기 전부터 있었다. 그런데 자본주의로 인해 생산력이 획기적으로 증대하고, 물질문명이 과도하게 발달하게 되면서 돈의 중요성이 커지고, 돈을 축적하기 위한 현대 사회의 제반 병리현상이 발생하면서 돈이 마치 악덕의 근원인 것처럼 인식되게 되었다. 그러나 돈은 교환의 매개물로서 중개인 역할을 하고, 재화를 효과적으로 분배하는 유용한 수단이며, 돈 그 자체가 악덕의 원인이거나 악덕을 확대시킨 것은 아니다. 만약에 돈이라는 매개물이 없었다면 인간의 노동으로 대가를 지불하거나 인신매매, 노예 제도가 되살아나는 끔찍한 상황을 맞이할 수도 있다. 돈 그 자체는 악덕의 원인이 아니다. 현대 사회 제반 병리현상의 원인은 돈에 있는 것이 아니라 인간의 탐욕, 물질 문명에 비해 초라한 정신 문명(정신 문명의 미성숙)에 있다. 따라서 돈을 모든 악덕의 근원으로 보는 주장에는 인간의 본성에 대한 근본적 통찰이 결여되어 있다.

6. 돈으로 살 수 있는 것과 없는 것

* 인간에게 진정한 만족감, 행복을 주는 것은 돈으로 살 수 없는 것들이다.

* 돈으로 살 수 없는 것의 범위를 확대하고 그것에 가치를 부여해야 행복한
  사회가 될 수 있다.

인류의 역사에서는 화폐 경제가 나타나기 전에도 정보, 메시지, 서비스 등의 교환이 있었고, 근친혼을 금지함으로써 배우자가 될 수 있는 사람들을 교환하기도 하였는데, 교환은 인간이라는 존재의 특징을 나타내는 행위였다. 인간은 사용 가치나 유용성으로만 사는 것이 아니라 정서적 유대 관계 속에 살고 있으며, 인간다움으로 살아간다. 인간은 사랑, 우정, 의리, 정, 추억, 정의감, 애국심 등 정서적이고 돈으로 환산할 수 없는 것에 가치를 부여하며, 이러한 가치를 생명보다 더 소중히 여기기도 한다.

시계는 살 수 있지만 시간은 살 수 없다.
침대는 살 수 있지만 잠은 살 수 없다.
약은 살 수 있지만 건강은 살 수 없다.

사랑, 우정, 의리, 추억 등 돈으로 살 수 없는 것들은 그 자체가 정서적·상징적 의미와 가치가 있으며, 정서와 상징이 담긴 선물의 교환은 그 자체가 막대한 가치를 발생시킨다. 선물 교환, 품앗이, 경조사 축하와 위로의 교환 등 인간 사회에서는 재화 이외에도 여러 가지 형태의 소중한 교환이 이루어지고 있으며, 교환을 통해 사회의 미덕과 평화를 가져왔다.

사람들은 정서와 상징, 인간미가 담긴 선물을 고가의 상품보다 가치 있는 것으로 받아들이는 경우가 많다. 88올림픽 유치 당시 독일의 바덴바덴에서 일본의 올림픽 유치위원들이 IOC 위원들에게 고가의 일제 시계를 선물한 데 비해, 우리나라 위원들은 꽃을 정성껏 꾸며서 전달했다. 압도적으로 불리했던 우리나라는 결국 일본 나고야를 누르고 서울 올림픽 유치에 성공했고, 그 후 민주주의를 발전시키고 국제 사회로 도약하게 되었다. 돈으로 평가되는 사회에 사는 사람들은 불안하고 사람을 불신하게 된다. 풍요로운 삶을 위해서는 돈으로 살 수 없는 것에 가치를 부여하는 시스템이 필요하다.

제9장

현대 문명
- 속도 문명, 이미지 문명, 정보화 사회, 위험 사회

1. 속도 문명

↳ 과학기술의 발전, 세계화

↳ 무한경쟁

변화의 속도 ↑

(삶의 양식 변화)
전통, 제도 붕괴

질주 → 공포 → 질주의 악순환

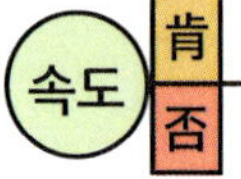

속도 — 肯 생산성 ↑, 효율성 ↑, 편의성 ↑
否 기술의 위험성 증가
지식, 정보, 소득격차 증가
비인간화(인간의 시간 상실)

인간의 시간

빅토르 위고

과학 기술의 발전과 경제의 세계화는 인류의 삶을 엄청난 속도로 바꾸어 놓았다. 세계화는 세계를 단일 시장으로 통합하여 무한 경쟁으로 내몰았고, 속도에 적응하지 못하면 낙오되게 만들었다. 변화의 무시무시한 템포와 무한 경쟁은 삶의 양식을 변화시켰고, 전통적인 가족, 결혼 제도까지 붕괴시켰다. 질주하는 세계, 터보 자본주의는 속도에 적응하지 못하는 사람들에게 불안과 공포를 주었고, 사회적 소외감을 느끼게 한다.

속도에 관한 비판적 사유

속도는 아름다움을 보는 시각을 박탈한다. - 빅토르 위고

속도는 공간과 시간을 말살시킨다. - 볼프강 쉬벨부시

철도를 통해 공간을 살해당했다. - 하이네

어째서 인간은 본성의 기쁨을 과학기술의 속도감과 교환하게 된 것일까? - 밀란 쿤데라

고요한 한가로움은 신의 창을 관조하는 것이며 그것은 따분함이 아니라 행복이다.
- 밀란 쿤데라

Q. 속도 문명은 인류의 삶을 어떻게 변화시켰는가?

긍정적인 면: 생산성과 효율성 증대, 편리함

부정적인 면:

- 정보와 지식 격차 발생(세대 간, 계층 간 융화 어려움)

- 기술의 위험성 증가(환경 오염, 핵전쟁, 유전자 변형 식품 등)

- 비인간화(선착순, 질주 → 공포 → 질주의 악순환으로 인간의 시간을 잃어버린다)

- 속도에 적응하지 못해 도피하려는 성향 대두(히피문화 등)

- 삶의 본질적 가치 훼손(속도에 적응하기 위해 삶이 즉흥적으로 되고 물질적 풍요만 추구함으로써 성찰하고 내면에 충실한 것을 방해한다)

2. 속도의 충돌은 발전에 장애가 된다

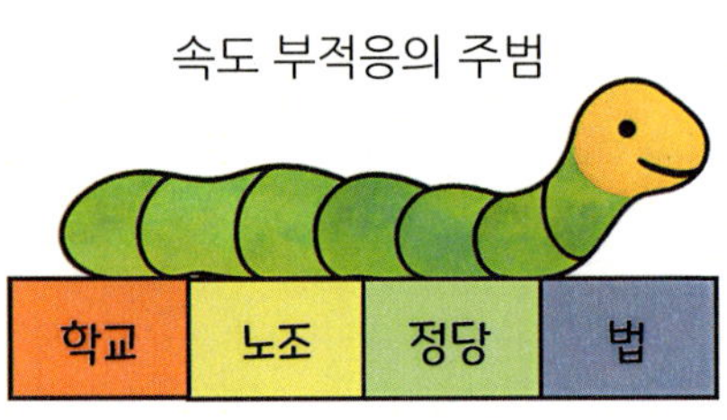

- 현장에 필요한 지식교육 부재
- 인성교육 부재
- 간판장사

- 불량직원 보호
- 기득권 강화
- 혁신과 효율경영 방해
- 노동시장 독점
- 정치세력과 연대
- 노사 대립과 갈등을 부추긴다

- 시대에 뒤떨어진 법
- 불필요한 규제
- 재판 지연
- 재판의 공정성 후퇴
- 뒷북치기

- 선출적 공직 독점
- 국가예산 빼먹기
- 선전선동, 가짜뉴스
- 이권 범죄
- 범죄 세탁
- 범죄 조작

앨빈 토플러는 저서『부의 미래(Revolutionary Wealth)』에서 "선진 경제에는 선진 사회가 필요한데 선진 경제에 걸맞는 시스템을 갖추지 못하고 사회와 제도가 뒤처져 있을 때는 부를 창출하는 잠재력이 제한된다"고 하였다. 즉 속도의 충돌은 발전에 장애가 된다는 것이다.

속도 장애의 주범들(기득권, 타성에 젖어 있는 조직들)

노동조합

- 근무 태만, 실적이 나쁜 불량 직원 보호 → 근로 의욕 저하, 기업 경쟁력 약화
- 경영상의 의사 결정에 관여함으로써 기업의 혁신과 효율 경영 방해
- 기득권 보호에 집착하여 노조원들이 새로운 것을 배우거나 익히려 하지 않고, 기존의 기술과 노하우로 편하게 일하는 것을 선호한다.
- 정치 세력과 연대하여 정치운동, 회비 유용, 회사 발전과 노사상생보다는 갈등과 대립을 부추긴다.

정부

- 관료주의, 관료들의 복지부동, 근시안적 규제, 인허가권을 이용한 공직자의 비리

학교

- 산업 현장, 실생활에 필요한 교육 부재, 간판 장사, 인성 교육 부재

정당

- 선출직공직 독점: 일자리와 예산 사용권 등 막대한 이권 차지
- 조직이기주의: 자기 진영의 범죄 옹호, 가짜 뉴스와 선전 선동, 범죄 정치인을 위한 악법 양산, 예산 도둑질, 범죄 조직화

법

- 시대에 맞지 않는 법으로 국민 생활 구속, 늑장 재판으로 비리 정치인 임기 보장, 범죄 보호, 재판 지연, 법관의 직무유기 자유 보장(재판 기한 어겨도 법관 처벌 규정 없음)

3. 제논의 역설

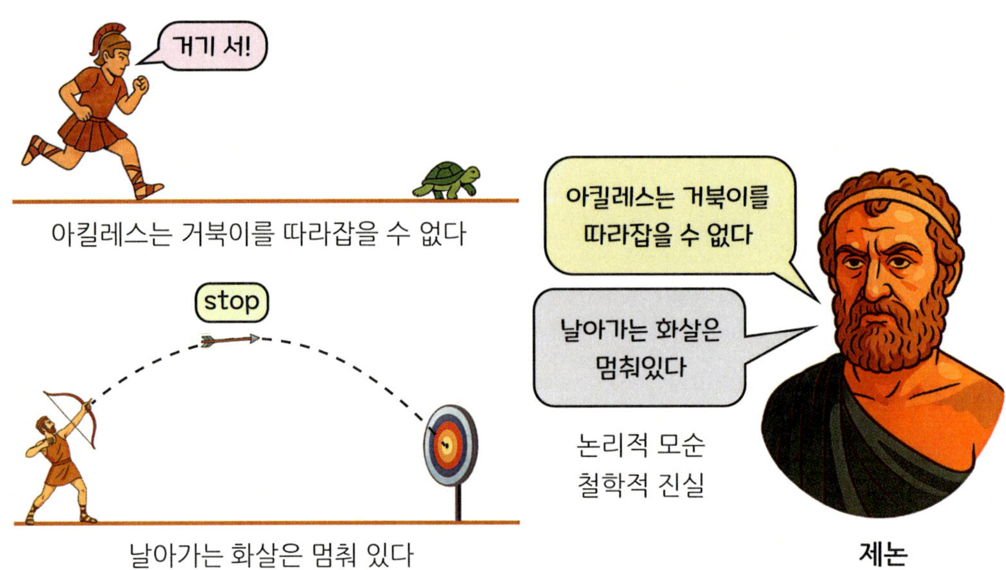

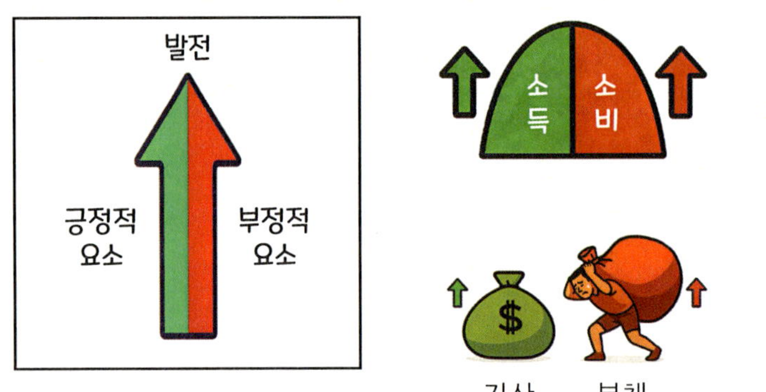

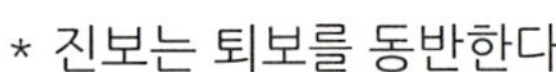

* 진보는 퇴보를 동반한다
* 본질적 가치는 차이가 없다

* 움직이는 겉모습과 멈춰있는 진실

속도를 높여도 여유를 확보할 수 없다

속도보다 방향이 중요하다.

제논의 역설(Zenon's paradox)에 따르면, 아킬레스와 거북이의 달리기 시합에서 거북이가 일정 거리를 앞서 출발한다면 아킬레스는 절대로 거북이를 따라잡을 수 없다. 아킬레스가 거북이를 따라잡았을 때는 거북이도 그사이에 얼마간이라도 더 앞으로 나가 있기 때문이라는 것이다. 모든 것이 시간 절약과 속도로 귀결되는 현대 사회에서 우리는 시간을 더 확보하기 위해서 노심초사하지만, 빠른 속도로 시간을 더 확보할수록 더 빨리 움직여야 하는 이유가 또 생기게 된다. 모든 것이 빨라지고 편리해졌음에도 더 여유가 없어졌고, 인류는 지금까지 이렇게 바쁘게 살았던 적이 없다.

날아가는 화살은 멈춰 있다.

파르메니데스(BC 540~470)는 "세상의 모든 변화와 움직임은 눈속임, 거짓, 환상이며 이 세상에 진정으로 존재하는 것은 변함없이 존속한다"고 하였다. 제논은 날아가는 화살은 멈춰 있다는 역설을 통해 움직이는 겉모습과 멈춰 있는 진실에 대한 파르메니데스의 명제를 증명하려고 하였다. 과학 기술의 발달로 인간의 노동력으로 해야 할 일이 줄어들었음에도 여유 시간은 늘어나지 않았고, 분명 모든 것이 더 빨라지고 편리해졌음에도 세상이 각박하게 되어 과거보다 더 행복했다고 느껴지지 않는다. 우리는 빨리 먼 길을 달려왔다고 생각하지만, 사실은 그 자리에 그대로 머물고 있다.

- 제논의 역설은 논리적으로 모순이지만, 철학적으로는 진실을 반영하는 면이 있다. 역사는 진보를 위해 숨 가쁘게 달려왔고, 우리는 빠른 속도로 열심히 살아왔지만, 본질적 가치는 별로 달라진 것이 없다. 제논의 역설은 속도보다는 무엇을 지향하며 어떻게 살아가야 할 것인가를 생각케 한다.

4. 자신의 속도에 맞춰 살아가라

사과나무와 떡갈나무는 다른 속도로 자란다

헨리 데이비드 소로우

진달래　　　　해바라기　　　　코스모스　　　　동백

식물은 서로 다른 시기에 꽃을 피운다(생태적 속도)

돌고래떼는 함께 헤엄치면서
물의 저항을 줄이고 천적을 피한다.
(생태적 속도)

돌고래떼의 속도(생태적 속도)

citta slow 치타 슬로 - 느린 도시	la dolce vita 라돌체 비타 - 달콤한 인생

치타 슬로 운동 : 인간의 속도와 삶의 질을 추구한다.
- 느림, 재미, 행복, 생태 보호

헨리 데리비드 소로우(Henrry David Thoreau, 1817~1862)는 스스로 꿈꾸는 자신만의 삶을 살기 위해 월든의 숲으로 들어가 통나무집을 짓고 콩을 심어 키우며 살았다. 그는 "사과나무가 떡갈나무와 같은 속도로 자라야 한다는 법은 없다. 남과 보조를 맞추기 위해 자신의 봄을 여름으로 바꾸어야 한단 말인가?"라고 반문하면서 다른 이들에게 보조를 맞추고, 성공에 집착하여 조급해하며 무모하게 일을 추진하고, 쫓기듯이 살아가는 도구적 삶에서 벗어나 자신의 속도에 맞추어 살아가면서 삶에 있어서 진정 소중한 것을 찾으라고 하였다.

생태적 속도

식물은 저마다 다른 시기에 꽃을 피우고, 다른 속도로 자라면서 함께 어우러져 아름다운 숲을 이룬다. 한편, 돌고래 떼는 같은 속도로 헤엄친다. 이렇게 하는 것이 물의 저항을 덜 받고, 적의 공격을 피할 수 있을 뿐 아니라 의사소통이 잘되어 먹이 획득과 종족 보존에 유리하기 때문이다. 이렇듯 자연의 속도는 모두 다르다. 생태적 속도는 그 종(種)의 특성에 맞게 생존에 유리하도록 스스로의 속도를 조절한다. 이것은 자신의 속도에 맞추어 공동체의 구성원이 각자의 개성을 발휘하여 어우러져 살아갈 때, 조화롭고 건강한 사회를 이룰 수 있다는 사실을 보여 준다.

이탈리아어 치타 슬로(citta slow)는 슬로 시티(slow city)라는 뜻으로, 느린 도시, 느린 삶, 슬로푸드를 지향한다. 치타 슬로 운동은 질주하는 세계에 저항하여 인간의 속도, 삶의 질을 추구함으로써 라 돌체 비타(la dolce vita, 달콤한 인생)를 잃어버리지 않기 위한 운동이며, 공동체, 문화, 미각, 일, 자연 등의 진정한 가치를 찾고 인간의 속도로 문명을 꽃피우고자 한다(특징: 느림, 재미, 행복, 자연환경과 생태 보호).

5. 빛의 속도로 유통되는 정보와 지식

휴식	씨뿌리기	휴식	기르기	휴식	수확	휴식

전통 농경사회의 시간

노동과 휴식이 엄격하게 구분되어 있었다.

비닐하우스

양계장

근대 산업사회의 시간

근대 산업사회는 수도, 전기, 기계의 이용으로
계절 구분 없이, 밤 낮 구분 없이 노동을 한다.

* 정보, 지식, 기술, 유행의 유효기간은 점점 짧아지고 있다.

* 배워야 할 것은 많아지고 살기는 더 피곤해졌다.

   카툰 논술과 교양

사유 재산과 자본의 개념이 성립되기 전 16세기 이전 유럽의 전통 농경사회는 생계 유지를 위해 필요한 기간에만 일하고, 나머지 시간에는 다양한 놀이와 휴식을 즐겼다고 한다. 이때는 노동과 휴식이 엄밀하게 구분되지 않고 있었는데, 근대 산업 사회에 이르러 전기가 발명되고 기계화, 대량 생산이 보편화됨에 따라 밤낮 구분 없이 일하게 되었고, 노동의 강도도 더욱 강해졌다. 근대 사회는 근면과 절제, 금욕을 강조하는 프로테스탄티즘의 윤리에 따라 게으름과 느림이 죄악시되었고, 한가하게 여유를 즐기는 것은 빈둥거림이 되었다. 게으를 수 있는 권리는 누구에게나 인정되는 것이 아니라 열심히 일한 자에게만 인정되는 것이 되었다. 현대산업사회에 이르러 변화의 속도는 더 빨라졌고 정보, 지식, 유행의 효용이 유지될 수 있는 기간은 극히 짧아졌다. 급변하는 현대 사회에서는 한 가지 일에 초지일관 매달리는 것이 불리한 경우도 있다. 살아남기 위해서는 정보와 지식을 재빨리 받아들이고, 변화의 흐름을 읽고 재빨리 도망칠 준비를 해야 한다. 그러기 위해서는 다양한 능력을 길러 두고 최대한 몸을 가볍게 해 두어야 한다. 현대 사회는 배워야 할 것은 많아지고, 살기는 더 피곤해졌다. 현대 고도 문명 사회에서는 빛의 속도로 유통되는 정보와 지식을 따라잡기 위해 가공할 속도에 자신의 영혼을 맡기고 살아가야 한다.

6. 한국의 '빨리빨리' 문화

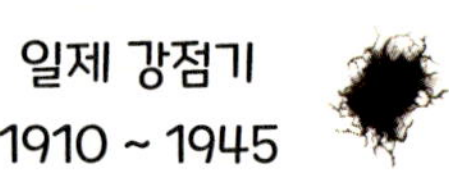

체면, 위신
엄숙, 신중
도덕, 예절

수탈과 국토 폐허

근대화에서 낙오,
절박함

통상적 발전절차를
따르지 않은 비상적
발전계획

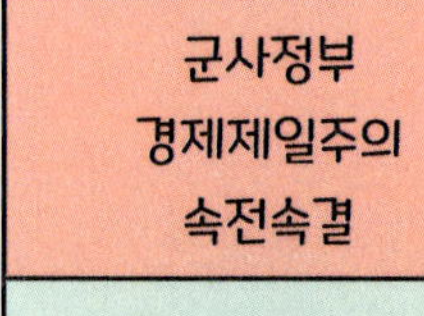

30년
경제개발

• 목표세우고 군사작전,
  전쟁하듯 빨리 달성
• 속도, 성과, 효율성 중시

• 고도성장
• '빨리빨리'의 체질화

선진국 진입!
자신감 충만!

* 군사정권 고도성장기의 군대식 문화 + 국민의 적극 참여 → '빨리 빨리' 문화 체질화
* 빠름에 정확성, 배려 가미 → 좋은 빠름이 되어야 최상의 경쟁력이 된다.
* 신속한 일처리, 순발력 있는 대응은 한국인의 큰 장점이다.

한국의 마지막 왕조인 조선시대 사람들은 체면과 위신, 엄숙함과 신중함을 강조했고, 행동이 빠르지 않았다. 마지막 왕조인 조선왕조(1392~1910)는 성리학을 이념으로 채택하여 도덕과 예절을 중시해 왔고, 정신 문화를 숭상하고 상공업을 천시하였으며, 빠른 것을 경솔하다고 생각하였다.

'빨리빨리' 문화가 생겨난 배경

• 근대화에서 낙오된 상황

발달된 물질 문명과 선진 문화를 먼저 받아들인 일본에 의해 강제 병합을 당했다. 그 후에도 6·25 동란으로 국토가 폐허가 됨으로써 근대화에서 낙오된 한국은 선진국을 따라잡기 위해 필사적인 노력을 해야 했다. 한국인들은 농업부터 시작하여 차근차근 민주적 절차를 밟아 선진국들이 200년에 걸쳐 이룩해 온 근대화 과정을 따라갈 여유가 없었다. 그래서 전쟁하듯이, 군사 작전식으로 경제 개발을 밀어붙이고, 온 국민이 동참하여 1960년 때부터 1990년 때까지 30년간 고도성장을 하여 한강의 기적을 이룩하게 되었다. 군인 출신 대통령들이 경제 개발을 추진하면서 이 기간 동안 '속전속결', '선착순', '안 되면 되게 하라' 등의 군사 문화가 퍼졌고, 사회에서도 속도와 성과를 중시하는 풍토가 조성되었다.

• 나보다 후세를 더 생각하는 한국인의 사고방식

여유 있게 나의 인생을 즐기는 행복한 삶을 포기하더라도 빨리 발전해서 후손들에게 부강한 나라를 물려주어야 한다는 조급증으로 한국인들은 빨리빨리, 죽기 살기로 일했다. 그런 과정이 수십 년 이어지다 보니 이제 한국인들은 느린 것을 참지 못한다.

과거에는 빠르다는 것이 졸속, 날치기, 부정확하다는 것과 관련이 있어 불안감을 주었으나, 오늘날 한국은 속도에 정확성이 가미되어 거의 모든 분야에서 빠르고 효율적인 서비스가 가능해졌다. '빨리빨리'는 이제 조급증이나 강박증이 아니라 한국 문화의 큰 강점이 되었으며, 속도가 경쟁력인 시대에 한국이 앞서 나갈 수 있는 요인이 되었다. '빨리빨리' 문화는 없애야 할 악습이 아니라 신속하고 정확한 일 처리, 융통성 있고 순발력 있는 위기 대응 자세를 의미하는 한국인의 경쟁력으로 계승 발전 시켜 나가는 것이 바람직하다.

7. 이미지는 실재가 되어 현실을 압도한다

미디어가 만든 이미지는 허상이다.

이미지	실재	이미지	실재
여성 인권 변호사	성추행	인권 대통령	탈북자 강제북송 인권 탄압 서해 공무원 피살 월북 조작 원전산업 파괴 국가채무 폭증

미디어와 권력이 만든 가짜 이미지

*** 이미지는 미디어와 권력에 의해 만들어진다.**

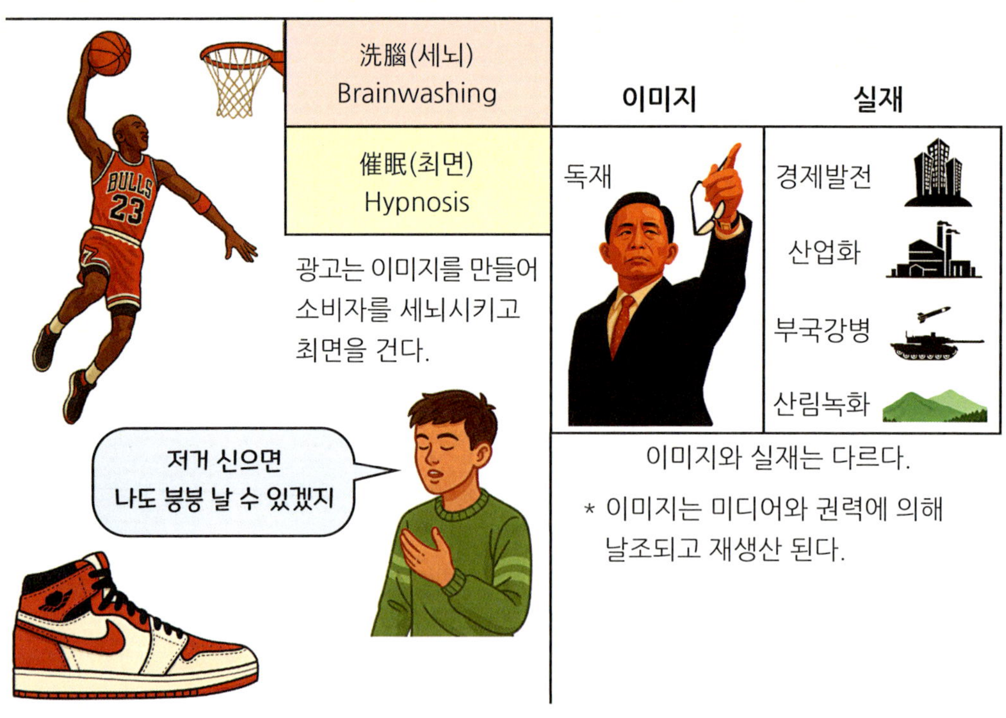

이미지와 실재는 다르다.

* 이미지는 미디어와 권력에 의해
  날조되고 재생산 된다.

우리가 TV에서 보는 연예인의 이미지는 허상이며, 사람들은 이미지의 베일에 가려진 실재를 깨닫지 못한다. 이미지는 실재하는 사람이나 물건보다 더 많은 정보 전달력을 가지고 있기 때문에 우리는 사람, 사건, 사물 등을 실재보다 이미지로 판단한다. 이미지는 큰 영향력을 행사하고 있으며, 이제 현실과 독립된 하나의 실재가 되어 버렸다. 대중 매체가 보여 주는 이미지는 가상의 실재로서 진짜를 보조하는 가짜가 아니라 진짜보다 더 진짜 같은 위치를 차지한다. 이미지는 실재가 아니라 가상의 실재임에도 더 진짜처럼 느껴지며 현실을 압도한다. 우리가 보고 있는 것은 실재가 아니라 미디어와 권력에 의해 만들어진 이미지일 수도 있으므로 우리는 이미지의 가상성을 파악하고, 그것에 매몰되지 않도록 해야 한다.

광고는 조작된 이미지를 보여 주지만, 그것이 반복되면 대중은 이를 수동적으로 받아들이게 되고, 이미지가 실제와 다르다는 것을 알면서도 물건을 산다. 예컨대 마이클 조던처럼 자신이 공중을 걷는 모습을 상상하며 운동화를 산다. 자본주의 사회에서는 새로운 이미지를 계속 만들어 새 상품을 팔아야 한다. 광고는 이미지를 만들어 소비자를 세뇌시키고, 소비자에게 최면을 걸어 물건을 사게 한다. 정치인들은 선거 홍보물을 통해 자신의 이미지를 과대 포장 한다. 이미지는 현실을 은폐하고 변질시킨다. 현대인들은 이미지의 포로가 되어 있다.

8. 현실과 가상 현실의 구분이 모호한 시대

* 가상의 실재, 복제물, 모사된 이미지가 대량으로 만들어지고 있다

post - truth
탈 진실

거짓말, 조작된 이미지가 진실을 무력화 시킨다.

이미 기표된 용지

선관위의 거짓말

거짓 해명
탈 진실의 시대

무고, 공무원 자격 사칭,
허위사실 공표, 업무상 배임,
대북 불법송금

* 탈 진실의 시대

객관적 사실보다 개인적 신념과 감정에 호소하는 것이 더 영향력이 크다.

카툰 논술과 교양

현대 세계는 대중 매체와 복제 기술의 발달로 가상의 실재, 모사된 이미지, 복제물이 끊임없이 생성되어 진짜인 것처럼 보인다. 미디어와 권력은 계속해서 가공된 이미지를 전달함으로써 세상을 거대한 가상의 세계로 만든다. 이 세계에서는 진짜 현실이 사라지고, 이미지로 치장한 가상의 현실이 그 자리를 차지하게 된다.

걸프전은 일어나지 않았다

장 보드리야르는 걸프전쟁 당시 "걸프전은 일어나지 않았다"고 하였다. 대중 매체는 전쟁을 컴퓨터 게임과 같은 화면을 통해 보여 주었는데, TV를 보는 사람들은 그것을 컴퓨터 게임 속의 가상 현실처럼 받아들인다. 우리가 본 것은 걸프전의 실체가 아니라 방송과 미국에 의해 만들어진 이미지, 즉 시뮬라크르만 소비했을 뿐이라는 것이다.

지도가 세계를 덮고 있다

지도는 우리가 직접 경험하는 영토가 아니라 하나의 가상 공간이다. 지도는 가상의 공간임에도 현실을 지배한다. 지도 위에 직선으로 그어진 아프리카의 국경은 아프리카 사람들의 생활권과 아무런 관련이 없음에도 실제로 엄청난 위력을 발휘하고 있다.

탈진실(脫眞實, post-truth)의 시대

이미지와 가상 현실이 실재보다 더 많은 정보 전달력을 가지고 현실을 지배하는 세상에서는 가짜가 큰 영향력을 발휘하기도 한다. 탈진실의 시대에 대중은 진실보다 감정, 이미지에 이끌린다. 거짓말이 큰 무기가 되고, 가짜 뉴스를 제작하고, 이미지를 조작하는 비윤리적 인간이 득세하고, 이권을 차지하는 일이 빈번하게 발생한다.

Q. 사람들이 모조품을 구입하는 이유는 무엇인가?

돈은 없지만 모조품의 거짓합치효과(false consensus effect)를 통해 좋은 이미지, 고급 이미지를 갖고 싶은 욕망 때문이다.

9. 이미지, 기호의 세계에 갇힌 인간

디즈니랜드

* 디즈니랜드는 극단의 실재로서
실재와 가상의 경계구분을
모호하게 한다.

hyperreality 초실재, 극실재

초현실 〉 현실
복제물 〉 진짜

Simulacre 시뮬라크르 simulacrum
Simulation 시뮬라시옹

가상 실재
모조품

가상 실재가
현실을 대체하는
과정

장 보드리야르

전쟁 영화

멜론 바

프러포즈 이벤트

模造品(모조품) imitation counterfeit fake

false consensus effect
거짓 합치 효과

카툰 논술과 교양

하이퍼리얼리티(hyperreality)는 실재하는 것보다 더 진짜 같은 초실재, 극실재이며, 현실과 또 다른 현실(파생 실재)이다. 디즈니랜드는 하이퍼리얼리티의 전략으로 만들어진 가상 실재의 대표적인 사례이며, 이는 사실이라고 믿게 하기 위한 상상의 세계이다. 전쟁 영화는 실제 전쟁보다 더 생생하고 드라마틱하다. 진짜보다 더 매혹적인 가짜들이 출현하는 세계에서 리얼한 것은 리얼하지 않게 되고, 사람들은 사이버 공간에서 이루어지는 가상 체험을 현실처럼 받아들이게 되고, 현실을 망각하게 된다. 사람들은 이미지의 마법에 걸려 기호의 세계에 갇히게 되어 가상 현실과 실제의 현실을 구별하지 못하고 사이버 중독, 혼돈에 빠지거나, 이미지보다 못한 현실에 오히려 실망감을 느끼게 된다.

멜론바를 먹고서 진짜 멜론은 맛이 없다고 느낄 수도 있고, 사이버 여행보다 진짜 여행이 더 재미없게 느껴질 수도 있으며, 사람들은 격투기 게임보다 밋밋한 현실, 가짜보다 못한 진짜에 지루함과 실망감을 느끼게 될 수도 있다.

가상의 지배에서 벗어나기 위해서는 우선 가상이 지배하는 현실을 인정해야 한다. 문제 해결의 단서는 현실을 깨닫는 데서 출발한다. 대중 매체가 전달하는 정보, 습관화된 전통과 규칙들을 가상의 놀이라고 생각하고 아무런 전제 없이 다시 생각해 보는 것, 깨어 있는 삶, 사유하는 삶이 가상의 세계에서 벗어날 수 있는 길이다.

시뮬라크르(simulacre), 시뮬라시옹(simulation)

시뮬라크르는 복제물, 현실을 대체하는 모사된 이미지를 말하고, 시뮬라시옹은 시뮬라크르를 만드는 작업 행위, 과정을 뜻한다.

10. 차별화된 디자인으로 이미지를 부각시킨다

보랏빛 소가 온다

이미지의 특징 - 구체적이다, 단순하다, 순간적이다.

구체적이다   단순하다   순간적이다

특이한 집

특이한 건물

『보랏빛 소가 온다』의 저자 세스 고딘은 시골길을 지날 때 상상도 못 했던 보랏빛 소가 나타난다면 고개를 돌리고 쳐다보게 되는 것처럼, 이미지를 소비하는 구매자들은 보다 세련되고 예뻐서 갖고 싶을 정도로 눈에 확 들어오는 새로운 그 어떤 것에 매력을 느낀다고 한다. 이처럼 이미지는 소비자들의 중요한 선택 기준이 된다. 오늘날 디자인은 단순히 외관을 드러내는 것이 아니라 이미지를 형성하기 때문에 기업들은 이미지를 부각시킬 수 있는 새로운 디자인을 고안하고, 차별화하고자 한다. 이미지를 부각시킬 수 있는 광고는 제품에 새로운 의미를 부여하게 되고, 소비자들은 제품의 성능과 무관하게 그것을 새로운 제품으로 인식한다. 차별화된 디자인으로 이미지를 효과적으로 노출시키는 것은 현대의 무한 경쟁에서 살아남는 마케팅 기법이 될 수 있다.

이미지의 특징

- 이미지는 인공적이다(이미지는 어떤 목적과 계획하에 만들어졌다).
- 이미지는 구체적이고 단순하다(이미지는 메시지 전달을 명확하게 하기 위해 구체적이고 단순하게 만들었다).
- 이미지는 수용자들을 수동적으로 만든다(이미지는 광고·홍보 전문가들이 소비자의 시선을 사로잡기 위해 만든 것이 많다).
- 이미지는 영속적이지 않고 순간적이다(이미지는 사람들이 싫증을 내지 않도록 계속 변화를 주고 바꾸어 주어야 한다).

11. 현대인들은 타인이 원하는 이미지를 보여 주면서 가식의 삶을 살아간다

타인이 원하는 이미지를 보여준다.

가식의 삶

인생은 거대한 세트장

〈트루먼 쇼〉

가짜 아내
(연기자)

인생은 거대한 영화 세트장이고 가족, 친구 등은 전부 인생이라는 영화에서 각자의 배역을 수행하고 있을 뿐이다.

영화 <트루먼 쇼>의 주인공 트루먼 버뱅크는 보험 회사에 근무하는 평범한 샐러리맨이고, 그 자신은 그렇게 믿고 있지만 사생활이 24시간 생방송 되는 프로그램 트루먼 쇼의 주인공이며, 거대한 세트장 안에서 살고 있다. 트루먼은 그를 둘러싼 모든 것이 가짜라는 것을 알게 되고, 마침내 세트장 밖으로 탈출한다. 트루먼은 사람들에게 즐거움을 주기 위해서 만들어졌으며, 그의 삶은 대중의 구경거리에 지나지 않았다. 사람들은 자신의 이익을 위해 그의 사생활을 침해하고 그의 인생을 가지고 놀았다. 대중 역시 매스미디어가 제공하는 자극적 오락거리와 감각적 쾌락에 중독되어 아무런 죄의식 없이 동조하며 남의 사생활을 엿보고 즐기며, 별생각 없이 살아간다. 트루먼의 삶은 타의에 의한 강제적 선택이었고, 자신의 모든 것은 타인에게 보여 주기 위한 것이었다. 그의 인생은 실제 생활이 아닌 쇼가 되어 버렸다. 그의 모습은 타인이 원하는 이미지를 보여 주고, 타인이 좋아하는 일을 하면서 보이지 않는 거대한 세트장 안에서 강요된 웃음을 지으며 가식의 삶을 살아가는 현대인의 자화상이다. 트루먼이 세트장을 벗어나기 어려웠던 것처럼 인간이 자유의지로 진정 자기가 원하는 삶, 독립적인 삶을 산다는 것은 용기와 결단, 모험심을 필요로 한다.

12. 세상은 이미지로 구성되어 있다

자동차 이미지
부품 수만개 안보인다

이미지와 실재의 불일치

종교 이미지

지도 기호

가방 이미지

frame

미디어는 이미지로 프레임을 만든다

* 이미지에 매몰되지 말라!

이미지는 인간의 감각과 무관하게 그에 앞서 존재하는 독립적 물질이 아니라 인간의 감각에 의해 만들어진 것이다. 사물은 무한한 이미지로 구성되어 있으나, 인간은 신체적 한계 때문에 사물이 지닌 무한한 이미지를 다 파악할 수가 없다. 예컨대 자동차의 부품은 2~3만 개씩 되지만, 우리는 차체의 모양, 색깔, 네 개의 바퀴 등으로 이미지를 떠올린다. 이 때문에 사람들은 무수한 이미지 중 일부를 조립하여 만든 이미지로 전체적인 이미지를 형성한다. 베르그송은 세상에 존재하는 모든 것은 이미지이며, 인간의 신체, 감각, 사유 활동도 이미지의 작용에 불과하다고 하였다.

- 이미지는 상징이다. 다이아몬드를 소유하려는 자가 욕망하는 것은 다이아몬드라는 단단한 탄소 결정체가 아닌 상징이며, 허구의 기호이다. 인간은 자신이 욕망하는 것의 실체가 무엇인지도 모르고 그것을 향해 돌진한다.
- 나에게 자상한 아버지가 타인에게는 살인자일 수도 있다. 이미지(기호)와 실재의 불일치는 트라우마를 만든다.

Q. 이미지를 조작하는 이유는?

우리가 TV를 볼 때는 카메라의 앵글이 비춰 주는 부분만 보게 되고, 그것을 세상의 이미지로 받아들인다. 연출자가 어떤 각도에서 어떤 프레임을 짜서 보여 주는가에 따라 전달되는 이미지가 달라지고, 시청자는 그 이미지에 의해 판단한다. 우리의 인지 구조는 불완전하여 외부의 영향을 받기 때문에 사람들은 프레임(frame)을 통해 사고하게 되는데, 이미지는 자신의 가치를 타인에게 전달하고 설득하는 아주 중요한 수단이 된다. 즉, 사람들이 이미지를 조작하는 이유는 이미지를 통해 상대방을 프레임에 가두어 자신에게 유리한 것을 얻어 내기 위해서이다.

13. 정보화 사회

아르파넷
ARPANET
인터넷
IoT
WWW
나를 중심으로
사회를
재구성 하라
인터넷
革新(혁신)
정치
경제
사회
문화
시대에 뒤떨어진 구조
제 1의 물결 - 농업혁명
제 2의 물결 - 산업혁명
제 3의 물결 - 정보기술 혁명
앨빈 토플러
정보
지식
미디어
권력, 부(富) , 기회
정보화 시대 권력의 중심

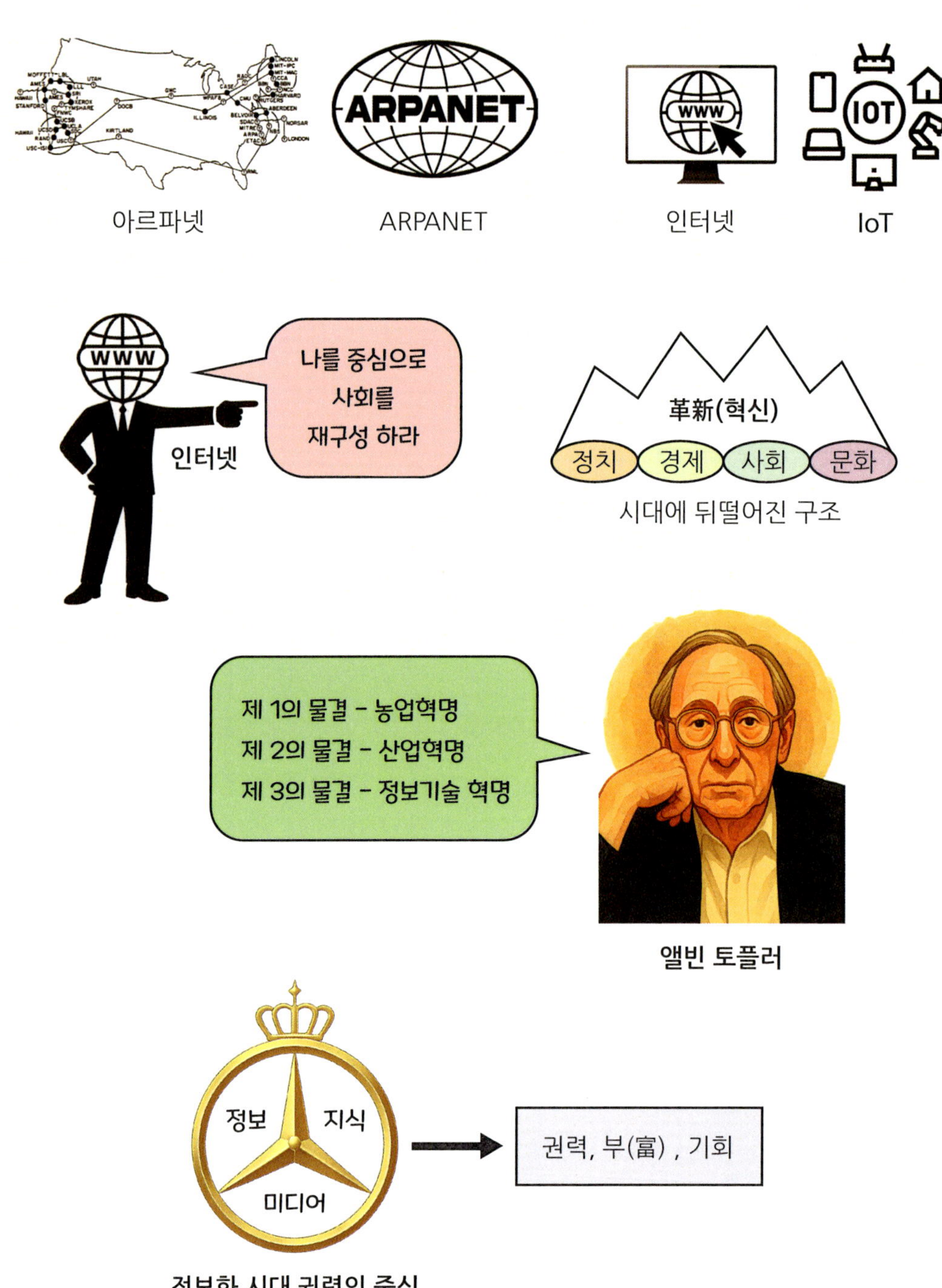

정보 기술은 사회적 필요성에 의해 개발되었다. 예컨대 인터넷망은 핵전쟁이 일어날 경우, 소련이 미국의 통신을 방해하거나 파괴하는 것에 대비해서 미국 국방부 첨단 기술 계획국이 1960년대에 내놓은 대담한 계획에서 출발했다. 즉, 미국 사회의 군사적 필요성이라는 사회적 요인이 인터넷을 탄생시켰다. 미국 국방부의 전자통신망을 구성하는 수천 개의 컴퓨터 소통망으로 존재했던 아르파넷이 전 지구적 차원의 수천만 대의 개인용 컴퓨터(PC)의 망인 인터넷으로 확산되면서, 인터넷은 군사적 용도가 아니라 상업적·문화적·경제적·정치적 지형을 혁신하는 강력한 도구로 성장하였다. 이러한 변신을 의식적으로 요구하지는 않았지만, 인터넷은 두 발로 우뚝 선 채 사회를 자기의 모습에 따라 재구성하라는 강력한 메시지를 보낸다. 이제는 사회가 인터넷 기술에 적응해야 한다. 정보화 사회에 적응할 수 있는 기술과 지식, 컴퓨터 등의 수단을 갖지 못한 사람들은 열악한 처지에 놓이게 되고, 사회적 불평등이 심화된다.

> 인류 역사에 획기적 변화를 가져온 것은 농업혁명(제1의 물결), 산업혁명(제2의 물결), 정보기술혁명(제3의 물결)이다.
>
> - 앨빈 토플러

앨빈 토플러는 정보화 사회로 표상되는 이 새로운 물결에 적응하지 못하는 경제 주체들은 도태될 것이라고 하였다. 제3의 물결 시대에 가장 중요한 문제는 정보와 미디어, 지식의 장악이다. 지식과 정보는 오늘날 가장 중요하면서도 지배적인 상품이 되고, 지식·정보의 생산·유통·소비 과정이 권력의 축으로 등장한다.

제3의 물결은 탈표준화, 탈중앙집권화의 실험이다. 앨빈 토플러에 의하면, 우리는 시대에 뒤떨어진 정치 구조뿐 아니라 문명 그 자체를 재구축하는 사업에 참여할 수도 있고, 새로운 혁명가, 창조자가 되어야 할 운명을 지니고 있다.

14. 정보 통신에 기반을 둔 접속의 시대

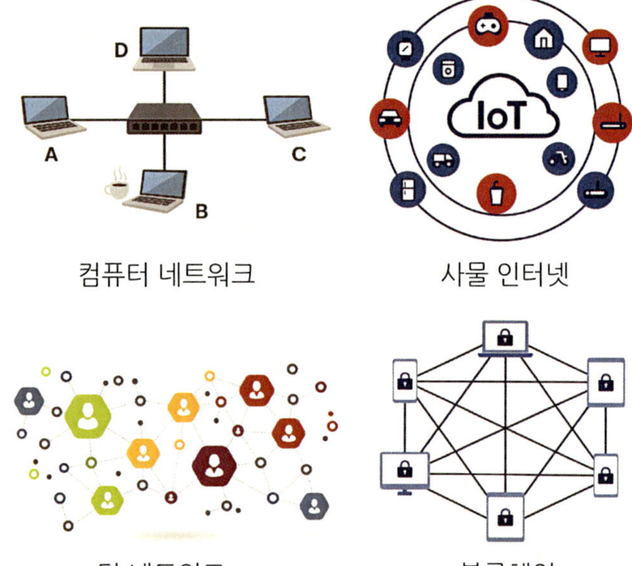

컴퓨터 네트워크

사물 인터넷

팀 네트워크

블록체인

생활의 주요부분 대체
→ 고립, 소외

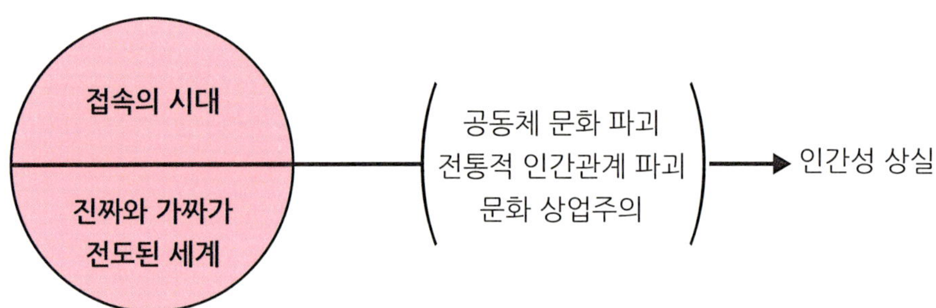

소유의 시대	-	접속의 시대
물질(동산, 부동산)	-	비물질(정보, 지식 등)
교환, 취득	-	접속, 이용
현실	-	가상현실(초현실)
이념적 세계	-	연극적 세계
장소, 공간 구분	-	장소, 공간 통합(네트워크망)
시간 구분	-	시간 구분 무의미
(노동 / 휴식 / 청년 / 노년)		(노동과 휴식, 청년·노년 구분 불명확)

접속의 시대

진짜와 가짜가
전도된 세계

공동체 문화 파괴
전통적 인간관계 파괴
문화 상업주의

→ 인간성 상실

카툰 논술과 교양

오늘날 인간의 사회 활동과 상거래는 많은 부분이 사이버 스페이스의 영역에서 이루어지고 있다. 정보와 서비스, 의식과 살아 있는 경험을 거래하는 이 새로운 세계에서 인간은 관심을 공유하는 사람들로 이루어진 네트워크에서 교류·소통하면서 살아가는데, 이때 상호 관계의 그물망에 포함될 수 있는 권리가 중요해지게 된다. 인류는 디지털이라는 경계선을 중심으로 사이버 스페이스에 접속할 수 있는 사람과 그렇지 않은 사람들의 두 부류로 나누어지게 되어, 두 부류 사이에 격차가 커지게 된다.

우리는 점점 더 많은 인간 경험이 사이버 공간 안에서 네트워크에 대한 집속의 형태로 구매되는 새로운 시대를 맞이하고 있다. - 제레미 리프킨

접속의 시대의 사회 변화

- 네트워크 경제의 활성화(정보와 지적 자산에 접속할 수 있는 권리가 중요해진다. 물품의 교환·취득 → 접속, 이용 증가)
- 공간 개념의 변화(지역성이 약화되고, 국경을 넘어 가상 세계 안에서 공간이 연결되고 재통합된다.)
- 시간 개념의 변화(과거, 현재, 미래가 동일한 메시지에서 작용하면서 시간 구분이 무의미해진다. 시간을 초월한 시간이라는 새로운 개념이 등장한다. 키보드 앞에서는 근무 시간과 퇴근 시간이 일정치 않다. 청년과 노인의 구분도 불분명해진다.)
- 이념적 세계에서 연극적 세계로(접속이 생활의 일부가 되면서 오락 산업, 환상과 유희의 산업, 체험 산업이 급부상/현실 세계 → 가상의 세계, 초현실의 세계, 다중인격의 세계)

접속의 시대는 인간들끼리 살을 맞대고 어울리고, 체험을 통해 교감하는 능력이 위축되어 전통적 인간관계, 공동체 문화를 훼손하게 된다. 접속의 시대에 있어서 일시적 관계 맺기, 상품화된 체험, 가상 현실이 현실을 대체하는 현상은 인간성 상실을 가속화할 우려가 있다. 인류는 지역공동체 문화와 각 지역의 문화적 다양성을 지키고 끌어 올림으로써 문명의 지속 가능성을 높여 나가야 할 것이다. 온라인과 오프라인을 상호 보완적으로 활용하면 훨씬 폭넓고 풍부한 문화를 누릴 수 있을 것이다.

15. 데이터 스모그

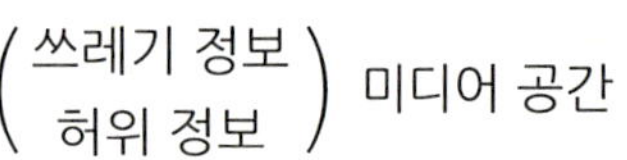

(쓰레기 정보 / 허위 정보) 미디어 공간

* 과잉정보가 혼란을 초래한다

spam mail

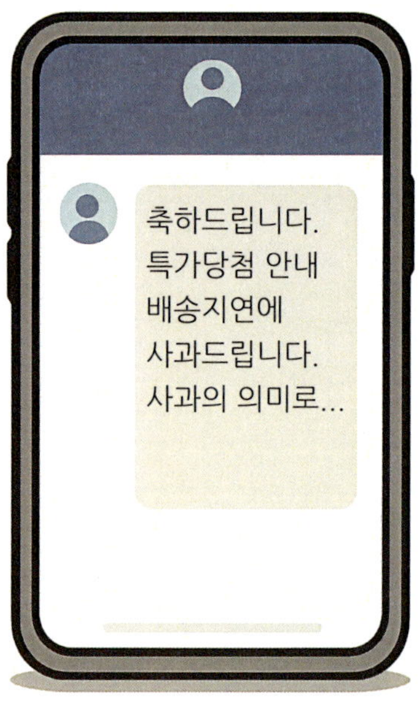

이윤추구 위한 쓰레기 정보 양산

약화가 양화를 구축한다

진실성 X
감정 교류 X

장 보드리야르

정보 사회에서는 스팸 메일, 문자, 전화, 광고 등 불필요한 정보가 지나치게 많이 유포되는데, 데이비드 솅크는 쓰레기 정보, 허위 정보가 스모그처럼 미디어 공간을 어지럽힌다고 하여 이를 '데이터 스모그'라고 하였다. 자본주의 사회에서는 이윤 추구를 위한 쓰레기 정보가 양산된다. 정보 과잉은 강박 관념과 주의력 결핍 등을 초래하기도 한다. 또 여러 개의 작업을 동시에 처리하는 멀티태스킹(multitasking, 다중작업) 능력에는 한계가 있으므로 과잉 정보는 혼란을 초래한다. 결국 정보 과잉은 사색, 성찰의 기회를 박탈하여 삶의 여유를 없애고, 삶의 질을 저하시킨다.

정보가 많아질수록 그 의미는 작아진다.
- 장 보드리야르

휴대 전화, 인터넷 등 소통 수단의 발달로 현대인들은 더 많은 사람과 마음을 열고 타인과 소통할 것이라고 기대한다. 그러나 자본주의 사회에서는 그레샴의 법칙에 의해 이윤 추구를 위한 쓰레기 정보가 양산되고 있고, 불필요한 정보가 범람하고 있다. 정보가 많아질수록 그 의미는 작아지는 것이다.

디지털 시대는 익명의 시대이며, 개성 없는 가짜 목소리만 존재하고, 진실성과 감정의 교류가 없는 피상적 접속은 고독을 심화시킨다. 정보와 소통 수단은 많으나 진정한 소통은 없고, 정보과 소통의 의미는 오히려 작아지게 된 것이다.

데이비드 솅크는 데이터 스모그에 대한 처방책으로 TV를 끄고 휴대폰, 인터넷 사용을 줄이는 데이터 단식, 가치 있는 정보만을 섭취하는 정보 다이어트가 필요하다고 한다.

Turn off TV, Turn on life.
TV를 끄고, 인생을 켜라.

16. 테크놀로지에 의한 정보 독재

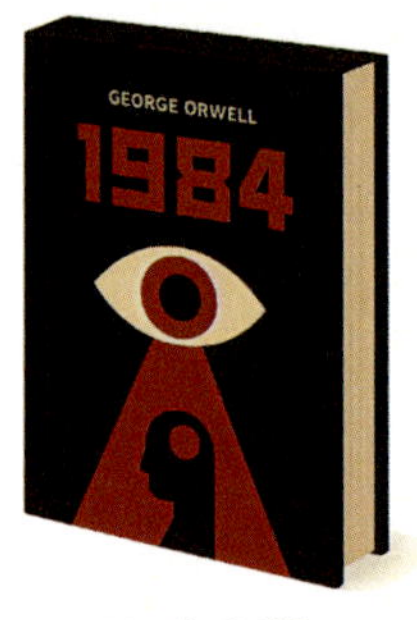

조지 오웰

위치추적

위치추적 장치

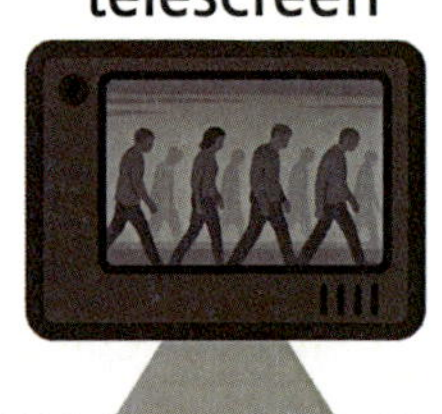

정보독재
국가권력의 괴물화

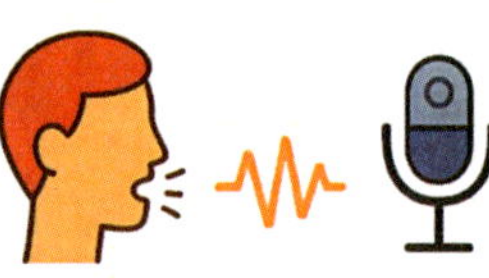

음성인식

친절한 독재자
디지털 빅 브라더

전자발찌

지문인식

기술이 만든
보이지 않는 새장

카툰 논술과 교양

조지 오웰의 소설 『1984』에서는 빅 브라더에 의해 대중 조작, 세뇌, 텔레스크린을 통한 감시·통제가 이루어지는 암울한 사회를 묘사하였다. 이처럼 특정 계층이 정보를 독점하게 되면 개인의 소비 패턴과 생활 양상을 파악할 수 있고, 위치 추적이 가능하다. 개인이 하는 식사, 주유, 지하철 이용, 휴대 전화 통화 등 모든 행위가 감시망에 잡힌다. 이러한 테크놀로지에 의한 정보 독재는 주도 인물이 없거나 주체가 불분명하여 어디에서 무엇을 막아야 할지 모르고, 효율성과 편의성에 길들여진 인간이 기술을 쉽게 포기하기도 어려우므로 막을 방법이 없다는 것이 문제이다. 이러한 정보 사회는 국가 권력의 괴물화를 촉진하는 요인이 될 수도 있다. 현대 사회는 전자정보 기술을 이용하여 더욱 철저하게 인간을 관리·통제할 수 있다.

파놉티콘(panopticon)은 벤담이 고안한 원형 감옥으로서, 일망감시시설을 말한다. 질 들뢰즈에 의하면 현대 사회는 전자 파놉티콘이 되어 감시·통제를 보편화한다. 중국은 빅 데이터와 알고리즘을 활용하여 의심스럽거나 불만을 사진 사람들을 집중 추적 한다. 정부는 시민들의 통화 목록은 물론이고, 무엇을 구매하고 온라인 채팅에서 어떤 말을 하는지까지도 알 수 있다. 중국의 시위 예측 소프트웨어는 정부 시책에 불만을 가진 사람들이 베이징으로 향할 가능성까지 계산한다. 시위 이력이 있는 사람이 기차표를 사면 그는 감시망에 노출된다. 문제를 일으킨 적이 없어도 잠재적인 위험이 있는 사람들(소수민족, 이주 노동자, 정신 질환 이력자 등)도 감시 대상이 될 수 있다. 이것은 기술이 만든, 보이지 않는 새 장(cage)이다.

기업에서는 작업량과 이메일, 웹서핑 내역이 체크되고, 개인은 휴대 전화, 위치 추적 장치 등에 의해 위치가 파악된다. 범죄자에게는 위치 추적 장치나 전자 발찌가 채워진다. 정보 사회는 전자정보 기술을 이용한 감시 장치와 통제 프로그램을 통하여 철저하게 인간을 관리·통제한다.

17. 현대 문명에는 위험이 일상화되어 있다

산업화

근대화, 도시화

고도 기술문명
거대 기술체계

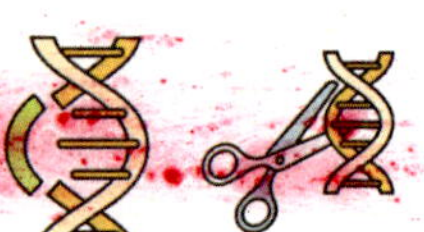
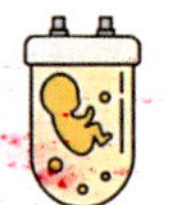

유전자 조작

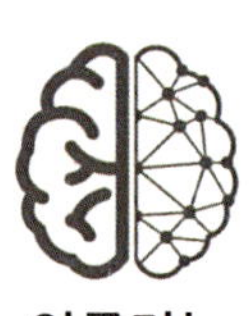

생명공학

인공지능

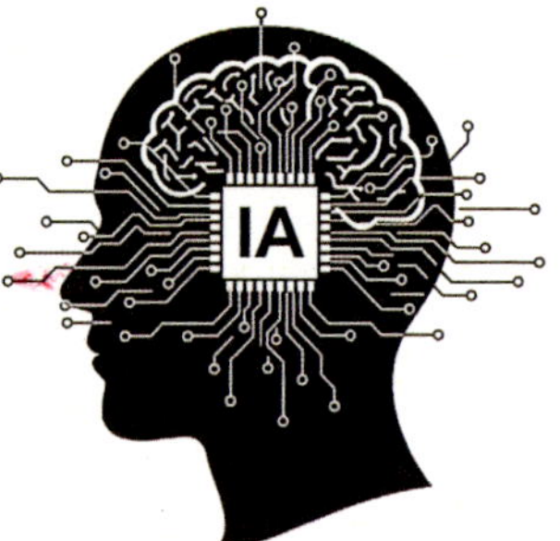

원자력 발전소

핵무기

핵전쟁

위험의 일상화

위험의 구조화

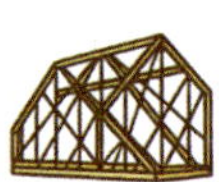

위험의 세계화

위험의 원인

- 필요성 > 위험성
- 경제성(비용절약)

* 현대문명은 위험이 일상화, 구조화, 세계화 되어있다

　이성과 합리성에 기반을 둔 산업 사회는 자연의 위협을 극복하고 삶을 편리하게 해 주었으나, 근대화 과정에서 삶의 근거와 생존 기반을 파괴하여 위험 사회를 낳았다. 위험은 근대화의 실패에서 온 것이 아니라 근대화의 성공에서 온 것이다. 근대화·산업화가 이룩한 현대 문명에는 위험이 구조화되어 있다. 대량 생산, 유전자 조작 상품의 생산, 군사력 증강, 원자력 발전소의 사고, 핵무기 개발, 생태계 파괴 등은 산업화, 과학 기술에 기반을 둔 기술 문명이 초래한 위기이다. 부(富)의 생산 논리가 사회를 지배하게 되면 기술의 '필요성'이 '위험성'보다 더 부각되는데, 이러한 분위기는 위험 사회를 태동시키는 동력이 되었다. 오늘날 위험은 특별한 것이 아니라 일상화되어 있으며, 위험은 비정상적인 것이 아니라 이제 정상성에 속하는 일이 되었다. 위험이 일상화된 이유는 안전을 고려하는 데 비용이 너무 많이 든다는 무반성적 사유 때문인데, 우리가 자본주의 사회와 고도 기술 문명, 거대 기술 체계에서 사는 한 위험은 피할 수 없다. 오늘날은 생명공학, 인공지능 등 최첨단 기술에 의한 예측할 수 없는 위험들이 곳곳에 산재해 있고, 신기술과 함께 날마다 드러나는 새로운 위험이 인간의 욕망과 결합하여 인간을 위협한다. 이 과정에서 위험을 생산하고 관리하는 사람들은 그 영향력을 확대시켜 나가고 있다.

18. 새로운 차원의 위험

산업사회

위험사회

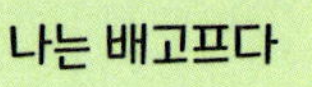

최선을 추구하자!

산업사회 인간

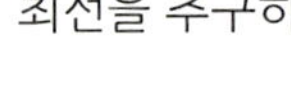

최악을 피하자!

위험사회 인간

위험사회 위험의 특징

위험사회의 문제점

울리히 벡

기술 문명이 고도로 발달해 있고 국가 간의 상호 의존성이 과도해진 결과, 세계 각국은 새로운 위험에 직면하게 되었다. 오늘날 위험 사회가 맞고 있는 위험은 양적인 크기에서 이미 전 지구적이고, 생태적 위험과 고도 기술의 위험은 과거 산업 사회의 위험과 질적으로 전혀 다르다. 산업 사회에서는 산업 재해 등이 주로 가난한 노동자 계층에게 발생하였고, 경제적 궁핍 그 자체가 위험의 주된 요인이었기 때문에 부유한 사람들, 화이트 칼라 층은 위험에 노출되는 빈도가 낮았으나, 현대 사회의 위험은 누구든 가리지 않는다. 고도 기술로 인한 새로운 위험은 그 발생지에 한정되지 않고 국경을 넘어 전 세계로 확산되며, 이 행성의 모든 생명체를 위협한다. 즉, 위험은 평등화되었다.

산업 사회에서 계산 가능하고 예측 가능한 것으로 보았던 위험은 계산 불가능하고 예측 불가능한 것으로 바뀌었다. 울리히 벡과 앤서니 기든스는 이러한 위험을 제조된 위험 (manufactured risk)이라고 하였다. 위험이 세계화됨에 따라 환경 오염 문제, 전염병 문제, 전쟁, 핵무기 등의 문제는 오늘날 개별 국가의 노력만으로는 해결하기 어려우며, 국제적인 협조가 필요하다.

위험 사회에서는 '나는 배고프다'가 아니라 '나는 두렵다'는 불안감이 사회 작동의 원리가 된다. 위험 사회에서는 위험이 사회적·정치적 논쟁에서 중심적 위치를 차지하게 되었고, 최선을 추구하는 것보다 최악의 것을 방지하는 데 관심을 두기 때문에 사회가 소극적·방어적 성격을 지니게 된다.

현대 사회에서는 위험을 전면적으로 인식하고 그에 대응하는 시스템을 구축해야 하고, 산업 사회의 위험을 낳은 과학 기술이 배타적인 전문가나 집단, 기업에 독점되어서는 안 되며, 이에 대한 대중의 통제와 비판이 중요하다.